中国工程院重点咨询研究项目
矿产资源强国战略研究丛书

——— 专题卷·III ———

建材非金属矿产资源强国战略研究

建材非金属矿产资源强国战略研究专题组／著

科学出版社
北京

内 容 简 介

本书分别对我国主要建材产品——水泥、平板玻璃、建筑卫生陶瓷和战略新兴产品（高纯石英制品及石墨与石墨烯制品）——生产所用的水泥用灰岩（石灰石）、玻璃用硅质原料、建筑卫生陶瓷用黏土矿原料（高岭土）、高纯石英和石墨五种非金属矿产资源的强国战略进行了研究，研究结果可归纳为基本判断、重点任务和保障措施。

本书适宜从事建筑材料和相关矿产资源政策研究、行业管理、科研开发及产品生产的有关人员参考，也适宜相关专业的在校学生阅读。

图书在版编目(CIP)数据

建材非金属矿产资源强国战略研究 / 建材非金属矿产资源强国战略研究专题组著. —北京：科学出版社，2019.3

（矿产资源强国战略研究丛书. 专题卷；Ⅲ）

中国工程院重点咨询研究项目

ISBN 978-7-03-060340-1

Ⅰ. ①建⋯　Ⅱ. ①建⋯　Ⅲ. ①建筑材料–非金属材料–矿产资源–经济发展战略–研究–中国　Ⅳ. ①F426.9

中国版本图书馆 CIP 数据核字（2018）第 298795 号

责任编辑：王　倩　/　责任校对：彭　涛
责任印制：肖　兴　/　封面设计：黄华斌

科学出版社 出版

北京东黄城根北街16号
邮政编码：100717
http://www.sciencep.com

中国科学院印刷厂 印刷
科学出版社发行　各地新华书店经销

*

2019年3月第　一　版　开本：787×1092　1/16
2019年3月第一次印刷　印张：14 3/4
字数：350 000

定价：188.00 元
（如有印装质量问题，我社负责调换）

本书编委会

顾　问

　　唐明述　徐德龙

组　长

　　顾真安

副组长

　　同继锋

成　员

　　崔源声　彭　寿　苏桂军　周鸿锦
　　冯惠敏　赵　飞　田桂萍　孟庆洁
　　洪　伟　于永琪　张　迪　杨　静
　　冯　帅　宋学富　孙元成　张洪滔
　　潘锦功　雷绍民　陈旭东　丁奇生
　　黄惠宁　廖惠仪　岳邦仁　程远哲
　　张建平　黄东方　汪兆文　张　江
　　马波伟　施兴国　方艳欣　王　硕
　　王　霞

前　　言

"建材非金属矿产资源强国战略研究"是中国工程院重点咨询研究项目"矿产资源强国战略咨询研究（2015～2017年）"分矿种矿产资源强国战略研究一组的第三专题。项目研究的起止时间为2015年1月至2016年12月。专题编号为2015-XZ-35-03-03。

本专题研究的建材非金属矿产资源包括水泥用灰岩（石灰石）、玻璃用硅质原料、建筑卫生陶瓷用黏土矿原料（高岭土）、高纯石英和石墨五种资源。

水泥用灰岩（石灰石）、玻璃用硅质原料、建筑卫生陶瓷用黏土矿原料（高岭土）、高纯石英和石墨五种矿产资源是非金属矿制品业——水泥、平板玻璃、建筑卫生陶瓷、高纯石英制品和石墨与石墨烯制品材料的基本矿产资源。水泥、平板玻璃和建筑卫生陶瓷是建材工业的主要产品，高纯石英制品、石墨及石墨烯制品已经成为当今世界的关键战略制品，也是我国的战略新兴产品。

改革开放以来，特别是21世纪前15年，我国建材及非金属矿工业在保持较快增长的同时，产业结构已经开始并持续发生深刻变化。但建材工业对资源能源依赖、劳动生产率低、产业链延伸不足、资源能源利用率低等基本特征并没有得到根本改变。积极推进建材科技创新和产业结构优化，提高建材工业资源能源利用效率，建设矿产资源强国的任务仍十分必要和艰巨。

我国国民经济发展进入新常态，水泥产能严重过剩，意味着我国重化工原材料工业长期以来高速发展的终结。2015年，水泥、平板玻璃、陶瓷砖、卫生陶瓷的产量下降，高纯石英制品和石墨与石墨烯制品的需求量增加，意味着建材工业进入产业结构深化调整的新阶段。

本书可归纳为两条基本判断、三项重点任务和四条保障措施。

1. 两条基本判断

1）2015年，我国主要建材非金属矿产资源水泥用灰岩（石灰石）、玻璃用硅质原料、建筑卫生陶瓷用黏土矿原料（高岭土）的需求将结束高速增长进入波动的平台区，且一直维持在高位区，到2020年前后或开始逐步下降、继续波动或平稳增长，一直到2030年前后进入稳定期。高纯石英和石墨与石墨烯制品的需求量一直继续增加。

水泥需求量将从平台区的每年21亿～25亿t下降到稳定期的10亿～15亿t，水泥用灰岩的需求量相应地从每年18亿～21亿t下降到11亿t。

平板玻璃需求量将基本维持平台区的每年7.5亿～8.0亿重量箱[①]的水平，玻璃用硅质原料的需求量相应地维持每年3700万～4000万t的水平。

---

① 1重量箱约等于2mm厚的平板玻璃10m²的重量（50kg）。

陶瓷砖需求量将基本维持平台区的每年 100 亿~120 亿 m² 的水平，卫生陶瓷需求量将从平台区的每年 1.4 亿件平稳增长到稳定期的 2.8 亿件，建筑卫生陶瓷用黏土矿原料（高岭土）的需求量相应地维持每年 8000 万~8200 万 t 的水平。

高纯石英制品的需求量将从 2016 年的 30 万 t 增加到 2020 年的 40 万 t、2030 年的 74 万 t。

石墨与石墨烯制品的需求量将从 2016 年的 66 万 t 增加到 2020 年的 80 万 t、2030 年的 125 万 t。

2）我国建材非金属矿产资源总体储量丰富，可以满足未来建材工业发展的需求。但存在以下主要问题：一是储量区域分布不平衡和部分矿种现行储量结构不合理；二是资源利用率低、浪费大；三是高质量原料提纯技术仍不高；四是一些传统优势资源面临枯竭。

水泥用灰岩（石灰石）、玻璃用硅质原料和建筑卫生陶瓷用黏土矿原料（高岭土）等资源在国民经济中占有重要地位，其共同特点是资源丰富、分布广泛、容易获得；在开发利用上，需求巨大，但价值不高，不宜远距离运输，不可能依靠进口，在可预见的未来也没有代用资源可用；我国水泥用灰岩、玻璃用硅质原料资源十分丰富，分布广泛，储量和潜在资源储量巨大，总体处于供大于求的情况，其储量可满足我国未来几十年国民经济发展的需求。

我国陶瓷黏土供需情况是总体是平衡的，但高档和高塑性陶瓷黏土资源短缺，这种短缺在北方地区尤为严重。为了解决高档陶瓷黏土的短缺，我国每年从国外进口部分球土，用于高档卫生陶瓷或釉料生产。针对高档陶瓷黏土短缺，我国一方面通过加强地质找矿获得更多优质陶瓷黏土资源，另一方面也通过开发塑性增强类化工产品和改进生产工艺，来解决我国高档和高塑性塑性陶瓷黏土资源不足的问题。

高纯石英和高纯石英矿产资源为两个不同概念。前者指 SiO_2 含量>99.9% 的石英产品或生产原料；后者指经过选矿、提纯、加工处理可用于生产高纯石英的天然硅矿资源，它是硅质原料资源中的特殊类型。高纯石英资源保障既取决于石英矿资源的天然禀性，又取决于加工提纯技术。我国高纯石英原料早期主要采自天然水晶。江苏东海水晶资源丰富，也是我国高纯石英生产的最大基地之一。随着天然水晶资源的枯竭，目前我国的高纯石英原料主要来自石英岩和脉石英，但这些资源类型多数规模不大，加之国内加工技术和装备落后，因此始终不能生产出供高端产品使用的高纯石英，从而导致我国高纯石英的低端产品产能过剩，而高端产品供需紧张，每年需要大量进口 4N[①] 以上高纯石英。保障我国高纯石英资源的关键，一是要加强高纯石英地质找矿工作，二是要提高石英提纯技术、提纯装备制造和测试技术水平。

我国是名副其实的石墨大国，近十年来其储量、产量、消费、出口始终占据全球第一位置。2015 年我国已查明石墨资源储量为 3.0 亿 t，可以满足未来几十年国民经济发展的需求。我国石墨资源产地比较集中，黑龙江、山东、内蒙古是我国石墨生产的三大省份，产量占全国总产量的 76.9%。我国还不是石墨技术强国，在过去的 5 年中每年仍

---

① 在高纯材料中，通常用 N 表示纯度，此处 N 为 SiO_2 的含量或纯度。

需从国外进口高端石墨 5 万~13 万 t,主要是高附加值的高纯石墨、球形石墨、柔性石墨、核石墨等。"十三五"初期,国家已经加大了高端石墨产品的研发投入,一批高科技含量、高附加值石墨产品开始走向市场,尤其是以石墨烯为代表的生产技术,我国与世界先进国家基本保持在相同技术水平。相信不久的将来,我国石墨资源"低出高进",高端石墨产品依靠进口供需局面将会彻底扭转。

2. 三项重点任务

建材非金属矿产资源发展面临的问题包括:①主要矿产资源的可保障年限缩短,储量结构失衡,资源开发不均衡;②勘探、开采及开发利用总体技术装备水平不高;③资源消耗高、环境污染严重、无序开采的发展模式没有根本改变,资源综合利用效率低下,矿山环境破坏严重;④行业集中度和劳动生产率低,产业结构不合理,竞争力较弱;⑤对优质资源的保护不力,尚未建立起战略型矿产资源的储备制度等。

建材非金属矿产资源发展的战略思路是:紧紧围绕国民经济和社会发展重大需求,以打造非金属矿产资源强国为目标,以创新发展为动力,以提质增效为中心,以实现可持续发展为主线,以加快非金属矿行业转型升级为主攻方向,以水泥用灰岩(石灰石)、玻璃用硅质原料、建筑卫生陶瓷用黏土矿原料(高岭土)、高纯石英、石墨矿及其深加工产品为发展重点,强化资源保障,完善创新体系,健全矿业资本市场,建立多层次人才培养体系,为我国实现制造业强国提供原材料支撑和保障。

建材非金属矿产资源发展的目标是:到 2030 年,建立具备较强自主创新能力和可持续发展能力、产学研用紧密结合的非金属矿产资源产业体系,形成一批具有较强国际竞争力的跨国公司和产业集群,在全球产业分工和价值链中的地位明显提升,主要品种能够满足国民经济和国防建设的需要,部分领域达到世界领先水平,矿业资本市场基本形成,战略性矿产资源储备制度基本建成,非金属矿业转型升级取得显著成效,初步实现矿业大国向矿业强国的战略转变。为此,确定三项重点任务,具体如下。

1)建设绿色矿山。开展重点地区地质调查和勘探工作,加强矿区规划与保护,加强矿山整合,建设绿色矿山,提高矿产资源保障程度,提高矿业整体竞争能力。

2)提高矿业整体科技实力。建设矿产资源开采、加工、专业化供应示范基地和标准原料基地,打造具有核心竞争力的国际型企业,提高全球的经略能力。

3)提高战略性矿产资源保障程度。加快推进战略性资源储备制度建设;实施战略性资源全球布局,提升我国的全球矿业资源的控制力和资源安全。

3. 四条保障措施

1)设立战略性矿产资源领导机构。设立矿产资源强国建设领导小组、战略咨询委员会、技术创新联盟,加强行业管理。

2)完善矿产资源原料产品标准体系、技术规范、检测方法和认证机制。

3)强化科技创新能力。加强人才培养,完善以企业为主体、院校为基础,学校教育与企业培养紧密联系,政府推动与社会支持相结合的高技能人才培养体系;设立研发中心和高技术企业。

4)完善财税金融政策。加强矿产资源法律法规、发展战略、规划、政策等制定和实施;加大战略性原料企业在境外开展资源勘探开发、收购的支持力度。

本专题的完成得到中国建筑材料联合会、中国建筑材料科学研究总院、建筑材料工业技术情报研究所、蚌埠玻璃工业设计研究院、中国建筑材料工业规划研究院、中材地质工程勘查研究院有限公司、武汉理工大学资源与环境工程学院、北京大学化学与分子工程学院、合肥水泥研究设计院有限公司、广东金意陶陶瓷集团有限公司、北京金隅集团股份有限公司、南方水泥有限公司、北方水泥有限公司、新台泥（杭州）企业运营管理有限公司、华新环境工程有限公司、山东维统科技有限公司等单位和有关专家的大力支持，专题组对这些单位和专家的辛勤劳动表示衷心感谢。

由于作者水平有限，可能存在不妥或疏漏之处，敬请各位读者批评指正。

建材非金属矿产资源强国战略研究专题组

2018 年 9 月

目　　录

第一章　我国建材工业的现状与发展 ·· （1）
　第一节　我国建材工业的现状 ·· （1）
　第二节　主要建材非金属矿产资源的保障性分析 ························ （18）

第二章　我国水泥用灰岩（石灰石）资源的现状与分析 ················ （20）
　第一节　水泥用灰岩资源保障能力的现状与分析 ························ （20）
　第二节　水泥用灰岩行业科技实力分析 ··································· （45）
　第三节　水泥用灰岩行业企业实力分析 ··································· （57）
　第四节　水泥用灰岩行业的全球经略能力分析 ··························· （66）
　第五节　我国水泥用灰岩可持续发展潜力分析 ··························· （68）
　第六节　水泥用灰岩强国战略面临的问题、挑战与机遇 ················ （75）
　第七节　实现我国水泥用灰岩资源强国战略思路与目标 ················ （76）
　第八节　建设水泥用灰岩强国的重点任务 ································ （78）
　第九节　建设水泥用灰岩资源强国的保障措施 ··························· （80）

第三章　我国玻璃用硅质原料资源的现状与分析 ························ （82）
　第一节　我国玻璃用硅质原料行业的资源保障能力现状与分析 ········ （83）
　第二节　玻璃用硅质原料行业的科技实力现状与分析 ··················· （98）
　第三节　玻璃用硅质原料行业企业实力分析 ······························ （107）
　第四节　我国玻璃用硅质原料可持续发展潜力分析 ····················· （116）
　第五节　实现我国玻璃用硅质原料强国战略面临的问题、挑战与机遇 ··· （118）
　第六节　实现我国玻璃用硅质原料强国的战略思路与具体目标 ········ （119）
　第七节　建设玻璃用硅质原料强国的重点任务 ··························· （120）
　第八节　建设玻璃用硅质原料强国的保障措施 ··························· （121）

第四章　我国建筑卫生陶瓷用黏土矿原料（高岭土）的现状与分析 ··· （123）
　第一节　我国建筑卫生陶瓷用黏土矿原料（高岭土）保障能力现状与分析 ··· （123）
　第二节　世界建筑陶瓷砖产业现状与分析 ································ （131）
　第三节　我国高岭土矿采选、使用及保障技术现状与分析 ············· （137）
　第四节　我国主要高岭土开采加工重点企业介绍 ························ （141）
　第五节　我国建筑卫生陶瓷用黏土矿原料（高岭土）发展面临的形势与挑战 ··· （142）
　第六节　建设建筑卫生陶瓷用黏土矿原料（高岭土）资源强国的总体思路
　　　　　发展原则及发展目标 ··· （143）
　第七节　建设高岭土资源强国的重点任务 ································ （144）
　第八节　建设高岭土资源强国的保障措施 ································ （145）

第五章 我国高纯石英矿产资源的现状与分析 (148)
第一节 我国高纯石英资源保障能力现状与分析 (149)
第二节 高纯石英行业科技实力现状与分析 (161)
第三节 高纯石英行业的企业实力与分析 (166)
第四节 实现我国高纯石英资源强国战略面临的问题、挑战与机遇 (168)
第五节 建设我国高纯石英资源强国的战略思想与总体目标 (169)
第六节 建设高纯石英资源强国的重点任务 (170)
第七节 建设高纯石英资源强国的保障措施 (171)

第六章 我国石墨矿产资源的现状与分析 (173)
第一节 石墨矿产资源的保障能力现状与分析 (174)
第二节 我国石墨行业的科技实力现状与分析 (193)
第三节 国内外石墨行业主要企业介绍 (204)
第四节 实现我国石墨资源强国的战略面临的问题、挑战与机遇 (208)
第五节 实现我国石墨资源强国的战略思路与总体目标 (210)
第六节 建设石墨资源强国的重点任务 (211)
第七节 建设石墨资源强国的保障措施 (213)

第七章 建设建材非金属矿产资源强国面临的问题、战略思路与保障措施 (216)
第一节 建设建材非金属矿产资源强国面临的问题与挑战 (217)
第二节 建设建材非金属矿产资源强国的战略思路与目标 (218)
第三节 建设建材非金属矿产资源强国的重点任务与保障措施 (218)

参考文献 (221)

第一章　我国建材工业的现状与发展

第一节　我国建材工业的现状

改革开放以来，特别是 21 世纪初前 15 年，我国建筑材料及非金属矿工业在保持较快增长的同时，产业结构已经开始并持续发生深刻变化。积极推进科技创新，进一步优化建材产业结构，提高建材工业资源能源利用效率，以尽可能少的资源能源消耗投入，获取尽可能多的产出，是建材工业的发展方向。

一、建材工业的现状

改革开放以来，随着国家经济的持续发展和人民生活水平的不断提高，我国建材工业得到长足发展。1978 年，我国建材生产企业为 6.9 万家，从业人员为 370 万人，年销售额为 162 亿元；2000 年建材生产企业为 16.1 万家，从业人员为 794 万人，年销售额为 5293 亿元；2015 年建材生产企业为 20 万家，从业人员为 861 万人，年销售额为 58 702 亿元（图 1-1，表 1-1）。2015 年建材工业销售额按可比价格计算是 1978 年的 113 倍，2000 年的 9 倍。

图 1-1　1978~2015 年建材工业销售额

表 1-1　2000~2015 年我国建筑材料及非金属矿工业销售额

年份	年销售额/亿元	年增长率/%
2000	5 293	−3.9

续表

年份	年销售额/亿元	年增长率/%
2001	5 199	-0.8
2002	5 529	7.0
2003	6 535	18.7
2004	8 481	25.5
2005	10 387	21.7
2006	12 960	21.4
2007	16 551	24.0
2008	21 686	21.4
2009	25 542	16.3
2010	32 490	24.0
2011	41 310	21.3
2012	46 630	13.6
2013	52 916	14.4
2014	58 019	9.5
2015	58 702	4.2

注：①建筑材料及非金属矿工业统计范围。建筑材料及非金属矿工业，简称建材工业，其统计范围在国家第一个五年计划开始的1953年，由当时的中央人民政府重工业部建筑材料工业管理局行业管理权限确定演变至今。

2000~2002年统计数据采用1994年版《国民经济行业分类》（GB/T 4754—1994）。建材工业包括：采矿业（门类）非金属矿采选业（大类）中石灰石开采业，建筑装饰用石开采业，其他土砂石开采业，石棉采选业，云母采选业，石墨采选业，石膏采选业，宝石、玉石采选业，水晶采选业，滑石采选业，其他类未包括的非金属矿采选业11个行业小类。制造业（门类）非金属矿物制品业（大类）中水泥制造业，水泥制品业，砼结构构件制造业，石棉水泥制品业，其他水泥制品业，砖瓦制造业，石灰制造业，建筑用石加工业，轻质建筑材料制造业，防水密封建筑材料制造业，隔热保温材料制造业，其他砖瓦、石灰和轻质建筑材料制造业，建筑用玻璃制品业，工业技术用玻璃制品业，建筑卫生陶瓷制造业，石棉制品业，云母制品业，玻璃纤维及其制品业，玻璃钢制品业，其他矿物纤维及其制品业，其他类未包括的非金属矿物制品业21个行业小类。

2003~2011年统计数据采用2002年版《国民经济行业分类》（GB/T 4754—2002）。采矿业（门类）非金属矿采选业（大类）中建材工业的石灰石开采业，石膏采选业合并为石灰石、石膏开采，石棉采选业，云母采选业合并为石棉、云母矿采选，石墨采选业，滑石采选业合并为石墨、滑石采选，水晶采选业并入其他非金属矿采选，调整后非金属矿采选业中包括建材工业7个行业小类。制造业（门类）非金属矿物制品业（大类）中建材工业的建筑卫生陶瓷制造业分解为建筑陶瓷制品制造，卫生陶瓷制品制造，石灰制造业调整为石灰和石膏制造，建筑用玻璃制品业调整为平板玻璃制造、玻璃纤维及其制品业，其他矿物纤维及其制品合并为玻璃纤维及制品制造，调整后非金属矿物制品业中包括建材工业21个行业小类。

2012~2017年统计数据采用2012年版《国民经济行业分类》（GB/T 4754—2012）。制造业（门类）非金属矿物制品业（大类）中平板玻璃制造、技术玻璃制品制造分解为平板玻璃制造、其他玻璃制造、技术玻璃制品制造。采矿业（门类）非金属矿采选业（大类）中包括建材工业7个行业小类，非金属矿物制品业中包括建材工业22个行业小类。

2018年以后启用2017年版《国民经济行业分类》（GB/T 4754—2017）。制造业（门类）非金属矿物制品业（大类）中平板玻璃制造、其他玻璃制造、技术玻璃制品制造分解变更为平板玻璃制造、特种玻璃制造、其他玻璃制造、技术玻璃制品制造。建材工业包括：采矿业（门类）非金属矿采选业（大类）中石灰石、石膏开采，建筑装饰用石开采，黏土及其他土砂石开采，石棉、云母矿采选，石墨、滑石采选，宝石、玉石采选，其他未列明非金属矿采选7个行业小类。制造业（门类）非金属矿物制品业（大类）中水泥制造，石灰和石膏制造，水泥制品制造，砼结构构件制造，石棉水泥制品制造，轻质建筑材料制造，其他水泥类似品制造，黏土砖瓦及建筑砌块制造，建筑陶瓷制品制造，建筑用石加工，防水建筑材料制造，隔热和隔音材料制造，其他建筑材料制造，平板玻璃制造、特种玻璃制造、其他玻璃制造、技术玻璃制品制造、玻璃纤维及制品制造、玻璃纤维增强塑料制品制造、卫生陶瓷制品制造、石棉制品制造、云母制品制造、其他非金属矿物制品制造23个行业小类。

本章节涉及工业行业分类均引自历年版本《国民经济行业分类》中行业分类名称。

②本表中销售额按当年价格计算，年增长率按可比价格计算。可比价格是某一固定时期的价格，从而在计算销售额年增长率时剔除价格变化因素的影响，以使不同时期的销售额可比较。本表计算销售额年增长率可比价格采用2010年价格。

资料来源：中国建筑材料联合会（简称中国建材联合会）历年《中国建筑材料工业年鉴》

二、建材工业能源依赖属性

21世纪以来，我国建材工业在快速发展的同时，产业结构开始而且仍然在持续发生变革，但建材工业的能源资源依赖的基本属性并没有根本改变。建材工业资源消耗在以后章节将有详细论述，本节重点讨论建材工业及其中的水泥和混凝土与水泥制品工业、建筑技术玻璃、建筑卫生陶瓷工业的能源消耗。

20世纪90年代，建材工业能耗占工业能耗12%左右，位居工业部门能耗第三位。2000年前后，因当时建材工业内部高耗能产业增速放缓，2000年建材工业能耗占工业能耗比例一度下降到9.1%，退居工业部门能耗第四位。2001年以后随着建材工业内部高耗能产业的快速增长，建材工业能耗占工业能耗比例持续上升，2007～2014年均在12%以上，位居工业部门能耗第三位。2015年由于水泥产量和水泥能耗的下降，建材工业能耗在工业部门比例下降到11.8%。在工业六大高耗能行业中，仍处于石化、钢铁之后第二集团的首位（图1-2）。

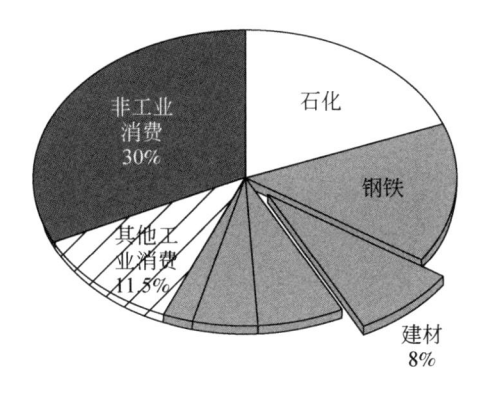

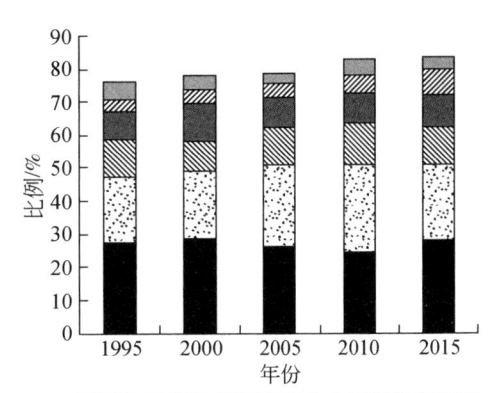

图1-2 工业部门六大高耗能行业

注：石化为石油和天然气开采业，石油、煤炭及其他燃料加工业，化学原料和化学制品制造业，医药制造业中的化学药品原料药制造，化学纤维制造业合计；钢铁为黑色金属矿采选业、黑色金属冶炼和压延加工业合计；建材为建筑材料及非金属矿工业；电力为电力、热力、燃气及水生产和供应业；有色为有色金属矿采选业、有色金属冶炼和压延加工业合计；煤炭为煤炭开采和洗选业。

（一）建材工业的能源消耗

2015年，建材工业能耗总量为3.4亿tce，占全国能源消费总量8%，占工业能耗总量11.8%，位居工业部门能耗第三位[图1-2（a）]。

2015年，水泥、平板玻璃、建筑卫生陶瓷、砖瓦砌块、石灰石膏、磨具磨料、玻璃纤维7个行业占建材工业能耗总量92.1%[图1-3（a）]。21世纪以来，我国建材工业能耗行业构成略有变化，但7个行业高耗能产品始终是行业能耗主体。

在建材工业能源消耗结构中，煤电消耗始终是主要构成。2015年煤炭和电力消耗折合标准煤占建材工业能耗总量的89.9%[图1-3（b）]。建材工业中燃料油、天然气、

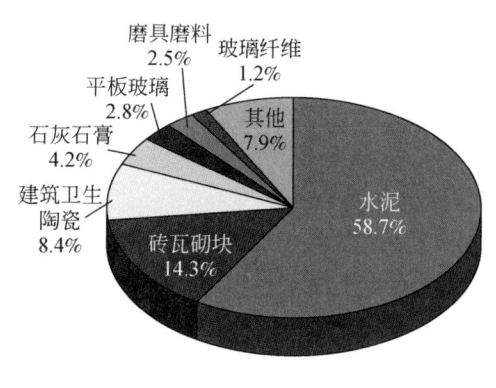

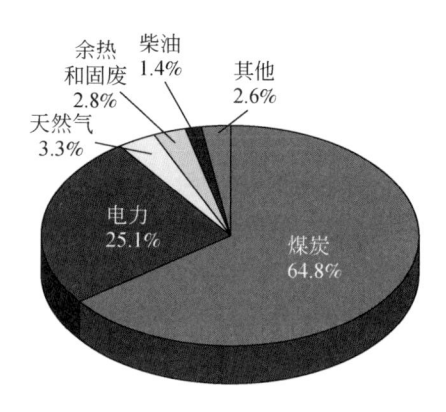

图 1-3 2015 年建材工业能源消耗

(a) 2015 年建材工业主要耗能行业

(b) 2015 年建材工业主要能源消耗比例

注：水泥指水泥制造；砖瓦砌块指黏土砖瓦及建筑砌块制造；建卫陶为建筑陶瓷制品制造和卫生陶瓷制品制造 2 个行业小类合计；石灰石膏为石灰石、石膏开采，石灰和石膏制造 2 个行业小类合计；平板玻璃指平板玻璃制造；磨具磨料指其他非金属矿物制品制造；玻璃纤维指玻璃纤维及制品制造；其他指上述 7 个行业（对应国民经济行业分类中建材工业的 9 个行业小类）以外的建材工业其他行业。

柴油等其他能耗占比自 21 世纪以来此消彼长，是建材工业中平板玻璃、建筑卫生陶瓷、玻璃纤维行业的主要燃料。

2015 年建材工业消耗煤炭为 3 亿 t，占全国煤炭消费总量的 7.7%，占工业消费总量的 8.1%，位居工业部门煤炭消耗第四位。在建材工业中，水泥、砖瓦砌块工业煤炭消耗分别占建材工业煤耗总量的 63.9%、20.9%；建筑卫生陶瓷、石灰石膏工业分别占 6.4%、5.3%；平板玻璃工业占建材工业煤耗总量 0.7%。对于水泥、砖瓦砌块、石灰石膏工业而言，煤炭几乎是唯一燃料，建筑卫生陶瓷工业煤炭是第一燃料，平板玻璃工业煤炭是第二燃料。

2015 年，建材工业消耗电力为 2826 亿 kW·h，占全国电力消费总量的 4.9%，占工业消费总量的 6.8%，位居工业部门电力消耗第六位。水泥工业电力消耗占建材工业电耗总量的 57.6%，建筑卫生陶瓷、平板玻璃工业分别占 9.8%、1.8%。我国火力发电占电力生产量的 3/4，火力发电又以煤炭为主要燃料。建材工业 2015 年电力消耗量，按当年发电煤耗计算，相当于消耗煤炭约 8600 万 t。

历史上燃料油（重油）曾经是建材工业仅次于煤炭的第二燃料，是建材工业中平板玻璃、建筑卫生陶瓷工业的主要燃料。2005 年建材工业年消耗燃料油曾经达到 611 万 t，占当年工业部门燃料油消耗量的 20%。近年来由于油气比价关系，建材工业燃料油消耗量急剧下降，天然气消耗量逐年上升。2008 年天然气超越燃料油成为建材工业第二燃料。2015 年建材工业消耗天然气为 86.8 亿 m³，占全国天然气消费总量的 4.5%，占工业消费总量的 7%，位居工业部门天然气消耗第三位。在建材工业中，建筑卫生陶瓷、平板玻璃工业天然气消耗分别占建材工业天然气消耗总量的 43.2%、20.4%，玻璃纤维及制品工业占 13.6%。近年来，天然气成为建筑卫生陶瓷工业第二燃料，而对于平板玻璃、玻璃纤维及制品工业，天然气已经成为第一燃料。

2015 年建材工业消耗柴油为 327 万 t，占全国柴油消费总量的 1.9%，占工业消费总量的21.6%，位居工业部门柴油消耗第一位。历史上建材工业柴油消耗曾经在很大程度上用于燃料和发电，近年来建材工业柴油消耗已逐步回归到用于运输工具消耗这一主要用途。2015年混凝土与水泥制品、建材非金属矿采选业柴油消耗分别占建材工业柴油消耗总量的51.8%、18.3%。

（二）建材工业能源资源利用效率低

21世纪以来，建材企业组织结构和产业结构已经开始发生积极变化，建材工业能源资源利用效率有一定提升。21世纪前10年建材工业每万吨标准煤产生的销售额不足1亿元，"十二五"中期已经达到1.5亿元/万tce（图1-4）。但同时，我们也应该清醒意识到，在我国原材料工业中，建材工业发展仍然相对迟缓，能源资源利用效率仍然不高（图1-4）。

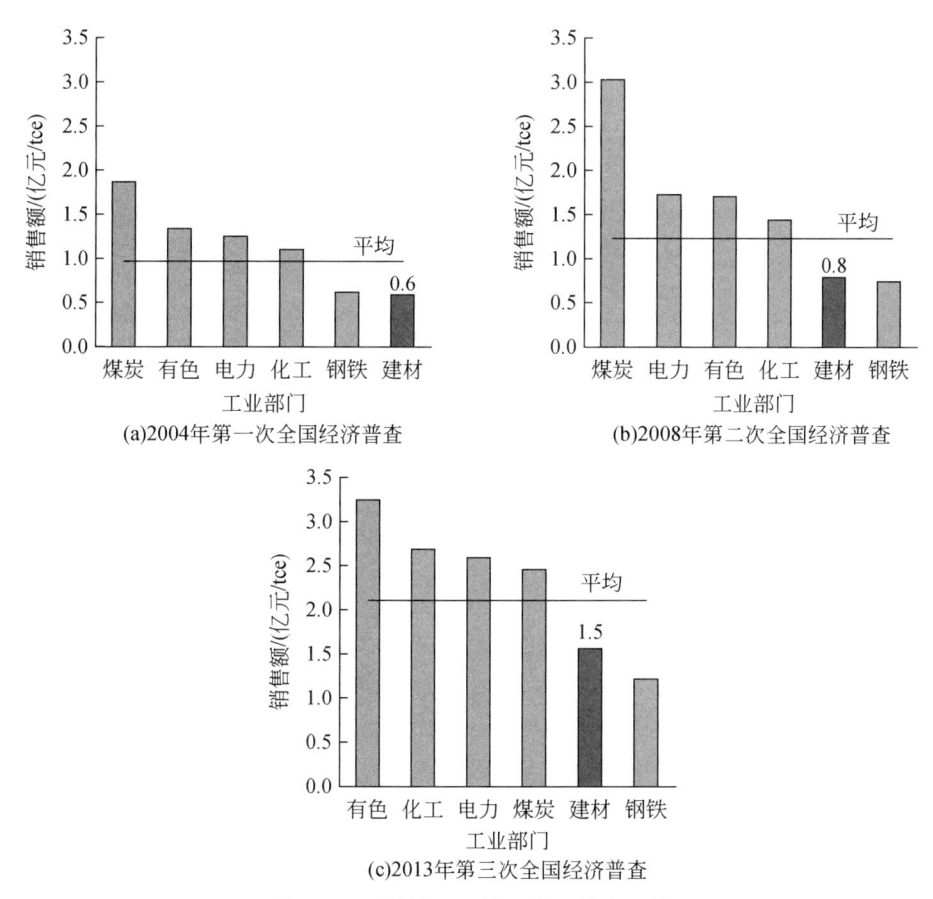

图1-4 原材料工业能源利用效率比较

注：原材料工业每万吨能耗总量产出（2010价格销售额/能源消耗总量，亿元/万tce）煤炭为煤炭开采和洗选业；有色为有色金属矿采选业、有色金属冶炼和压延加工业合计；电力为电力、热力、燃气及水生产和供应业；石化为石油和天然气开采业，石油、煤炭及其他燃料加工业，化学原料和化学制品制造业，医药制造业中的化学药品原料药制造、化学纤维制造业合计；钢铁为黑色金属矿采选业、黑色金属冶炼和压延加工业合计；建材指建筑材料及非金属矿工业。

1. 建材企业规模小制约能源资源利用效率

国家统计局从1998年开始实施规模以上工业企业统计口径，把国有企业和年销售额500万元规模以上工业企业纳入经常性统计范围。当时规模以上建材企业为1.3万家，销售额在全部建材企业中的比例只有42.9%；规模以下建材企业为17.8万家，销售额占57.1%。21世纪以来，建材企业组织结构有了极大提升，国家统计局在2011年将规模以上企业统计标准提高到2000万元，2013年第三次全国经济普查时，规模以上建材企业为2.9万家，销售额比例已经提高到83.3%，规模以下建材企业为18.7万家，销售额比例缩小到16.7%。尽管21世纪以来规模以上建材企业迅猛发展，但最近3次经济普查资料显示，在主要工业部门中，建材企业规模最小，规模以下建材企业销售额占比最高。2013年全国工业企业平均销售规模为4724万元，原材料工业企业平均销售规模为7065万元，建材企业平均销售规模为2457万元，建材企业平均规模只有工业企业平均水平的52.0%，原材料工业企业平均水平的34.8%。2013年规模以下建材企业销售额占行业16.7%的比例在当年工业部门中最高（图1-5）。2004年第一次全国经济普查时也是如此。

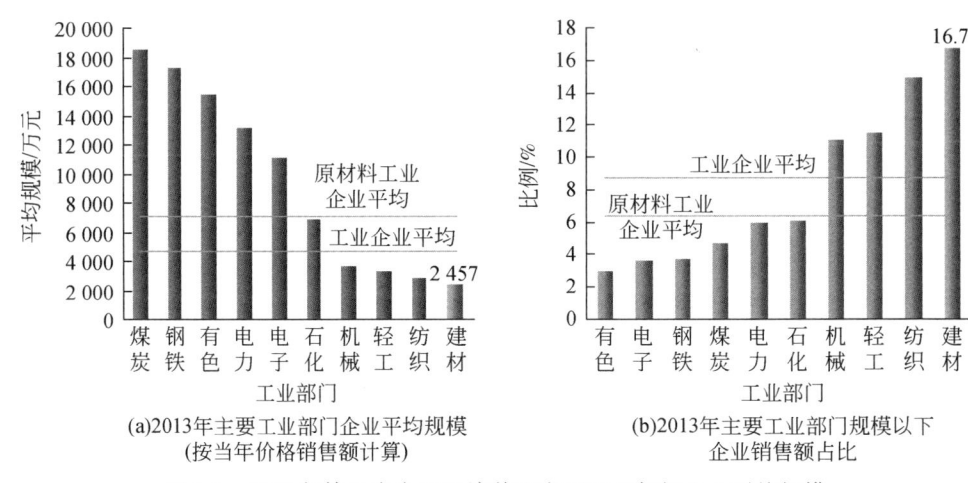

(a) 2013年主要工业部门企业平均规模（按当年价格销售额计算）

(b) 2013年主要工业部门规模以下企业销售额占比

图1-5　2013年第3次全国经济普查主要工业部门企业平均规模

注：煤炭为煤炭开采和洗选业；钢铁为黑色金属矿采选业、黑色金属冶炼和压延加工业合计；有色为有色金属矿采选业、有色金属冶炼和压延加工业合计；电力为电力、热力、燃气及水生产和供应业；电子为计算机、通信和其他电子设备制造业；石化为石油和天然气开采业，石油、煤炭及其他燃料加工业，化学原料和化学制品制造业，医药制造业中的化学药品原料药制造，化学纤维制造业合计；机械为金属制品业，通用设备制造业，专用设备制造业，汽车制造业，电气机械和器材制造业，仪器仪表制造业等合计；轻工为农副食品加工业，食品制造业，酒、饮料和精制茶制造业，皮革、毛皮、羽毛及其制品和制鞋业，家具制造业，造纸和纸制品业，文教、工美、体育和娱乐用品制造业，橡胶和塑料制品业等合计；纺织为纺织业、纺织服装、服饰业等合计；建材为建筑材料及非金属矿工业。

21世纪以来，建材工业特别是其中的水泥、平板玻璃等高耗能工业在能源综合利用方面取得了一定成绩。2015年，建材工业余热利用为$2.46×10^6$亿kJ，余热发电为279.3亿kW·h（其中水泥工业为267亿kW·h，平板玻璃工业为4.5亿kW·h），用于燃料的工业废料和城市垃圾折合171万tce（图1-6）。2015年建材工业能源综合利用已经达到1008万tce，占建材工业能耗总量的2.9%，成为煤、电、气之后的建材工业

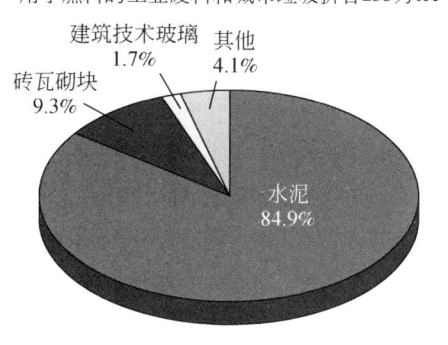

第四能源。"十二五"时期建材工业能源综合利用占全国能源综合利用总量的1/4。

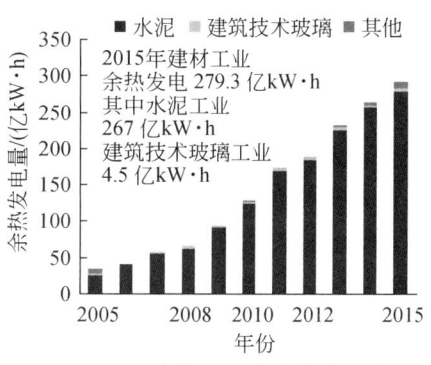

我国水泥工业2015年能耗总量为1.7亿tce，消耗煤炭为1.9亿t，电力为1.6亿kW·h（按当年发电煤耗计算相当于消耗煤炭约为5000万t）。余热余压利用为$3.2×10^6$亿kJ（相当于节约煤炭消耗约为1000万t，图1-6），余热发电为279.3亿kW·h（图1-6），余热利用已经占水泥能耗总量的4%；用于燃料的工业废料和城市垃圾折合233万tce，仅占水泥能耗总量0.1%。经过"十二五"时期的发展，我国水泥工业余热已经得到充分利用，而水泥窑协同处置工业废料和城市垃圾还有发展空间。我国每年可供燃烧利用的工业废料和城市垃圾有2亿多吨标准煤，如果政策得当，水泥工业现有1000余条可用于协同处置生产线，每年可处置3000多万tce的工业废料和城市垃圾，水泥能源综合利用率可以提高到15%以上，减少煤炭消耗约为5000万t。

图1-6 建材工业能源综合利用

注：水泥为水泥制造；砖瓦砌块为黏土砖瓦及建筑砌块制造；建筑技术玻璃为平板玻璃制造、特种玻璃制造、其他玻璃制造、技术玻璃制品制造4个行业小类合计；其他指上述3个行业（对应国民经济行业分类中建材工业的6个行业小类）以外的建材工业其他行业。

水泥、平板玻璃工业能源综合利用方面取得的成绩和能源利用效率的提高，得益于21世纪以来技术进步、生产工艺结构优化和企业规模的提升。"十一五"时期，大型的、能耗水平低的浮法玻璃工艺在平板玻璃生产中的占比超过85%，"十二五"末期，预分解窑工艺在水泥生产中占比达到98%以上，日产5000t及以上大型生产线能力占水泥熟料产能50%以上。工艺结构变革和生产线大型化，为余热利用提供了先决条件。但目前建材工业中规模以下企业数量在1万家以上的行业有砖瓦砌块、混凝土与水泥制品、建筑用石、石灰石膏、黏土砂石5个行业。2015年，规模以下砖瓦砌块企业销售额占比为43.4%，混凝土与水泥制品为11%，建筑用石为18%，石灰石膏、黏土砂石都在20%左右。这些行业又恰恰是大量消耗工业用矿物和岩石的主要行业，也是提升建材行业能源资源利用效率的潜力所在。因此，脱胎于农业和建筑业的建材行业，通过企业组织结构调整和提高企业规模与集约化经营水平来提升能源资源利用效率，还有很长的路要走。

2. 建材工业劳动生产率和技术装备水平低制约能源资源利用效率

21世纪以来，建材工业劳动生产率有很大提高。2015年建材工业劳动生产率按当年销售额计算达68.1万元，按可比价格计算是2000年的8.4倍[图1-7（a）]。

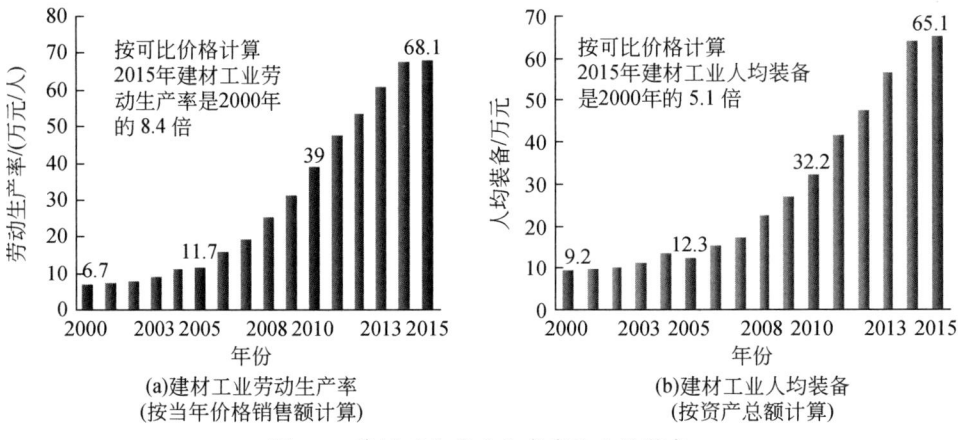

图1-7 建材工业劳动生产率和人均装备

(a)建材工业劳动生产率（按当年价格销售额计算）

(b)建材工业人均装备（按资产总额计算）

2015年，建材工业按资产总额计算的人均装备达到65.1万元，按可比价格计算是2000年的5.1倍[图1-7（b）]。21世纪以来，建材工业人均装备提升幅度低于劳动生产率提高幅度，表明建材工业劳动生产率的提升，有建材工业技术进步和产业结构优化等促进因素影响，但主要还是依赖国民经济高速增长的拉动、产品销售规模扩大等外部因素。

21世纪以来，建材工业劳动生产率虽然有很大提升，但仍然是工业部门和原材料工业中劳动生产率最低行业之一（图1-8）。根据21世纪以来3次全国经济普查资料分析，2004年建材工业劳动生产率只有工业平均水平的47.6%，2013年提升到74.9%，但仍然是最低行业之一。建材工业劳动生产率甚至低于劳动密集型的轻工行业（图1-8）。在钢铁、有色、石化、电力、煤炭等原材料工业中，2004年、2008年建材工业劳动生产率只是原材料工业平均水平的40.1%、41.8%。由于价格变动因素，2013年建材工业劳动生产率提升到原材料工业平均水平的55.3%，略高于煤炭工业（图1-8）。工业部门之间劳动生产率的横向比较，虽受工业品价格比价因素影响，但也反映出建材工业是以廉价资源获取低价值产出的。

工业部门中建材工业技术装备水平发展相对滞后。行业劳动生产率是产业现代化进程的重要标志。建材工业劳动生产率相对其他工业部门的落后，反映了我国建材工业发展的滞后。建筑材料伴随人类文明产生和发展，形成近代产业的历史也只不过几百年。中华人民共和国成立以后，建材工业相对原材料工业中的其他行业发展相对迟缓。20世纪80年代，原作为农副业的部分砖、瓦、灰、砂、石生产活动才从农业转入建材工业；90年代砖瓦生产的"禁实"政策才使砖瓦工业规模化工业生产得以发展；21世纪前10年，全国大中城市禁止现场搅拌混凝土，建筑业的混凝土和建筑部件开始大规模转入工厂化生产；禁止开采天然砂，机制砂开始工业化生产；石材的大规模出口，大型工贸企业集团整合了石材加工作坊式企业。目前，建材工业中，除水泥、平板玻璃、建筑卫生陶瓷、玻璃纤维行业外，砖、瓦、灰、砂、石、混凝土水泥制品、非金属矿开采行业仍然处于工业化进程中。建材工业劳动生产率相对其他工业部门的落后，其中重要原因是建材工业整体技术装备水平的落后。2004年全国第一次经济普查，按资产总额计算的建材工业人均装备为13.4万元，与当年原材料工业36.1万元的平均水平有较大

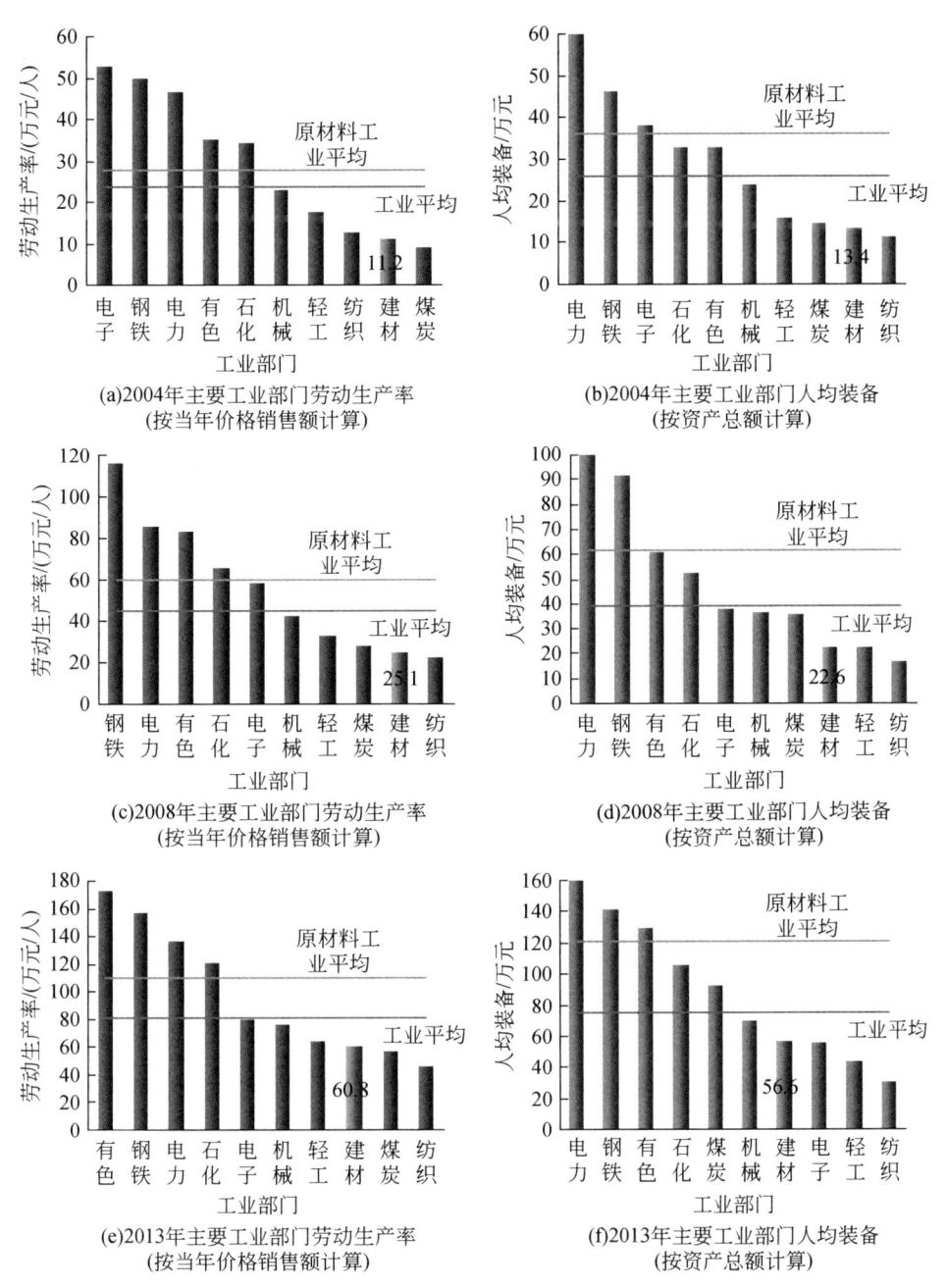

图1-8 历次全国经济普查主要工业部门劳动生产率和人均装备

注：有色为有色金属矿采选业、有色金属冶炼和压延加工业合计；钢铁为黑色金属矿采选业、黑色金属冶炼和压延加工业合计；电力为电力、热力、燃气及水生产和供应业；石化为石油和天然气开采业，石油、煤炭及其他燃料加工业，化学原料和化学制品制造业，医药制造业中的化学药品原料药制造，化学纤维制造业合计；电子为计算机、通信和其他电子设备制造业；机械为金属制品业，通用设备制造业，专用设备制造业，汽车制造业，电气机械和器材制造业，仪器仪表制造业等合计；轻工为农副食品加工业，食品制造业，酒、饮料和精制茶制造业，皮革、毛皮、羽毛及其制品和制鞋业，家具制造业，造纸和纸制品业，文教、工美、体育和娱乐用品制造业，橡胶和塑料制品业等合计；建材为建筑材料及非金属矿工业；煤炭为煤炭开采和洗选业；纺织为纺织业，纺织服装、服饰业等合计。

的差距；2008年全国第二次经济普查，建材工业人均装备提高到22.6万元，与当年原材料工业61.5万元的平均水平仍然有很大的差距，与原材料工业中的钢铁、有色行业技术装备水平差距在10年以上；"十二五"时期，建材工业产业结构和技术装备水平有较大提升，2013年全国第三次经济普查，建材工业人均装备提高到56.6万元，与当年原材料工业121.1万元的平均水平差距缩小（图1-8）。当前，建材工业整体技术装备水平，与原材料工业中的钢铁、有色行业差距仍在5年以上。

产业结构调整滞后制约建材工业劳动生产率和技术装备水平提升。建材工业劳动生产率和技术装备水平长期落后于工业和原材料工业平均水平，重要原因是建材产业进程特别是产业结构调整的滞后。21世纪前10年，建材工业主要行业劳动生产率和人均装备均远远落后于原材料工业平均水平，经过十多年的发展，建材工业中产业工艺结构和企业组织结构调整走在行业前列的水泥、平板玻璃人均装备已经达到原材料工业平均水平，水泥劳动生产率接近原材料工业平均水平（图1-9）。水泥、玻璃行业技术进步和企业组织结构的优化，是建材工业劳动生产率和人均装备在"十二五"时期与原材料工业平均水平差距缩小的主要原因。

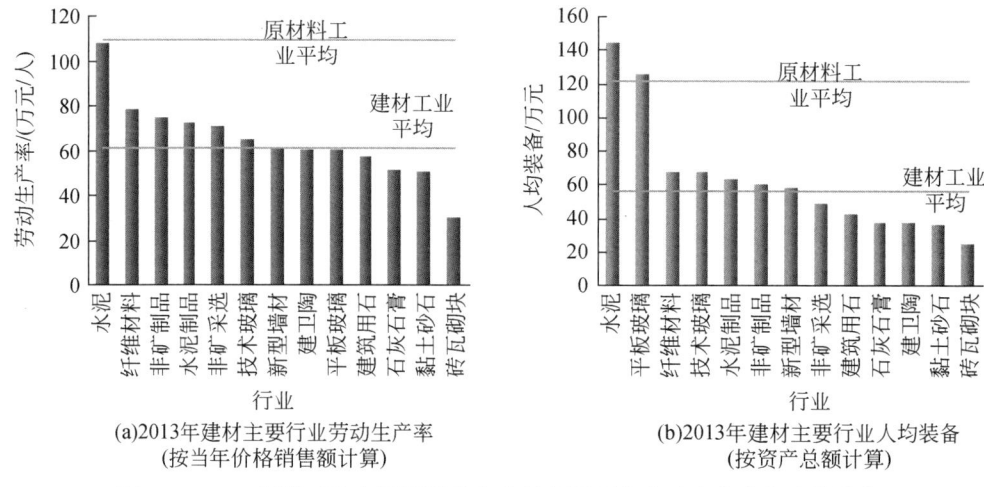

(a)2013年建材主要行业劳动生产率
（按当年价格销售额计算）

(b)2013年建材主要行业人均装备
（按资产总额计算）

图1-9 2013年第三次全国经济普查建材主要行业劳动生产率和人均装备

注：水泥为水泥制造；水泥制品为水泥制品制造、砼结构构件制造、石棉水泥制品制造、其他水泥类似制品制造合计；砖瓦砌块为黏土砖瓦及建筑砌块制造；新型墙材为防水建筑材料制造、轻质建筑材料制造、隔热和隔音材料制造、其他建筑材料制造合计；石灰石膏为石灰石、石膏开采，石灰和石膏制造合计；黏土砂石为黏土及其他土砂石开采；建筑用石为建筑装饰用石开采、建筑用石加工合计；平板玻璃为平板玻璃制造；技术玻璃为特种玻璃制造、其他玻璃制造、技术玻璃制品制造合计；纤维材料为玻璃纤维及制品制造、玻璃纤维增强塑料制品制造合计；建卫陶为建筑陶瓷制品制造和卫生陶瓷制品制造合计；非矿采选为石棉、云母矿采选，石墨、滑石采选，宝石、玉石采选，其他未列明非金属矿采选合计；非矿制品为石棉制品制造、云母制品制造、其他非金属矿物制品制造合计。

现阶段，我国工业企业组织结构是制约劳动生产率、技术装备水平和能源资源利用效率提升的主要因素。以煤炭工业为例，2004年全国第一次经济普查时，煤炭生产企业为2.7万家，劳动生产率在原材料工业中最低，人均装备水平仅略高于建材工业。经过十多年国家强力干预下的企业组织结构调整，煤炭生产企业数量减少到1.9万家，劳动生产率和人均装备水平大幅度提高，特别是人均装备水平拉开了与建材工业的差距。而规模以下企业数量众多、销售额占比大、企业平均规模小、非金属矿山数量众多，一直是建材工业企业组织结构的主要特征，制约了建材工业劳动生产率和人均装备水平的提升，以及能源资源利用效率的提高。

三、建材工业主要产业结构和发展趋势

中华人民共和国成立初期，我国建材工业发展重点是水泥、平板玻璃和建筑卫生陶瓷。20世纪80年代中期，我国建材工业开始形成较为完备的产业体系。当时建材工业中采矿采石资源性开采行业占比约为10%，水泥、平板玻璃、建筑卫生陶瓷、砖瓦、石灰与石膏及玻璃纤维等基础材料前端制造产业占70%，以资源性产品和前端基础材料为再加工对象的混凝土与水泥制品、新型墙体屋面材料、技术玻璃、纤维复合材料等二次加工产业占20%（图1-10）。在其后20年中，水泥、平板玻璃和建筑卫生陶瓷等基础材料工业仍然是建材工业发展重点，同时二次加工产业也得以快速发展。进入2002年，基础材料产业占建材工业销售额比例达到64.7%以后不可逆转地逐年下降，"十二五"规划末期跌破50%，二次加工产业比例则上升到44%，采矿和采石业比例为7%（图1-10）。

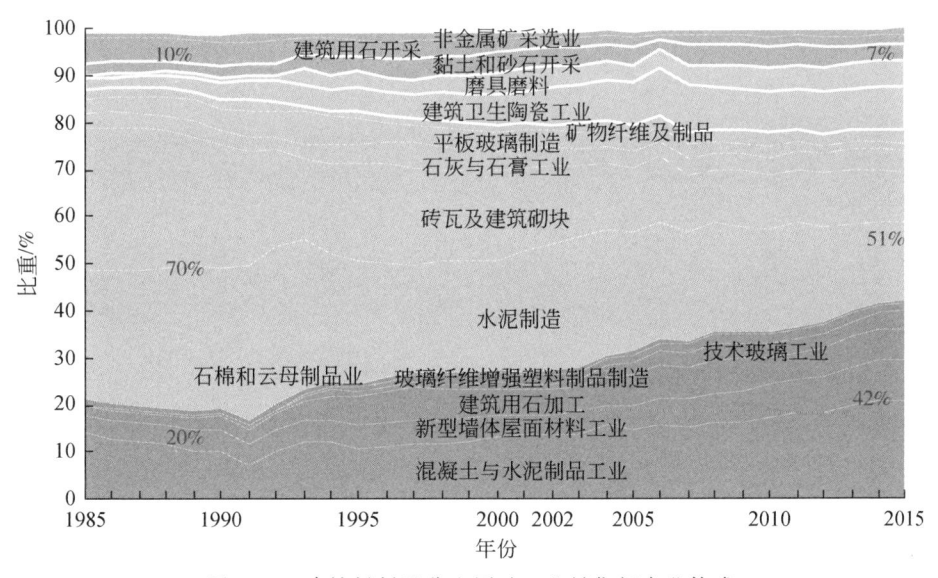

图1-10 建筑材料及非金属矿工业销售额产业构成

注：建筑材料及非金属矿工业按产业链分为以下几种：建材采石和采矿业，包括黏土和砂石开采、建筑用石开采、非金属矿采选业［包括宝石玉石采选、其他未包括的非金属矿物采选（含水晶采选）］；建材基础材料产业，包括水泥制造、黏土砖瓦及建筑砌块制造、石灰与石膏工业（包括石灰石石膏开采、石灰和石膏制造）、平板玻璃制造、玻璃纤维及制品制造、建筑卫生陶瓷工业（包括建筑陶瓷制品制造、卫生陶瓷制品制造）、其他非金属矿物制品制造（主要为磨具磨料）；建材加工制品业，包括混凝土与水泥制品工业（包括水泥制品制造、砼结构构件制造、石棉水泥制品制造、其他水泥类似制品制造）、新型墙体屋面材料工业（包括防水建材材料制造、轻质建筑材料制造、隔热和隔音材料制造、其他建筑材料制造）、建筑用石加工、技术玻璃工业（包括其他玻璃制造、特种玻璃制造、技术玻璃制品制造）、玻璃纤维增强塑料制品制造、石棉和云母制品业（包括石棉制品制造、云母制品制造）。

从各行业工业化进程来看，无一例外是首先大力发展资源初级加工基础材料。当基础材料产业累积到一定发展水平后，进入工业化中后期，后续二次加工产业迅速发展。与同属原材料工业的钢铁、有色金属行业相比，我国建材工业行业之间发展先后快慢不一，产业后端加工制品发展显然不足。"十二五"末期，我国国民经济进入新常态，煤炭、钢铁、水泥产能严重过剩，标志着我国重化工原材料工业长期以来高速发展的终结，我国工业进入工业化中后期。2015年水泥、平板玻璃、陶瓷砖、卫生陶瓷的产量下降，标志着建材工业进入产业结构深化调整的新发展阶段。建材产业门类繁多，水泥与混凝土水泥制品、平板玻璃与技术加工玻璃、玻璃纤维与复合材料、传统墙体材料与新型墙体屋面材料等产业链上下游产业规模结构不甚合理，建材工业产业后端加工制品发展仍然不足，这也显示建材二次加工产业和建材工业整体还有广阔发展空间。

（一）水泥和混凝土与水泥制品工业

2008年，金融危机后的4万亿元投资，使我国水泥产量又维系了3年10%以上的增长速度。进入"十二五"时期，我国水泥国内消费已显露饱和迹象。2014年我国水泥产量年增长2.1%，是2008年后的最低增长速度，而2015年我国水泥产量下降4.4%，则是自1990年以后25年来的首次负增长。

我国水泥产量主要为国内消费。2007年水泥出口退税取消以后，我国水泥和水泥制品年出口量在1000万t左右，占国内产量比例不足1%。20世纪90年代中期，我国取消统配水泥后，水泥部分取代传统墙体材料砖、瓦和石灰，应用范围迅速扩大。我国每万元固定资产投资建筑安装工程消耗水泥稳定在2t左右（图1-11）。21世纪以来，新型墙体材料的兴起和建筑钢结构的广泛应用，我国单位固定资产投资建筑安装工程水泥消耗量逐年下降，2015年已经下降到0.7t/万元。

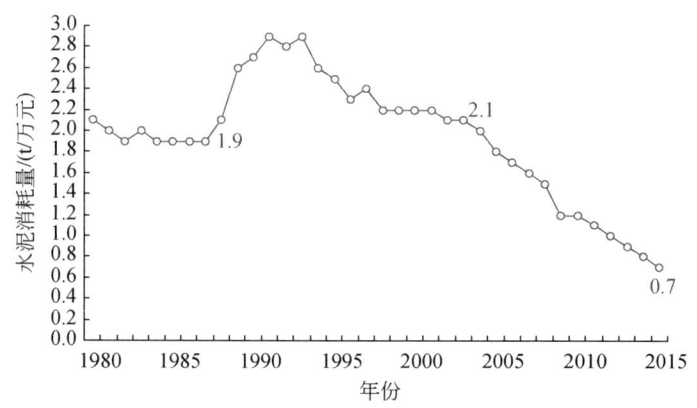

图1-11 我国单位固定资产投资建筑安装工程水泥消耗量

注：计算方法——国内水泥消费量÷固定资产投资建筑安装工程；国内水泥消费量为水泥产量减水泥和水泥制品净出口；固定资产投资建筑安装工程按2010年价格计算。

我国水泥消费量在2030年前将低速或零增长已经确定无疑。水泥是重要基础建筑材料，1988~2013年，水泥工业曾经是建材工业最大产业。目前，水泥、混凝土与水泥制品及以水泥为主料或辅料的建材加工制品仍然占据建材工业半壁江山。水泥和建材工业的未来发展，是力争使水泥生产能源资源消耗创造更多价值。中华人民共和国成立以后直至 21 世纪初，受限于我国国民经济发展水平，我国混凝土与水泥制品工业发展缓慢。2000 年，混凝土与水泥制品工业年销售额只有 699 亿元（表 1-2），只是同年水泥工业销售额的 57.5%。2003 年 10 月 16 日商务部、公安部、建设部、交通部联合发文，北京等 124 个城市城区从 2003 年 12 月 31 日起禁止现场搅拌混凝土，其他省份从 2005 年 12 月 31 日起禁止现场搅拌混凝土（商改发〔2003〕341 号）。此项政策推进了混凝土与水泥制品工业的蓬勃发展，促进了建筑业现代化进程和建筑部件工厂化生产。2003 年以后混凝土与水泥制品工业与水泥工业占比逐年上升，2013 年混凝土与水泥制品工业超过水泥工业，2015 年混凝土与水泥制品工业与水泥工业占比分别为 58.9%、41.1%（图 1-12）。按混凝土消耗水泥比例计算，建筑部件工厂化生产和混凝土与水泥制品工业还有很大发展空间。如果混凝土与水泥制品工业和水泥工业比例达到 3∶1，以同等的煤、灰岩消耗，能源资源产出利用效率能提高 20%~30%。

表 1-2 2000~2015 年我国水泥工业和混凝土与水泥制品工业主要指标

（单位：亿元）

年份	销售额（当年价格） 合计	水泥工业	混凝土与水泥制品工业	水泥产品和水泥制品出口额
2000	1 915	1 216	699	22.1
2001	2 021	1 315	706	23.4
2002	2 250	1 487	763	21.7
2003	2 745	1 833	912	25.0
2004	3 591	2 266	1 325	33.6
2005	4 185	2 642	1 543	75.8
2006	5 302	3 243	2 059	116.8
2007	6 435	3 873	2 562	119.7
2008	8 543	4 994	3 549	115.3
2009	9 920	5 698	4 222	74.1
2010	12 596	7 034	5 562	84.2
2011	16 699	9 159	7 540	96.3
2012	17 945	9 301	8 644	109.8
2013	20 327	9 771	10 556	166.0
2014	21 951	9 866	12 085	166.0
2015	21 224	8 722	12 502	229.0

注：①水泥工业即水泥制造，混凝土与水泥制品工业包括水泥制品制造、砼结构构件制造、石棉水泥制品制造、其他水泥类似制品制造 4 个行业小类。水泥制造包括水泥熟料和水泥生产制造活动；水泥制品制造包括商品混凝土、水泥混凝土排水管、水泥混凝土压力管、钢筋混凝土井管、烟道管、相关钢筋混凝土管、水泥混凝土电杆、预应力混凝土桩、遁构法施工用钢筋混凝土管片、混凝土轨枕及铁道用混凝土制品、水泥混凝土砖、水泥混凝土瓦、混凝土路缘石、混凝土界石、墓碑及类似品、其他水泥混凝土制砖、瓦及类似品、钢丝网架水泥夹芯板的生产制造活动；砼结构构件制造包括水泥混凝土预制构件生产制造活动；石棉水泥制品制造包括石棉水泥制品、纤维增强硅酸钙板、无石棉纤维水泥制品生产制造活动；其他水泥类似制品制造包括水泥混凝土装饰制品、其他水泥混凝土制品、玻璃纤维增强混凝土（glass fiber reinforced concrete，GRC）水泥制品生产制造活动。

②水泥产品和水泥制品出口额包括水泥熟料、水泥、水泥混凝土制品、纤维增强水泥制品出口，按人民币计算。

资料来源：中国建筑材料联合会历年《中国建筑材料工业年鉴》

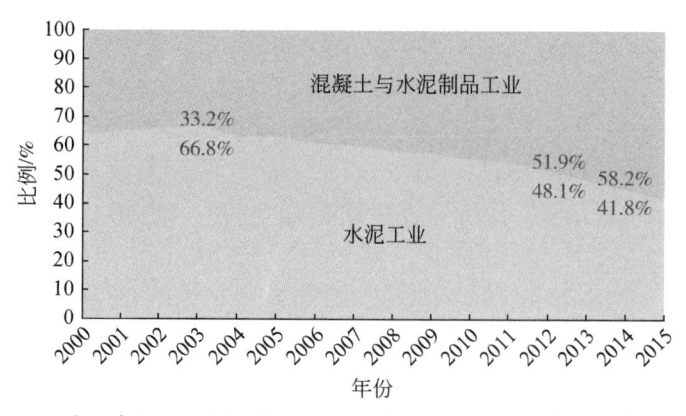

图 1-12　我国水泥工业与混凝土水泥制品工业比例（按当年销售额计算）

（二）建筑技术玻璃

2000 年以来，我国平板玻璃产量出现过两次下降，都出现在"十二五"时期。"十二五"时期，我国建筑技术玻璃工业进入产业转型期，低端平板玻璃原片需求已经饱和，资源能源消耗少、单位价值量高的产品需求迅速增长。从国内建筑技术玻璃需求来看，21 世纪前 11 年（2000~2011 年），我国房屋竣工面积年平均增长 4.9%，"十二五"时期（2011~2015 年）年平均增长 2.5%，我国每年房屋竣工面积自从突破 30 亿 m^2 以后已经进入增长平台期（图 1-13），中低端建筑用玻璃需求饱和。近年来，我国汽车、显示器、光伏电池用玻璃需求迅速增长（表 1-3），单位产品价值量高，从产品数量上对平板玻璃原片生产的拉动作用微乎其微。从建筑技术玻璃出口需求来看，21 世纪前 11 年，我国平板玻璃及加工玻璃净出口年平均增长 15.4%，占国内平板玻璃产量比例最高时达到 18.4%。"十二五"时期我国平板玻璃及加工玻璃净出口年平均增长 5.1%，占国内平板玻璃产量比例徘徊在 10% 左右。金融危机以后，我国建筑技术玻璃出口结构也在优化，光伏玻璃、技术玻璃出口数量增加，单位产品价值量比金融危机前提高 25%。国际国内建筑技术玻璃需求都已经转向能源资源消耗少的高附加值产品。

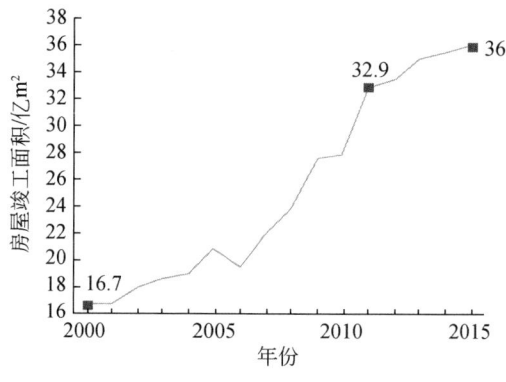

图 1-13　全国房屋竣工面积

表 1-3　2015 年建筑技术玻璃相关产品产量

项目	数量	单位
汽车	2 450.35	万辆
笔记本计算机	17 436.03	万台
显示器	17 365.40	万台
彩色电视机	14 475.73	万台
照相机	2 845.40	万台
移动通信手持机	181 913.80	万台
动车组	3 666	辆
铁路客车	2 572	辆
太阳能电池（光伏电池）	5 382.10	万 kW
技术玻璃国内消费（钢化、夹层、中空）	约 9	亿 m^2
平板玻璃国内消费	约 28	亿 m^2

我国建筑技术玻璃产业结构调整走在建材主要产业前列，2007 年技术玻璃工业销售额超过平板玻璃工业（表 1-4），2015 年已经达到平板玻璃工业的 3.4 倍（图 1-14）。近年来，国内和出口高能耗平板玻璃原片需求量基本停滞增长，同时随着需求市场的逐渐转型，低能源资源投入、高附加值玻璃需求平稳增长，"十三五"时期我国建筑技术玻璃产业结构将进一步优化，推进能源资源利用效率稳步提高。

表 1-4　2000～2015 年我国建筑技术玻璃工业主要指标

年份	销售额（当年价格，亿元）合计	平板玻璃	技术玻璃	建筑技术玻璃出口额/亿元	平板玻璃国内消费量/万 t	平板玻璃及加工玻璃净出口/万 t
2000	272	210	62	33.6	914.8	59.4
2001	254	191	63	37.4	1 076.9	67.0
2002	263	191	72	55.9	1 160.3	137.1
2003	327	221	106	70.0	1 254.7	161.5
2004	511	299	212	94.5	1 509.4	190.7
2005	579	324	255	126.0	1 808.5	297.3
2006	755	384	371	157.9	1 976.3	401.1
2007	963	470	493	179.3	2 245.3	505.2
2008	1 281	527	754	197.2	2 439.2	489.6
2009	1 405	588	817	157.0	2 649.2	296.6
2010	1 749	775	974	214.0	3 099.5	334.1
2011	2 122	779	1 343	259.4	3 588.0	377.3
2012	2 248	743	1 505	278.9	3 450.3	370.3

续表

年份	销售额（当年价格，亿元）			建筑技术玻璃出口额/亿元	平板玻璃国内消费量/万t	平板玻璃加工玻璃净出口/万t
	合计	平板玻璃	技术玻璃			
2013	2 535	791	1 744	309.6	3 841.3	409.4
2014	2 787	740	2 047	343.5	4 018.6	451.6
2015	2 818	640	2 178	335.8	3 605.1	478.5

注：①平板玻璃指平板玻璃制造；技术玻璃包括特种玻璃制造、其他玻璃制造、技术玻璃制品制造3个行业小类。

平板玻璃制造指平板玻璃生产制造活动；特种玻璃制造和其他玻璃制造包括钢化玻璃、夹层玻璃、多层隔温、隔音玻璃、石英玻璃、石英玻璃制品、光栅玻璃、微晶玻璃、电子工业用超薄玻璃、太阳能工业用超白玻璃、其他特种玻璃生产制造活动；技术玻璃制品制造包括镀膜玻璃、镜子原片、建筑装饰玻璃、建筑用玻璃制品、其他技术玻璃、玻璃陶瓷型材、工业用玻璃制品的生产制造活动。

②建筑技术玻璃出口额包括平板玻璃、玻璃型材、玻璃马赛克、初加工玻璃、窗玻璃、玻璃砖、废碎玻璃、中空玻璃、钢化玻璃、夹层玻璃、工业用玻璃制品、石英玻璃出口，按人民币计算。

平板玻璃及加工玻璃净出口为平板玻璃及加工玻璃出口减进口，不包括石英玻璃净出口。当年平板玻璃产量减平板玻璃及加工玻璃净出口即为当年平板玻璃国内消费量。

资料来源：中国建筑材料联合会历年《中国建筑材料工业年鉴》

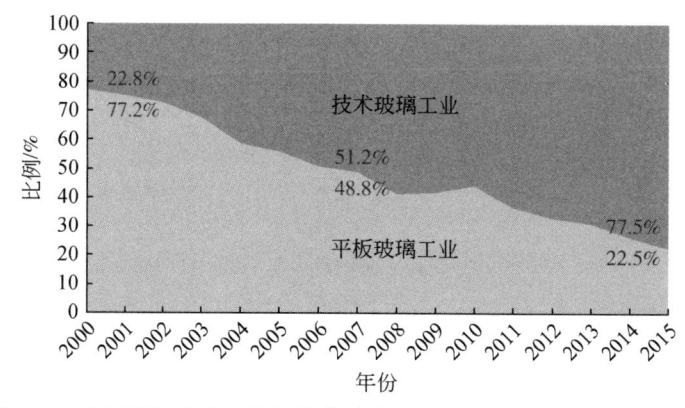

图1-14 我国平板玻璃工业与技术玻璃工业比例（按当年销售额计算）

（三）建筑卫生陶瓷

改革开放以来，我国建筑卫生陶瓷工业是建材工业主要产业中增长较快产业之一。改革开放前，我国陶瓷砖年产量只有500多万 m²，卫生陶瓷年产量不足300万件，建筑卫生陶瓷工业年销售额不足10亿元，销售额在建材工业中位居第九位。改革开放以后，我国建筑卫生陶瓷工业消费量迅猛增长，是我国人民生活质量提升的重要标志之一。"十二五"时期，我国陶瓷砖年产量突破100亿 m²，卫生陶瓷年产量突破1.5亿件，建筑卫生陶瓷工业年销售额超过5000亿元（表1-5），成为建材工业第四大产业。

表 1-5　2000~2015 年我国建筑卫生陶瓷工业主要指标

年份	建筑卫生陶瓷工业销售额（当年价格）/亿元	建筑卫生陶瓷出口额（当年价格）/亿元	陶瓷砖国内消费量/万 m^2	陶瓷砖净出口/万 m^2	卫生陶瓷国内消费量/万件	卫生陶瓷净出口/万件
2000	349	11.6	176 839	2 014	4 221	357
2001	357	21.0	182 024	4 985	4 486	614
2002	424	40.9	180 711	12 107	4 081	1 160
2003	552	63.5	224 579	20 218	4 306	1 805
2004	721	99.1	298 070	31 323	4 546	2 825
2005	935	141.1	378 626	41 677	4 544	3 885
2006	1 299	191.1	432 112	53 890	5 194	5 106
2007	1 660	222.5	525 581	58 373	7 451	5 526
2008	1 942	247.8	558 948	66 569	8 505	5 632
2009	2 271	253.2	610 023	67 921	9 815	4 976
2010	2 858	327.0	717 196	90 370	10 292	5 842
2011	3 556	374.7	818 114	102 027	11 091	5 884
2012	3 878	481.5	819 057	110 203	10 117	5 389
2013	4 569	648.5	936 520	113 126	11 014	5 702
2014	5 134	730.8	1 007 027	107 022	10 180	6 809
2015	5 272	857.4	996 971	105 938	9 750	7 069

注：①建筑卫生陶瓷工业包括建筑陶瓷制品制造、卫生陶瓷制品制造 2 个行业小类。建筑陶瓷制品制造包括陶瓷砖（瓷质砖、炻瓷砖、细炻砖、炻质砖和陶质砖）、陶瓷锦砖（又称陶瓷马赛克）、陶瓷耐酸砖、建筑陶瓷装饰物、其他建筑陶瓷制品、陶瓷管及管子配件生产制造活动；卫生陶瓷制品制造包括陶瓷制卫生设备（卫生陶瓷）、陶瓷制卫生设备辅（配）件、机械配件的生产制造活动。

②建筑卫生陶瓷出口额包括陶瓷砖、陶瓷锦砖、瓷建筑用砖、陶瓷瓦、其他建筑用陶瓷制品、卫生陶瓷出口，按人民币计算，陶瓷砖净出口为陶瓷砖出口减进口，当年陶瓷砖产量减陶瓷砖净出口即为陶瓷砖当年国内消费量；卫生陶瓷净出口为卫生陶瓷出口减进口，当年卫生陶瓷产量减卫生陶瓷净出口即为卫生陶瓷当年国内消费量。

资料来源：中国建筑材料联合会历年《中国建筑材料工业年鉴》

我国建筑卫生陶瓷工业在快速发展的同时，每年除消耗瓷土、黏土资源外，年能源消耗总量超过 3000 万 tce，是建材工业第三大耗能产业。"十二五"时期，随着我国房屋竣工面积增长速度的放缓（图 1-13），我国建筑卫生陶瓷国内数量需求已经达到高峰平台期，因此将从数量需求转向对品质的追求。2015 年我国陶瓷砖和卫生陶瓷产量双双下降，而建筑卫生陶瓷销售额仍在持续增长（表 1-5），表明产品价值量在提高，配件销售和服务在提升。

2009 年以后，建筑卫生陶瓷成为我国建材最大出口商品，年出口额超过百亿美元。我国陶瓷砖出口量约占国内产量的 10%，卫生陶瓷出口量约占国内产量的 40%，建筑卫生陶瓷出口额约占建筑卫生陶瓷工业销售额的 15%（表 1-5），是拉动建筑卫生陶瓷工业近年来快速增长的重要因素。改革开放以来，我国陶瓷砖累计出口超过 100 亿 m^2，卫生陶瓷累计出口超过 7 亿件，数量出口已经到了增长极限。2013 年以后我国陶瓷砖出口数量下降，卫生陶瓷出口数量增速放缓，而建筑卫生陶瓷出口金额仍在稳步增长

（表 1-5），我国建筑卫生陶瓷出口结构已经在向提升出口产品品质和价值量方向优化，力争以较小能源资源数量换取更大出口收益。我国建筑卫生陶瓷出口产品结构优化与国内生产产品结构调整相辅相成，出口产品结构促进国内生产产品结构升级，国内生产产品结构升级又促进了出口产品结构的优化。

我国建筑卫生陶瓷工业正在向提升产品品质和服务，以较小能源资源消耗获取更大价值产出的方向发展。

作为原材料工业，建材工业能源资源依赖属性难以更改。提高建材工业能源资源利用效率，就是以尽可能少的能源资源消耗投入，获取尽可能多的产出。进一步提升建材工业能源资源利用效率的途径是：积极推进建材工业已经发生和正在发展的产业结构改革，大力发展混凝土与水泥制品、技术玻璃、纤维复合材料等二次加工制品产业，创新拓展建材产品多样性使用价值，延伸延长建材工业产业链，力争以最小的能源资源投入，获取最大化的效益产出；积极推进建材工业有关产业的规模化生产，改变企业小、散、乱局面，提升建材工业劳动生产率和技术装备水平，提高建材工业能源资源利用能力。

第二节 主要建材非金属矿产资源的保障性分析

这里主要建材非金属矿产资源是指水泥用灰岩、玻璃用硅质原料、建筑卫生陶瓷用黏土矿原料（高岭土）、高纯石英和石墨 5 种资源。

一、水泥用灰岩、玻璃用硅质原料和建筑卫生陶瓷用黏土矿原料（高岭土）

建材非金属矿，也称为工业矿物与岩石，指可以被工业利用的矿物和岩石。本次研究的 5 个矿种中，属于可工业利用岩石为水泥用灰岩、玻璃用硅质原料和建筑卫生陶瓷用黏土矿原料（高岭土），它们分别是生产水泥、玻璃、建筑卫生陶瓷的主要原料。这些原料在国民经济中占有重要地位，其共同特点是资源丰富、分布广泛、容易获得；在开发利用上，需求巨大，但价值不高，不宜远距离运输，不可能依靠进口，在可预见的未来也没有代用资源可用；我国水泥用灰岩、玻璃用硅质原料资源十分丰富，分布广泛，储量和潜在资源储量巨大，总体处于供大于求的情况，其储量可满足我国未来几十年国民经济发展的需求。

建筑卫生陶瓷用黏土矿原料（高岭土）与水泥用灰岩、玻璃用硅质原料资源相比，其供需就显得复杂得多。建筑卫生陶瓷用黏土矿原料（高岭土）是陶瓷成形不可缺少的原料，其最重要的指标是可塑性。高塑性黏土是生产高档陶瓷的不可或缺原料，如广东金意陶陶瓷集团有限公司使用高塑性的广东黑泥生产渗花砖，产品质量很好，因黑泥资源短缺和价格原因，该企业多年研究黑泥的代用品，曾选用过膨润土、半塑性的伊利石等多种原料等，结果是选用其他原料后，产品几乎不能印花，也解决不了渗透性和干燥问题，还出现了边裂、芯裂、朦花等缺花等问题。我国建筑卫生陶瓷用黏土矿原料（高岭土）供需总体是平衡的，但高档和高塑性黏土资源短缺，这种短缺在北方地区尤为严重。为了解决高档黏土短缺的问题，我国每年从国外进口部分球土，用于高档卫生陶瓷或釉料生产。针对高档黏土短缺，国内一方面通过加强地质找矿获得更多优质建筑卫生陶瓷用黏土矿原料（高岭土）资源，另一方面也通过开发塑性增强类化工产品和改进生产工艺，来应对我国高档和高塑性建筑卫生陶瓷用黏土矿原料（高岭土）资源不足的问题。

二、高纯石英矿产资源

高纯石英和高纯石英矿产资源为两个不同概念，前者指 $SiO_2>99.9\%$ 且 Fe_2O_3 含量 $<10\mu g/g$ 的石英产品或生产原料；后者指经过选矿、提纯、加工处理可用于生产高纯石英的天然硅矿资源，它是硅质原料资源中的特殊类型。值得注意的是 SiO_2 含量很高的石英矿石资源并不一定能够获得高纯石英，两者并不存在一定的正相关性。可见高纯石英资源保障既取决于石英矿资源天然秉性，也取决于加工提纯技术。

我国高纯石英原料早期主要采自天然水晶，江苏东海水晶资源丰富，也是我国高纯石英的生产最大基地之一。随着天然水晶资源的耗尽和枯竭，我国目前的高纯石英原料主要来自石英岩和脉石英，但这些资源类型多数规模不大，加之国内加工技术和装备落后，始终不能生产出供高端产品使用的高纯石英，导致我国高纯石英低端产品产能过剩，而高端产品供需紧张，每年需要大量进口 4N 以上高纯石英，耗费大量外汇。

在过去的地质工作中，我国甚少把高纯石英资源作为单独的矿种勘探，目前国内没有准确的高纯石英矿产资源储量的准确数据。在我国石英资源的勘探中，已经包括水晶型、石英岩型、脉石英型、石英砂岩型、石英砂型。根据国外的经验，花岗岩型石英质量稳定，矿体规模大，其高纯石英生产中质量更容易控制。例如，美国尤尼明公司高纯石英原料就源于花岗岩型石英资源，其产品占据全球 80% 市场。而我国恰恰缺少对花岗岩型高纯石英矿产资源的地质工作。与其他矿产资源不同，石英是最常见的一种造岩矿物，广泛分布在各种岩石中，我国地域辽阔，地质演化历史悠久，地质构造类型丰富，从概率和逻辑上分析，高纯石英不可能仅存在国外而不存在中国。提高我国高纯石英资源保障的关键，一是要加强高纯石英地质找矿工作；二是提高石英提纯技术、提纯装备制造和测试技术水平。

三、石墨资源

我国是名副其实的石墨大国。近十年来，我国石墨储量、产量、消费、出口始终占据全球第一位置。2015 年我国已探明石墨资源储量为 2.64 亿 t，可以满足未来几十年国民经济发展的需求。我国石墨资源产地比较集中，主要分布在黑龙江、山东、内蒙古，石墨产量占全国总产量的 76.9%。我国还不是石墨技术强国，"低出高进"状态依然存在，"十二五"期间，每年仍需从国外进口高端石墨 5 万~13 万 t，主要是高附加值的高纯石墨、球形石墨、柔性石墨、核石墨等。这一情况已经引起国家重视，"十三五"初期国家已经加大了高端石墨产品的研发投入，一批高科技含量、高附加值石墨产品开始走向市场，尤其是石墨烯为代表的生产技术，我国与世界先进国家基本保持在相同技术水平。相信不久的将来，我国石墨资源"低出高进"，高端石墨产品依靠进口供需局面将会彻底扭转。

第二章 我国水泥用灰岩（石灰石）资源的现状与分析

本章从我国水泥工业的发展现状出发，分别介绍了我国历年来水泥的产量、产区分布及未来 20 年的水泥需求量预测，得出我国水泥用灰岩资源的需求状况，主要包括水泥用灰岩资源保障能力、科技实力、企业实力、全球经略能力和可持续发展潜力。我国水泥用灰岩资源保障能力主要从水泥用灰岩的数量优势、品质优势、生产能力、保障能力几个方面进行分析，得出我国水泥用灰岩资源存在可保障年限短、资源利用率不高的问题；我国水泥用灰岩行业的科技实力分析主要从灰岩装备的理论技术水平、装备水平、深加工水平和科技人才的比例及研发投入的强度等方面进行分析；我国水泥用灰岩行业企业实力主要从水泥用灰岩企业在世界百强矿业公司的占有率、矿业公司的多元化水平和矿业公司产业延伸程度与盈利能力等方面进行分析；我国水泥用灰岩可持续发展潜力分析主要从水泥用灰岩的地质调查、勘查的资金投入强度、综合开发年限、综合环境效应、社会效益、能耗水平及水耗水平等几方面进行分析，找出实现我国资源强国战略面临的问题、挑战和机遇，以及重点任务和发展举措等。

第一节 水泥用灰岩资源保障能力的现状与分析

一、我国水泥工业的现状与分析

近年来，我国水泥工业通过加快转变经济发展方式，推动产业结构优化升级，加强能源资源节约和生态环境保护等，工业整体水平明显提高。突出表现为水泥产量稳步增长、大企业集团的并购重组使生产集中度明显提高、企业自主创新能力增强、淘汰落后产能及节能减排的成效明显、国际工程建设领域市场竞争力进一步显现等。

（一）水泥产量及人均水泥消费量迅速增加

1978~2015 年，我国水泥产量及人均水泥消费量迅速增加（表 2-1，图 2-1、图 2-2），2015 年首次出现下降的趋势，下降幅度约为 4.9%，可见我国水泥消费进入了消费平台期。

表 2-1 1978~2015 年我国水泥产量统计

项目	1978 年	1980 年	1985 年	1990 年	1995 年	2000 年	2002 年	2003 年	2004 年	2005 年
水泥产量/亿 t	0.65	0.80	1.46	2.10	4.76	5.93	7.25	8.62	9.68	10.69

续表

项目	1978年	1980年	1985年	1990年	1995年	2000年	2002年	2003年	2004年	2005年
年人均水泥消费量/kg	68	81	137	183	388	471	564	667	742	821
人均水泥累积消费量/t	0.86	1.02	1.55	2.41	3.95	5.94	7.02	7.69	8.43	9.25

项目	2006年	2007年	2008年	2009年	2010年	2011年	2012年	2013年	2014年	2015年
水泥产量/亿t	12.37	13.61	14.24	16.44	18.82	20.99	22.10	24.19	24.92	23.70
年人均水泥消费量/kg	943	1029	1069	1229	1402	1551	1632	1778	1822	1716
人均水泥累积消费量/t	10.20	11.23	12.30	13.52	14.93	16.48	18.11	19.89	21.71	23.43

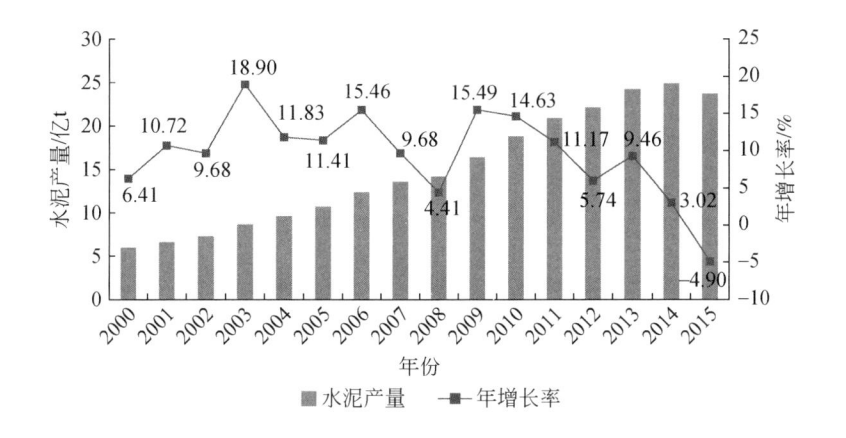

图 2-1 2000~2015年我国水泥产量及年增长率

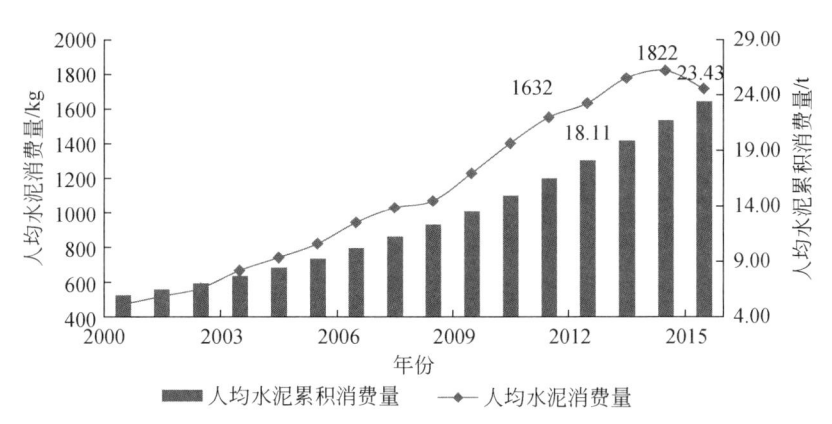

图 2-2 我国人均水泥消费量及人均累积消费量

注：年人均水泥累积消费量是从设定1949年的人均消费为0，加上每年人均水泥消费量计算得出。

可以看出，1978~2015年，我国水泥产量一直在快速稳步增长，2012年水泥产量增长速度出现放缓迹象，下降为5.29%，2015年水泥产量首次出现下降，增长速度出现负增长，下降幅度约为4.9%。

(二) 产业集中度不断提高

随着水泥工业的联合重组，我国水泥工业的产业集中度不断提高。截至2015年底，前十大水泥集团的熟料产能市场占有率已达到62%，前三大水泥集团熟料产能市场占有率达34%（图2-3）。

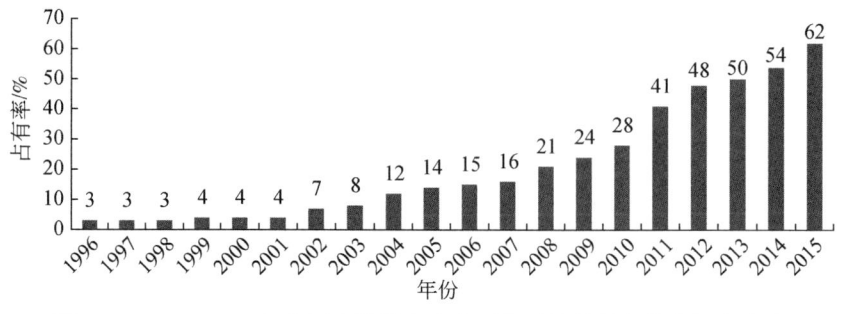

图2-3　1996~2015年我国水泥前十大水泥集团的熟料产能市场占有率
资料来源：数字水泥网；建筑材料工业技术情报研究所

根据数字水泥网站统计我国前十大水泥集团的水泥产量结果显示，2015年我国水泥产量集中度达39.34%，较2014年再度提高1.68个百分点，2009~2015年我国水泥产量的集中度如图2-4所示。2015年，我国十大水泥集团熟料产能如图2-5所示。

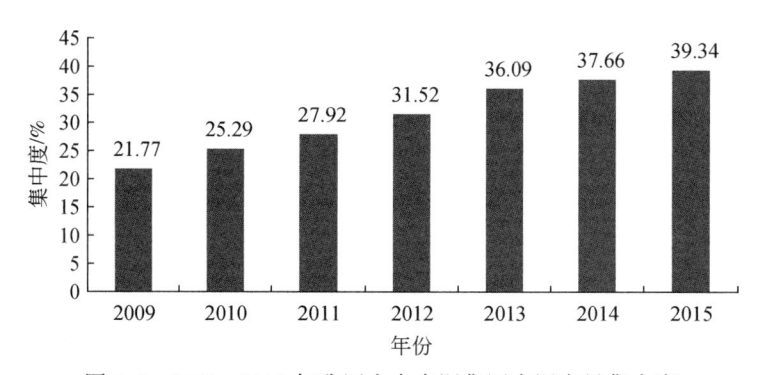

图2-4　2009~2015年我国十大水泥集团水泥产量集中度

伴随着国家经济发展和中部崛起、西部大开发战略的实施，我国水泥工业的生产重心逐渐开始向中西部地区转移。据统计，1992年，我国东部地区水泥产量为30 822万t，约占全国水泥总产量的55.5%；中部地区水泥产量为8938.4万t，约占全国总产量的29.0%；西部地区水泥产量为4777.4万t，约占全国总产量的15.5%。截至2011年，我国东部地区水泥产量为80 813万t，约占全国总产量的42.9%；中部地区水泥产量为54 086万t，约占全国总产量的28.7%；西部地区水泥产量为53 491.7万t，约占全国总量的28.4%。2015年，我国东部地区水泥产量为84 637万t，约占全国总产量的36.8%；中部地区水泥产量为72 391万t，约占全国总产量的31.5%；西部地区水泥产量为73 060万t，约占全国总产量的31.8%。西部地区的水泥产量占比在逐年提高（图2-6）。

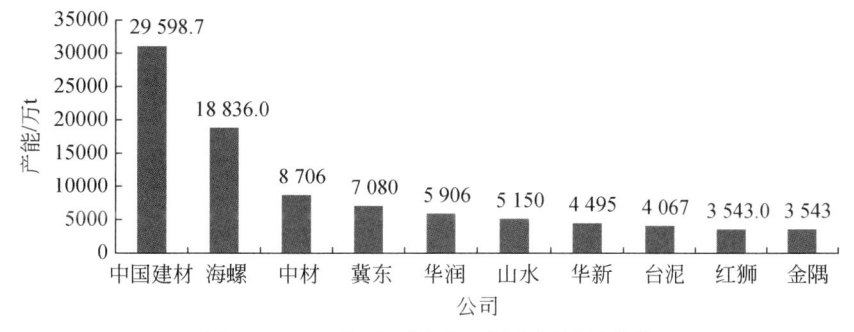

图 2-5　2015 年我国十大水泥集团熟料产能

注：中国建材为中国建材股份有限公司的简称；海螺为安徽海螺水泥股份有限公司的简称；中材为中材水泥有限责任公司的简称；冀东为唐山冀东水泥股份有限公司的简称；华润为华润水泥控股有限公司的简称；山水为山东山水水泥集团有限公司的简称；华新为华新水泥股份有限公司的简称；台泥为台泥水泥股份有限公司的简称；红狮为红狮控股集团有限公司的简称；金隅为北京金隅集团水泥分公司简称。

资料来源：数字水泥网

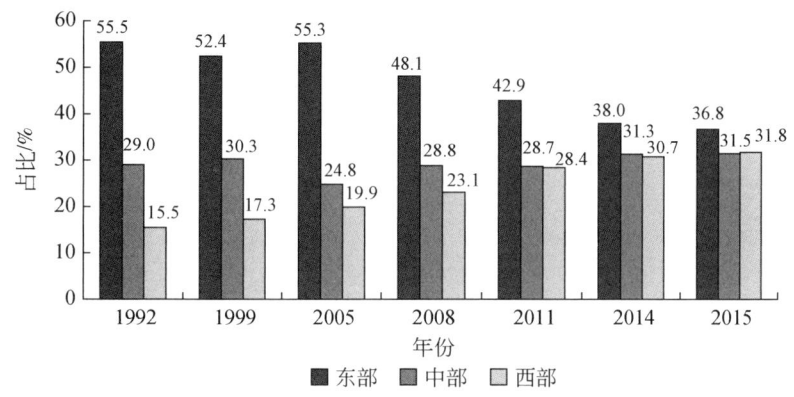

图 2-6　我国东部、中部、西部水泥产量占比趋势变化

注：因数字修约，存在加和不等于100%的情况

我国水泥生产的重心已经偏向中部、西部地区，西部地区水泥新型生产线数量和能力均已超过东部地区和中部地区，但日产 4000t 及以上生产线能力的比例，东部地区和中部地区分别达到 66.4% 和 65.3%，西部地区只有 45.9%。

(三) 淘汰落后产能及节能减排的成效显著

21 世纪以来，我国新型干法水泥生产 (new dry process cement production) 线不断增加，新型干法水泥产量占水泥总产量的比例迅速增加，从 2000 年的 8% 上升到 2014 年的 90% 以上。截至 2014 年底，我国新型干法水泥生产线总条数达到 1755 条，设计熟料产能达 17.7 亿 t。2015 年，我国淘汰落后水泥产能 5000 万 t，新型干法水泥生产线总条数具体数目尚无官方统计数据；仅从技术结构方面看，其已达到发达国家的先进水平。我国用了 10 年左右的时间初步完成了水泥产业新型干法水泥生产结构调整的任务。

(四)"一带一路"提供了海外发展的机遇,国际工程建设市场竞争力显现

党的十九大报告提出,要加大推进"一带一路"建设,鼓励企业加快实施"走出去"战略,参与境外基础设施建设和产能合作,要促进冶金、建材等产业对外投资。这给予水泥企业巨大机遇。我国水泥行业经过多年的高速发展,技术水平和管理水平已经达到了国际先进水平。目前,国内水泥行业产能严重过剩,市场竞争激烈,"走出去"是我国水泥行业的发展方向,"走出去"的最好时机已经到来。

我国水泥企业已迈出了"走出去"的步伐,并取得显著成效。例如,海螺水泥的印度尼西亚南加、西巴、南苏、北苏、孔雀港等项目,缅甸曼德勒胶施日产5000t生产线项目;与老挝、柬埔寨的合作伙伴签订了合作框架协议。上峰水泥股份有限公司的吉尔吉斯斯坦克明区上峰ZETH项目。华新水泥在塔吉克斯坦建有2条年产熟料80万t的生产线,并在柬埔寨以购买股权的方式入主柬埔寨CCC水泥公司(Cement Chakrey Ting Factory Co.,LTD.)。红狮水泥在缅甸、印度尼西亚、尼泊尔等国从2015年起新建4条日产5000t熟料以上生产线。中国建材的中联水泥在蒙古乌兰巴托的2500t/d生产线已经启动投产。冀东水泥的南非曼巴项目位于南非境内林波波省,日产2800t水泥熟料生产线配套6MW纯低温余热发电EPC(engineering procurement construction,工程总承包)项目,设计能力年产100万t水泥,在2015年12月成功点火。除了已经"走出去"的企业,国内还有很多水泥企业开展了前期工作。例如,截至2015年,河南同力水泥股份有限公司为顺利投资莫桑比克水泥项目,已自筹资金6122万元,设立全资子公司中非同力投资有限公司。中国中材集团有限公司在莫桑比克开展了前期考察。天瑞集团股份有限公司对巴基斯坦有关企业进行了互相考察。

(五)我国水泥工业替代燃料的利用刚刚起步

替代燃料(也称二次燃料或辅助燃料)是使用可燃废弃物作为水泥窑烧成熟料时的燃料以替代天然化石的燃料。20世纪70年代以来,西方发达国家开始使用替代燃料,且替代燃料的数量和种类不断扩大。水泥工业成为利用替代燃料的首选行业。根据欧盟统计,欧洲18%的可燃废弃物被工业领域利用,其中水泥行业利用50%左右,是电力、钢铁、制砖及玻璃等行业的总和。西方发达国家约有2/3的水泥厂使用替代燃料,可燃废弃物在水泥工业中的应用替代占比平均达20%以上。

图2-7是部分发达国家水泥行业燃料替代率的数据。德国的燃料替代率从2000年的25.7%迅速上升为2015年的63%,15年间翻了一番多;荷兰的燃料替代率从2001年的83%上升为2007年的92%,是世界上水泥行业燃料替代率最高的国家。2004年,欧洲水泥行业共使用替代燃料为620万t,替代率达到17%,2015年达到39%。此外,美国的替代率是25%。

这些国家的实验结果和生产实践表明,水泥行业使用替代燃料处置废弃物,回收废弃物中的能量和物质,符合废弃物的管理模型。我国在水泥生产使用替代燃料方面有近30年的跟踪国外、20年的推进和10余年的探索实践历程,总体处于起步阶段。时间短、燃料种类少,与国外发达国家还存在巨大的差异,但发展空间巨大。据初步估计,在我国约3000座水泥生产厂中,只有北京水泥厂有限责任公司等10余家水泥企业使用

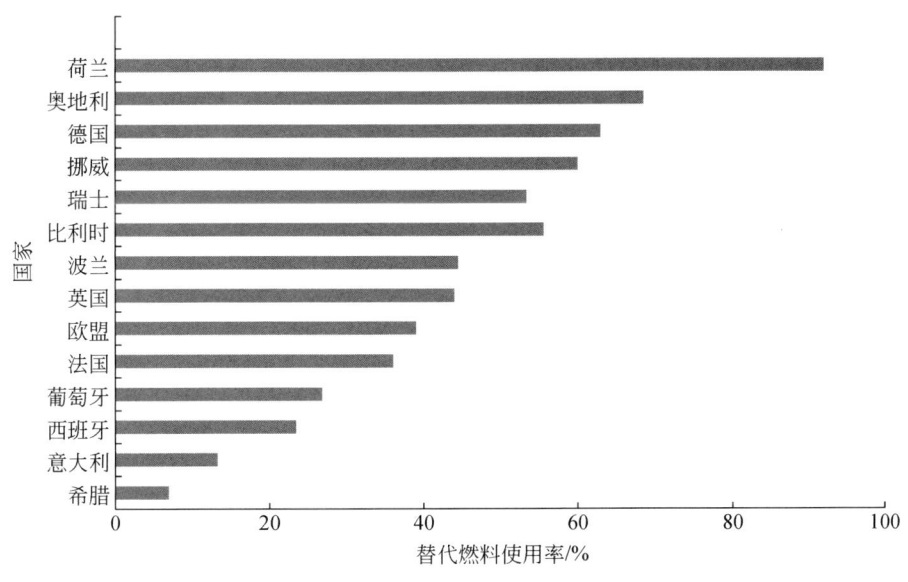

图 2-7　2015 年部分发达国家的水泥行业的燃料替代率

替代燃料，但年替代量不足 5 万 tce，总体的燃料替代率不到 1%。目前，工业化试点和试烧工作面窄、量少，不能为制定有关标准和法规提供有力支持。今后应重点开发水泥工艺替代燃料利用的技术与装备，特别是利用市政垃圾作为替代燃料利用的技术与装备。实践证明，一座日产 2000t 水泥熟料的生产线一年消纳的市政垃圾量相当于一座 50 万人口规模城市一年的市政垃圾量。

2015 年，我国水泥产量为 23.7 亿 t，约占世界水泥产量的 57.8%，能源和资源矿产消耗量巨大。我国水泥窑替代燃料工作起步晚、进展慢，这既有经济方面的原因，也有政策、技术和相关配套体系的制约。我国水泥行业利用粉煤灰等固体废物作替代原料的数量每年约为 3 亿 t，是消纳固体废物利用的重要行业，国家在这方面已有比较完备的政策、技术标准和鼓励措施，而在替代燃料利用方面基本上还处于空白。

二、水泥用灰岩资源现状

根据中国建筑材料联合会统计，我国是世界上水泥用灰岩矿资源丰富的国家之一，除上海外，各省、直辖市、自治区都有分布。2015 年，全国已发现水泥用灰岩的矿区数约为 2391 处，据预测我国水泥用灰岩远景资源储量为 3 万亿～4 万亿 t。已有查明储量的矿产地为 2391 处，累计查明水泥用灰岩矿石基础储量为 423.35 亿 t，查明资源储量为 858.93 亿 t，资源储量为 1282.28 亿 t。其中，安徽资源储量为 122.15 亿 t，为全国之冠，其余依次为山东、四川、陕西。排名前 4 位的省份水泥资源储量约占全国的 29.7%。全国水泥用灰岩资源储量超过 50 亿 t 的省份有 11 个，超过 30 亿 t 的省份有 20 个，不足 10 亿 t 的省份仅有北京、天津、西藏 3 个。截至 2015 年全国水泥用石灰岩资源储量情况见表 2-2。

表 2-2 截至 2015 年全国各省份水泥用灰岩资源储量表

地区	矿区数/个	基础储量/亿 t 累计查明储量	储量	查明资源储量/亿 t	资源储量/亿 t
合计	2391	423.35	200.95	858.93	1282.28
北京	23	2.94	2.28	6.14	9.08
天津	9	0.53	0.48	1.46	1.99
河北	79	25.97	14.08	35.09	61.06
山西	43	9.9	8.37	14.25	24.15
内蒙古	68	32.9	4.59	42.75	75.65
辽宁	135	16.77	6.74	17.38	34.15
吉林	50	9.11	7.45	10.74	19.85
江苏	69	11.67	3.87	18.74	30.41
浙江	123	19.1	8.95	16	35.1
安徽	152	19.1	4.81	103.05	122.15
福建	156	8.2	5.58	25.78	33.98
江西	165	13.61	10	25.28	38.89
山东	120	31.74	28.58	72.1	103.84
河南	97	22.75	0	50.06	72.81
湖北	88	21.5	5.6	16.31	37.81
湖南	68	16.81	14.17	35.72	52.53
广东	77	16.82	6.87	48.2	65.02
广西	87	27.69	9.87	30.25	57.94
海南	31	3.17	2.55	7.5	10.67
重庆	79	11.77	1.39	52.11	63.88
四川	102	32.03	7.23	45.93	77.96
贵州	103	11.48	9.55	9	20.48
云南	87	18.2	13.9	13.15	31.35
西藏	3	0.09	0	0.47	0.56
陕西	86	18.44	14.2	58.93	77.37
甘肃	58	7.73	4.85	24.32	32.05
青海	27	4.73	1.07	24.43	29.16
宁夏	28	2.96	0.6	17.54	20.5
新疆	178	5.64	3.32	36.25	41.89

注：黑龙江省的水泥原料为大理岩，上海市无水泥用灰岩资源，故未列于此表；统计数据未包括香港、澳门、台湾，全书余同。

资料来源：国土资源部 2016 年全国矿产资源储量通报。

2003~2015 年，我国水泥用灰岩基础储量增长率为 1.37%，储量下降 2.55%，查明资源储量增长率为 8.34%。而同期水泥产量增长率为 9.35%。水泥用灰岩储量增长落后于水泥产量增长，储量结构失衡，见表 2-3。

表 2-3 水泥用灰岩储量结构变化

年份	累计查明储量/亿 t	储量/亿 t	查明资源量/亿 t	资源储量/亿 t
2007	284.03	372.53	328.18	700.71
2008	387.43	256.21	477.42	864.86
2009	396.5	251.7	541.9	938.4
2010	403.12	245.85	617.78	1020.9
2014	413.9	198.6	821.2	1235.1
2015	423.35	200.95	858.93	1282.28
年平均增长率/%	5.13	-7.43	12.78	7.85

我国是世界上水泥用灰岩矿产资源最为丰富的国家之一，其资源特点主要呈现在以下几个方面。

一是资源储量大，分布不均衡。我国已查明水泥用灰岩矿产资源储量居世界首位，产地分布面广。除上海外，各省、直辖市、自治区都有分布，但储量不平衡，查明资源储量最多的 4 个省份的资源总和占全国的 30.6%。

二是矿石质量优良。各水泥产地石灰石的平均品位均能达到 1 级品要求，可用作制造高标号水泥的原料。其中，矿石质量好的（$CaO \geq 50\%$、$MgO \leq 2\%$）矿石保有储量约占总保有矿石储量的 84%。

三是矿床多为单一矿床。我国水泥用灰岩矿床基本为单一矿床，只有约为 2.5% 的产地有共生矿产。矿床类型以化学或生物化学沉积型矿床为主。化学或生物化学沉积型矿床占我国已查明矿床储量的 90% 以上。

四是矿床开采条件比较简单。矿体大多位于当地侵蚀基准面以上，多裸露地表，高度多在几十米以上，易于露天开采。

总体来说，我国水泥用灰岩矿产后备资源充足，分布广泛，并且还有众多的列入熔剂、化工专用水泥用灰岩矿山的副产品，均可作水泥原料。丰富的水泥用灰岩矿产资源为各省、直辖市、自治区水泥工业的发展提供了充足的原料，为我国水泥工业近 40 年来持续蓬勃发展提供了有利条件。但是，也还存在资源分布局部不均衡现象，尤其是东部沿海一带资源短缺，部分省份资源有待进一步勘查，少数老厂矿山的资源供应可能出现紧张状况。

三、水泥用灰岩需求量预测

一个国家或地区的工业化是由钢筋、混凝土堆积起来的。经济学专家在研究人均水泥消费量的过程中，把工业化进程作为一个主要的研究因素。工业化发展到何种程度，所对应的人均水泥消费量是多少，这个标准在世界各国是基本一致的。一般认为，年人均水泥消费量达到 1000kg 时，表明这个国家的工业进入高速发展阶段，水泥需求大幅度增加。而对年人均水泥消费量进行积分统计，可得出人均水泥累积消费量，当这个数值达到一定的程度后，拐点必然会出现。

（一）我国年人均水泥消费量与发达国家的对比

我国年人均水泥消费量经历了起步、发展、高速发展时期，1978～2014 年，我国年人均水泥消费量增长了 25.79 倍，平均年增长率为 9.56%。1978 年，我国年人均水泥消费量为 68kg，2014 年人均水泥消费量达到 1822kg，2015 年人均水泥消费量降低到 1716kg。1978~2014 年，我国人均水泥累积消费量增长了 24.24 倍，平均年增长率为 9.38%。1978 年，我国年人均水泥累积消费量为 0.86t，2014 年人均水泥累积消费量达到 21.71t，2015 年人均水泥累积消费量达到 23.43t。

从以上分析可以看出，1978 年以来，尤其是 2000 年以来，我国水泥的产量迅猛增加。1985 年以来，我国水泥产量一直位居世界第一（图 2-8），成为世界最大的水泥生产和消费国。2015 年世界水泥产量为 41 亿 t，我国水泥产量为 23.7 亿 t，均占世界总产量的 57.8%。我国年人均水泥度消费量达到 1716kg，远超过世界 0.3t 的平均水平。

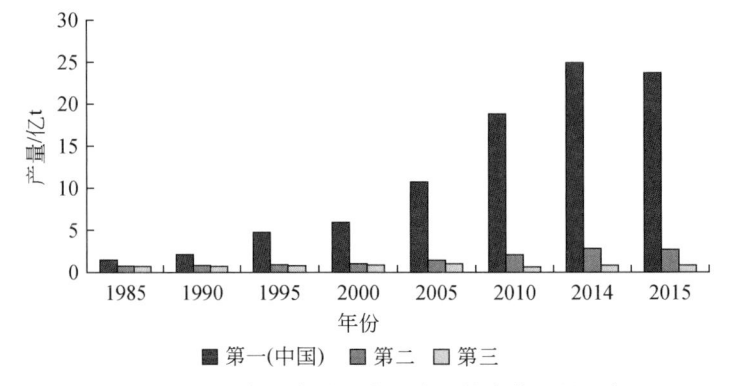

图 2-8　1985 年以来世界水泥产量排名前三的国家
资料来源：联合国统计司、美国地质调查局、国际统计年鉴、联合国工业统计年鉴、世界经济年鉴等

总之，无论是总产量还是人均年度消费量，我国都已经远远超过了世界平均水平，甚至达到发达国家的历史最高水平。我国年人均水泥消费量、人均水泥累积消费量与发达国家的对比如图 2-9、图 2-10 所示。从部分典型国家或地区年人均水泥消费峰值（表 2-4）来看，在年人均水泥消费量为 566~1000kg、年人均水泥累积消费量为 10~22t 时达到饱和，随后水泥消费量呈现缓慢减少的趋势。

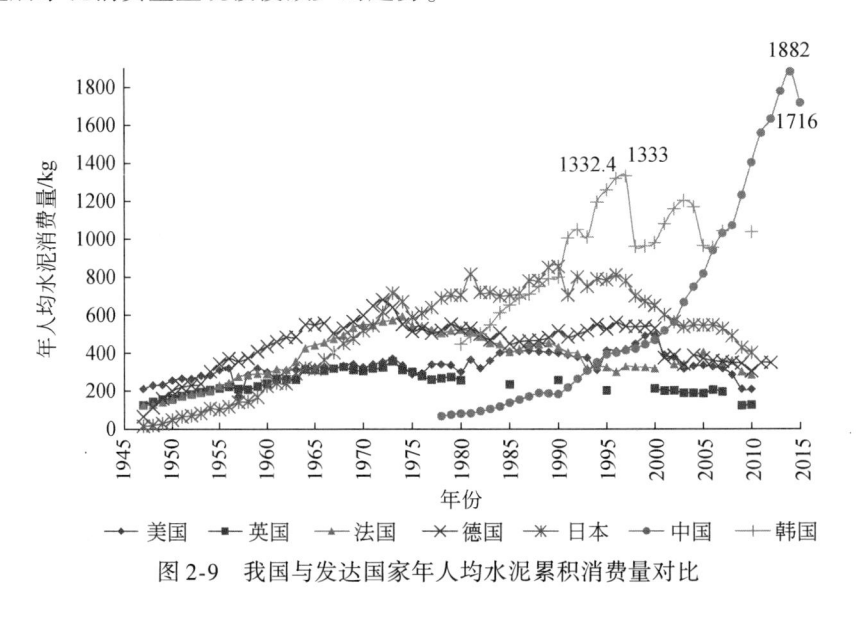

图 2-9　我国与发达国家年人均水泥累积消费量对比

图 2-10 我国与发达国家人均水泥累积消费量对比

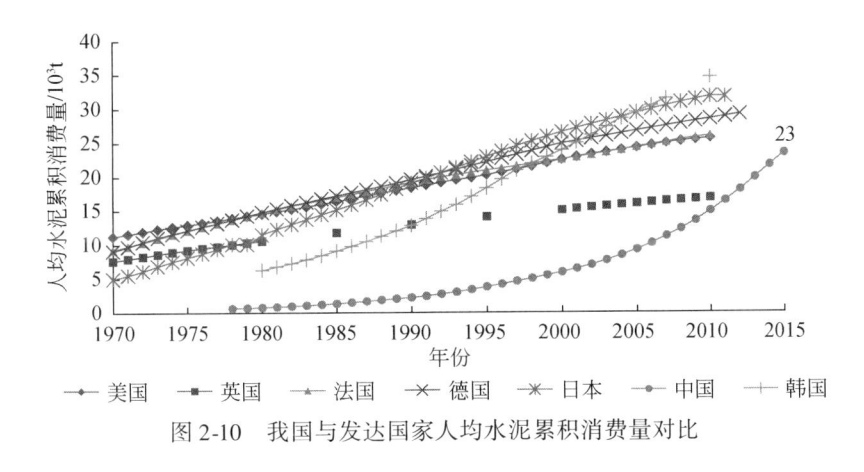

表 2-4 部分典型国家或地区年水泥消费峰值统计

国家或地区	消费高速增长期	消费峰值时期	年人均水泥消费量峰值/kg	顶峰时水泥累积消费量/t	城镇化率/%
德国	1950~1973 年	1972 年	680	10	80
法国	1950~1973 年	1972 年	566	12	70.4
西欧	1950~1970 年	20 世纪 70 年代	600~700	19	97（比利时）
东欧	1950~1980 年	20 世纪 80 年代	650~780	22	64
日本	1950~1991 年	1990 年	855	19	75
韩国	1960~1990 年	20 世纪 90 年代	1000	21	90
新加坡	1960~1990 年	20 世纪 90 年代	1000	21	90

资料来源：建筑材料工业技术情报研究所，中国水泥协会，联合证券有限责任公司

从年人均水泥消费量上看，我国与德国、日本在 1972 年、1990 年到达高峰时期具有类似的地方，与韩国在 1993~1994 年前后到达高峰的发展模式比较吻合（图 2-9）。

与这些发达国家相比，目前我国年人均水泥消费量已经远远超越了饱和时期的年人均水泥消费量，如图 2-10 所示。如果遵循一个正常的市场发展规律，我国水泥已达到人均消费的饱和期。但是，由于我国的城镇率仍然较低，铁路、公路建设、水利建设、房地产开发及新农村建设等方面还落后于发达国家，这些情况表明，要达到同样的建设成熟程度，我国人均水泥累积消费量与发达国家比较还有很大差距。这样，就为继续依赖投资拉动的经济增长方式留下了可操作的空间；加之长期以来，受计划经济模式的影响，形成了不平衡、不充分的低工资分配方式，导致大众普遍消费能力不足，转变经济增长模式不具备消费基础。为了维持经济增长和人口增长带来的就业压力，不得不继续维持不合理的投资驱动的经济发展模式，由此导致基础建设投资和水泥产量的不断攀升。由于年人均水泥消费量的高速增长，达到饱和点的时间将缩短。一旦饱和，可能下降的幅度是较大的，会形成未来经济发展的一个隐忧。

造成这种状况的根本原因有两个：一是我国仍然没有摆脱依赖投资拉动的经济发展模式；二是我国人均水泥累积消费量仍然与发达国家存在较大差距，尚有很大的发展空间。无论是人均住宅面积、还是人均基础设施量，我国与发达国家仍有一些差距。

例如，在公路建设方面，1978 年我国公路通车里程仅为 89.02 万 km，到 2012 年底已达 416.51 万 km，增长了 3.7 倍。目前，我国的公路网已覆盖所有县，全国 99.6% 的乡镇通了公路。以国道为主干线，以省道、县乡道路为支线的全国公路网已初步形成。

但是，我国的公路运输线路对于一个超过 13 亿人口、960 万 km² 土地面积的国家来说还是很少的。例如，2010 年，按陆地面积平均公路网密度我国为 0.418km/km²，而日本为 3.359km/km²、德国为 1.84km/km²、韩国为 1.1km/km²、美国为 0.679km/km²。从人均数量上来看，人均公路网密度我国为 3.0m，同期美国为 21.1m、法国为 14.9m、日本为 9.9m，说明我国的公路建设还有很大的发展空间。我国同发达国家的公路网密度比较如图 2-11、图 2-12 所示。

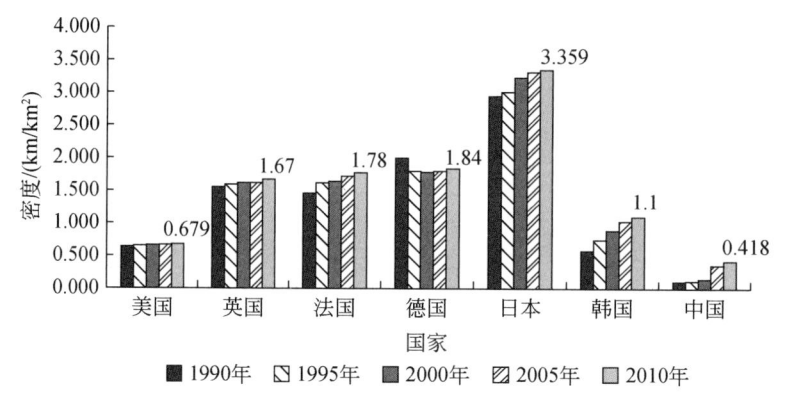

图 2-11 我国与发达国家平均公路网密度的比较

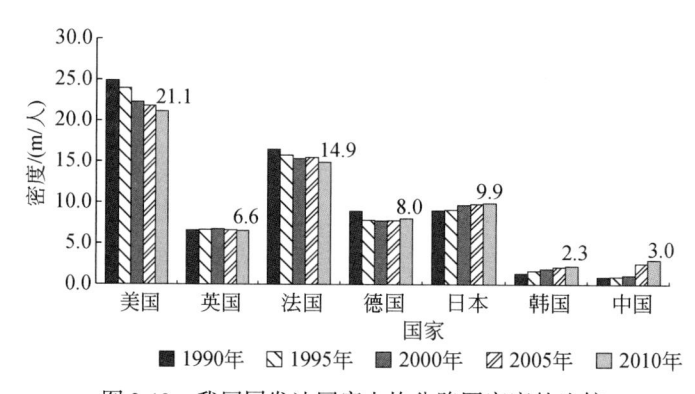

图 2-12 我国同发达国家人均公路网密度的比较

由于我国基础设施的建设相对落后，过去和今后一段时间仍将以投资拉动作为主要手段来维持经济的高速增长。但是，过度依赖投资拉动对 GDP（gross domestic product，国内生产总值）的贡献，已经导致原材料工业严重畸形发展和产能过剩，包括对资源、能源和环境的过度透支，长此以往，不但不可持续，而且隐藏着对经济、社会和生态稳定的极大威胁和破坏。例如，在 2009 年的金融危机期间，最高季度的投资对经济的贡献率达到 90% 以上。目前，我国建材和建筑量已经达到世界总量的 50% 以上，实在无法再继续维持数量的高增长，因此必须转变经济增长模式，改变投资拉动方式为消费拉动方式和出口拉动方式。

我国地域辽阔，东部和中西部地区经济发展水平与消费水平不均衡，东西部之间的巨大差异势必造成东部沿海地区水泥消费量首先达到饱和，中部地区和西部地区紧跟其后达到饱和。我国各省份的城镇化水平也各不相同，对比发达国家的城镇化水平，我国城镇化水平还要提高，多数农民将逐渐脱离农田，农村城镇化、小城镇化将是必然之路，城乡还需要大量的基础设施建设和居民住宅建设，建材有广大的农村和城镇市场。近年来得益于中央的惠农政策，农民收入提高，优质廉价的中低档建材产品势必在农村和城镇赢得更加广阔的市场。

（二）基础设施建设预测

1949年以后，我国铁路建设快速发展。2014年底全国铁路营业里程突破11.2万km，比上年增加9000km，增长了8.7%，其中高速铁路营业里程突破1.6万km，位居世界第一。2015年，新建铁路投产里程为9531km，其中高速铁路为3306km；新建公路里程为71 401km，其中高速公路里程为11 265km。我国拥有的铁路长度与国土面积近似的美国（拥有26万多公里铁路）相比差距巨大，我国的铁路还远远不能满足未来发展的需要。《中国铁路中长期发展规划》《铁路"十三五"发展规划征求意见稿》称，"十三五"期间，全国铁路网要基本覆盖20万人口以上的城市、80%的县级行政区。高速铁路网基本覆盖50万人口以上的城市、90%地级行政中心。要基本实现国家、区域中心城市1~8h高速通达圈，相邻大中城市1~4h快速交通圈，城市群内0.5~2h通勤圈。铁路固定资产投资规模将达3.5万亿~3.8万亿元，其中基本建设投资约3万亿元、建设新线为3万km。至2020年，全国铁路营业里程达到15万km，其中高速铁路为3万km。

我国城市基础设施建设与西方发达国家相比还有很大差距，例如，北京、伦敦、纽约、东京4个城市均属于特大型城市，人口、城市规模均具有可比性，与其他国际大都市比较，北京无论在道路长度、道路面积率、道路密度方面均需提高，城市基础设施建设负担沉重。

（三）房地产建设预测

随着我国城镇化进程不断加快，2015~2025年将有120亿m^2的住宅需求。2015~2035年，我国的城镇化水平将会不断提升，2035年后城镇化水平将会超过75%，新增城镇人口将超过3亿人。而未来10年内，随着生育政策的放开，新增人口将达到8000万~1亿人。城市人口越多，住房需求量就越大。新增人口的住房需求，加上潜在的改善性需求，10年内住宅需求面积将达到120亿m^2，住房建设每年水泥需求量为5亿~6亿t。

（四）工业建设预测

未来相当长的时间内，我国工业结构的调整与产业升级将持续进行。当前，我国工业发展正处于工业化中期的后半阶段，并正快速朝着工业化后期迈进。预计"十三五"期间，我国工业化发展水平将进入工业化后期的前半阶段。在这一时期，我国工业发展将呈现出重工业进一步升级、先进制造业加速发展、战略性新兴产业快速培育、信息化与工业化融合及生态建设全面提速等特点，而工业结构调整的重点将体现在四个方面：一是产业结构调整，重点是把淘汰落后与发展先进结合起来；二是产业组织结构调整，重点是把兼并重组与大中小差异化发展结合起来；三是产业技术结构调整，重点是将技术改造与自主创新全面推进结合起来；四是产业布局结构调整，重点是把集聚化发展、推进沿海开发战略及主体功能区建设结合起来。工业转型、结构调整、产业升级都将伴随着大规模的工业建设。各工业行业都制定了行业"十三五"发展规划。未来相当长一段时间内，我国在努力提高高端装备制造业发展水平的同时，加工制造业仍将是我国就业规模大、占领国际市场的支柱产业。世界工厂是我国今后很长一段时间努力奋斗的目标，而且不同于日本、德国，作为约占世界人口1/5的大国发展工业一定是既要发展高端制造业，又要发展加工制造业，而且要求行业齐全。例如，我国的民用航空制造业和欧美国家相比才刚刚起步，船舶制造业、军工装备制造业、重型机械制造业、工程机械制造业等离制造业强国还差得很远，纵观世界发展中国家具备成为制造业大国、强国于一身的也只有我国，由此推断，未来20年我国工业建设需要大量的水泥工程材料。

（五）农村建设预测

随着未来我国农村城镇化和新农村的建设，大量的农民脱离土地，"十二五"时期是我国社会主义新农村建设的关键时期。各地普遍加快农村基础设施建设的步伐，农村对水泥的需求量大幅度增加。随着农民人均纯收入的增长，推动城乡社会和谐发展，农村公路建设及小康工程建设、农田水利、乡村道路等基础设施建设投入的加大，也需要大量水泥，巨大的农村市场蕴藏着巨大的水泥需求发展潜力。

（六）我国水泥消费饱和点的确定

水泥是国民经济发展的基础原材料，主要消费市场是工业建筑、住宅、道路、大坝、机场等基础设施建设及水泥制品生产等。水泥工业的发展和速度受制于国家经济发展的态势，与GDP具有明显的相关性。一般来说，GDP的高速增长会带来水泥消费量的提升。当经济增长到达顶峰时，GDP增速的下滑或稳定趋势会导致水泥消费量的下跌或稳定。1978~2015年我国水泥产量与GDP之间的关系如图2-13所示。

图2-13 1978~2015年我国水泥产量与GDP之间的关系

从图2-13可知，GDP高速增长时期，与水泥的需求量存在很好的线性关系。但当国民经济发展到一定程度，国民经济依赖投资拉动的占比逐渐减少，水泥的需求量与GDP的增长不再有线性关系，即意味着我国的水泥需求已达到饱和点。

发达国家发展的实际经历表明，当水泥产量到达饱和点以后，通常水泥产量与经济增长不再同步，不再存在线性关系，不能再用同一回归方程来进行水泥产量的预测，可分别采取人均水泥消费量法、人均水泥累积消费量法及人均住房建筑面积法3种方式来确定我国水泥消费的饱和点。

1. 用人均水泥消费量法确定我国水泥消费量的饱和点

人均水泥消费量法主要用以预测达到饱和点前的人均水泥累积消费量。通常以缓慢速度达到饱和点时，饱和点后的人均水泥消费量与饱和点前的人均水泥消费量基本持平或略有下降；以较快速度达到饱和点时，饱和点后的人均水泥消费量回落较大。因此，可根据饱和点时的人均水泥消费量，预测水泥需求高峰时的总需求量，再根据饱和阶段所持续的时间、稳定阶段的平均水泥消费量及权威机构预测的人口总数来推算相应的水泥需求总量和人均水泥累积消费量。这种方法由建筑材料工业技术情报研究所于1982年提出。根据多年的预测实践验证，这种方法比较接近客观现实，也是目前业界公认的预测方法。采用此法时饱和点的确认显得尤为重要。

2. 用人均水泥累积消费量法确定我国水泥消费量的饱和点

人均水泥累积消费量是衡量一个国家经济实力的主要指标之一。通过分析发达国家的人均水泥累积消费量的变化发现，当人均水泥累积消费量达到一定数值后，水泥需求量趋于饱和，意味着这个国家的基础设施建设基本完成，城镇化率达到了较高水平。

经济发达国家或地区走过的道路证实了这一点。欧美国家水泥需求达到饱和时，人均水泥累积消费量为10~15t，水泥消费处于稳定或开始回落的时期，韩国及新加坡均为21t。这种差别主要是因为发展的起点，包括建筑结构和人口密度等不同因素造成的。当人均水泥累积消费量达到饱和点后，水泥消费逐渐回落，回落到一定水平后就趋于稳定。欧美国家大致从饱和点回落至年人均水泥消费量为300~600kg的水平时趋于稳定，日本回落至年人均水泥消费量为550~650kg的水平时趋于稳定。这些国家或地区的水泥消费历程从高速增长期到趋于饱和期，从回落期到稳定期都有一定的规律性，我国水泥需求的预测可以借鉴这种规律。

经过对比发现，从人均水泥消费量来看，中国的情况与韩国的情况比较接近（图2-14、图2-15），因而选取韩国水泥发展情况为依据。韩国在1997年前后达到高峰时的人均水泥累积量达到21t。

2014年，我国人均水泥累积消费量已达到21t，2015年开始水泥消费量出现下降的态势，预计我国人均水泥累积量的饱和点为20~25t，以此为参照来确定我国人均水泥累积量的饱和点及其年份。

未来几年，全球经济形势依然复杂，面临较大的不确定性。联合国经济和社会事务部发布的《2015年世界经济形势与展望》报告中指出，世界经济在未来的几年很可能继续低迷，并且在随后的两年全球经济会面临再度衰退的风险。欧元区经济和债务危机形势严峻，美国、日本经济依然疲软，发达国家的经济低迷状况逐渐影响到发展中国家，出口增长大幅度下降，汇率也面临波动。2012年，虽然主要发达国家的增长势头

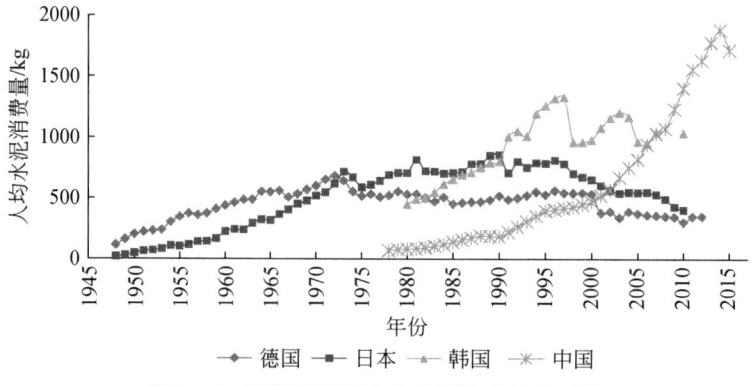

图 2-14 不同国家年人均水泥消费量的对比

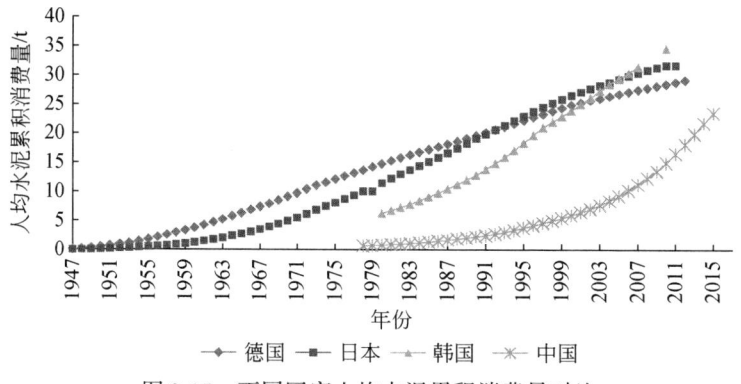

图 2-15 不同国家人均水泥累积消费量对比

缓慢，但发展中国家尤其是我国依然保持了较高的增长速度。2013 年我国 GDP 增速为 7.7%，2014 年 GDP 增速为 7.4%，2015 年 GDP 增速为 6.9%。关于我国未来 GDP 增速的预测，世界银行和香港环亚经济数据有限公司（CEIC）分别做了预测（图 2-16）。

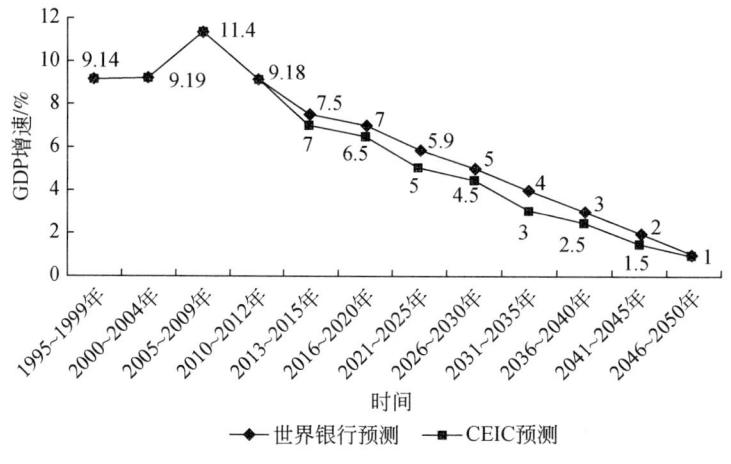

图 2-16 中国未来 GDP 增速预测

注：本书开展研究时间段为 2015 年之前，2016 年以后数据均为预测数据，下同。

根据以上两种不同的 GDP 增速情况，预测出我国未来水泥产量情况，假设按照我国将采取适度放宽的人口政策的前提下预测的人口数据，可以预测出我国人均水泥累积量饱和点及其年份（表2-5）。

表 2-5 按 GDP 增速回归方程确定我国人均水泥累积消费量的饱和点

年份	水泥需求量/亿 t 预测1	水泥需求量/亿 t 预测2	人口/万人	消费量/[kg/(人·a)] 预测1	消费量/[kg/(人·a)] 预测2	累积量/(kg/人) 预测1	累积量/(kg/人) 预测2
2017	26.43	26.21	139 787	1 891	1 875	27 104	27 049
2018	26.99	26.77	140 375	1 922	1 907	29 026	28 956
2019	27.40	27.22	140 933	1 944	1 931	30 970	30 888
2020	27.64	27.53	141 466	1 954	1 946	32 924	32 834

注：预测1是采用世界银行预测的 GDP 增长率预测的数据；预测2是采用 CEIC 预测的 GDP 增长率预测的数据。

我国在 2014～2016 年达到人均水泥消费量的饱和点，届时我国人均水泥消费量为 1.75～1.85t、人均水泥累积量为 21～25t。

3. 用人均住房建筑面积法确定我国水泥消费量的饱和点

近年来，我国的住宅建设一直保持着较高的增长速度，城镇人均住房建筑面积有了大的提高，但是与发达国家人均住房面积相比，还有很大差距。

据《中国证券报》报道，20世纪90年代初时，建设部提供的资料指出，日本的人均住房建筑面积是 $31m^2$，法国的人均住房建筑面积是 $37m^2$，英国的人均住房建筑面积是 $38m^2$，德国的人均住房建筑面积 $38m^2$，美国的人均住房建筑面积是 $60m^2$。

1998～2011 年，我国城镇人均住房建筑面积从 $18.7m^2$ 增加到 $32.7m^2$，年均增长 $1.1m^2$，农村人均住房建筑面积从 $23.31m^2$ 上升到 $36.2m^2$，年均增长 $1.05m^2$，远高于房改之前（1978～1998 年）年均增长 $0.60m^2$ 的水平。

国家统计局的资料显示，2012 年，我国城镇人均住房建筑面积为 $32.9m^2$，农村人均住房建筑面积为 $37.1m^2$，2015 年，我国城镇人均住房建筑面积为 $36.3m^2$，农村人均住房面积为 $40.2m^2$。假定未来我国人均住房建筑面积仍以此速度增长（城镇 $1.1m^2/a$，农村 $1.05m^2/a$），可以预测出我国年人均水泥消费量的饱和点（表2-6）。

表 2-6 按人均住房建筑面积法预测我国年人均水泥消费量的饱和点（单位：m^2）

年份	城镇人均住房建筑面积	农村人均住房建筑面积
2017	38.40	42.35
2018	39.50	43.40
2019	40.60	44.45
2020	41.70	45.50

由表 2-6 可以看出，2017 年我国城镇人均住房建筑面积预测将达到英国、德国的水平（$38m^2$），农村人均住房建筑面积预测达到 $42m^2$ 的水平或最迟到 2019～2020 年将达到最高 $45m^2$ 的水平。根据发达国家的经历，在这一时间区段，建筑业将开始进入萎缩阶段，水泥消费达到饱和期，随后水泥产量将逐渐下降。

综上所述，与发达国家比较，到 2015 年后，我国水泥的需求将结束高速增长进入波动的平台区 (21 亿~25 亿 t)，且一直维持在高位区，到 2020 年前后开始逐步下降，一直降到 2030 年前后，进入稳定期 (10 亿~15 亿 t)。

我国水泥需求量的预测情况见表 2-7 和图 2-17。考虑到 2015~2020 年属于水泥产量波动的平台区，加上国家会随具体情况出台相应的调控政策，所以此时期的水泥消费量会随着相关政策的实施而存在一定程度的波动。

表 2-7 我国水泥产量预测

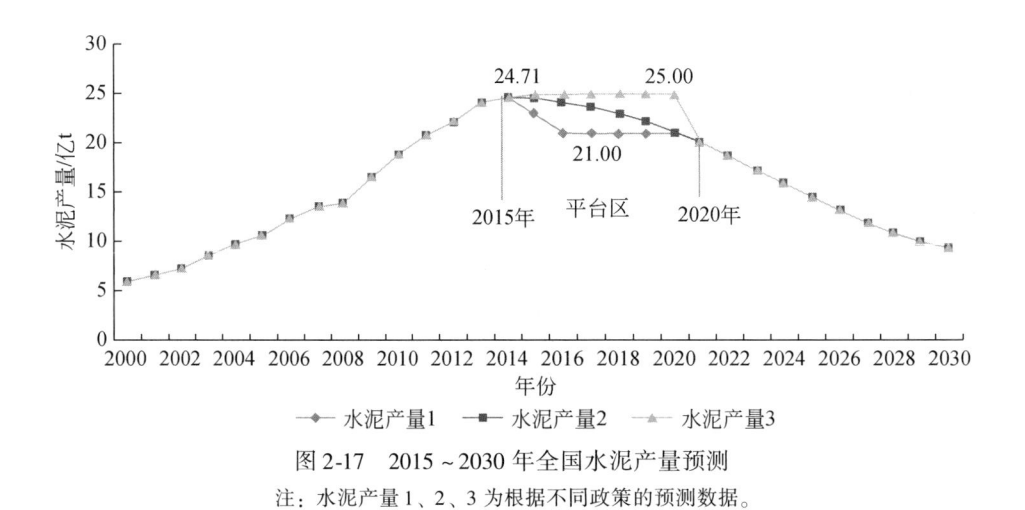

年份	水泥产量/亿 t	人口/万人	消费量/[kg/(人·a)]	累积量/(kg/人)
2017	21~25	140 227.7	1 498~1 783	26 436~27 153
2018	21~25	141 089.2	1 488~1 772	27 925~28 925
2019	21~25	141 970.5	1 479~1 761	29 404~30 686
2020	21~25	142 849.7	1 470~1 750	30 874~32 436
2021	20.07	143 634.2	1 397	33 039
2022	18.75	144 435.5	1 298	34 337
2023	17.278	145 244.5	1 190	35 527
2024	15.86	146 005.2	1 086	36 613
2025	14.51	146 750.6	989	37 602
2026	13.19	147 578.8	894	38 496
2027	11.93	148 103.5	805	3 9301
2028	10.85	148 345	731	40 033
2029	9.97	148 582.3	671	40 704
2030	9.39	148 805.1	631	41 334

图 2-17 2015~2030 年全国水泥产量预测

注：水泥产量 1、2、3 为根据不同政策的预测数据。

随着水泥用灰岩矿山的技术进步，大量低品质矿石得到合理利用，在矿山开采过程中的浪费逐步减少，水泥用灰岩的资源综合利用率逐步提高，资源储量消耗速度将减慢。同时，随着替代原料的应用范围的扩大，水泥熟料系数也在逐渐减少，单位水泥产品的水泥用灰岩的需用量将继续减少。

我国2006~2015年水泥熟料产量及熟料系数如图2-18所示。从图上可以看出，近几年我国的水泥熟料系数还不到0.6，所以在预测我国未来水泥熟料需求量时采用熟料系数为0.6计算，根据我国及各省份未来水泥产量预测结果，结合我国水泥用灰岩矿山技术进步和替代原料的大量应用，可以推算出我国未来水泥用灰岩的需求量。

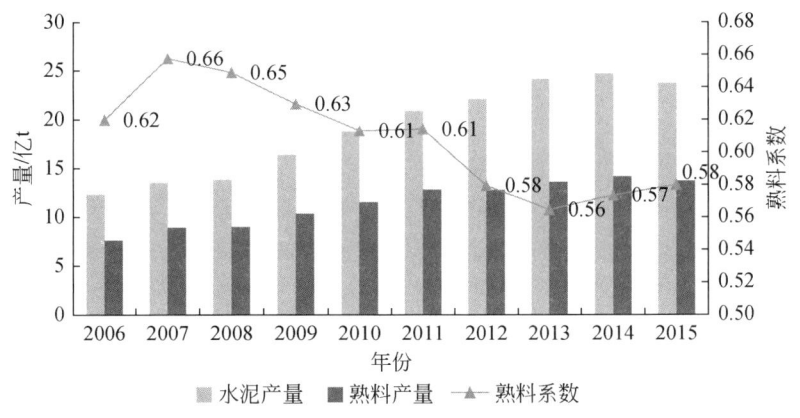

图2-18 我国2006~2015年水泥熟料产量及熟料系数

根据上述我国水泥产量的预测结果，结合水泥产量与熟料产量及熟料产量与水泥用灰岩需求量的关系，按照生产1t熟料所需的水泥用灰岩用量为1.4t，可计算出未来我国水泥用灰岩的需求量预测数据，见表2-8和图2-19。

表2-8 我国水泥用灰岩需求预测　　　　　　　　　　（单位：亿t）

年份	水泥产量	熟料产量	灰岩需求量
2017	21.00~25.00	12.60~15.00	17.64~21.00
2018	21.00~25.00	12.60~15.00	17.64~21.00
2019	21~25	12.60~15.00	17.64~21.00
2020	21.00~25.00	12.60~15.00	17.64~21.00
2021	20.07	12.04	16.86
2022	18.75	11.25	15.75
2023	17.28	10.37	14.51
2024	15.86	9.52	13.32
2025	14.51	8.71	12.19
2026	13.19	7.92	11.08
2027	11.93	7.16	10.02
2028	10.85	6.51	9.11
2029	9.97	5.98	8.37
2030	9.39	5.63	7.88

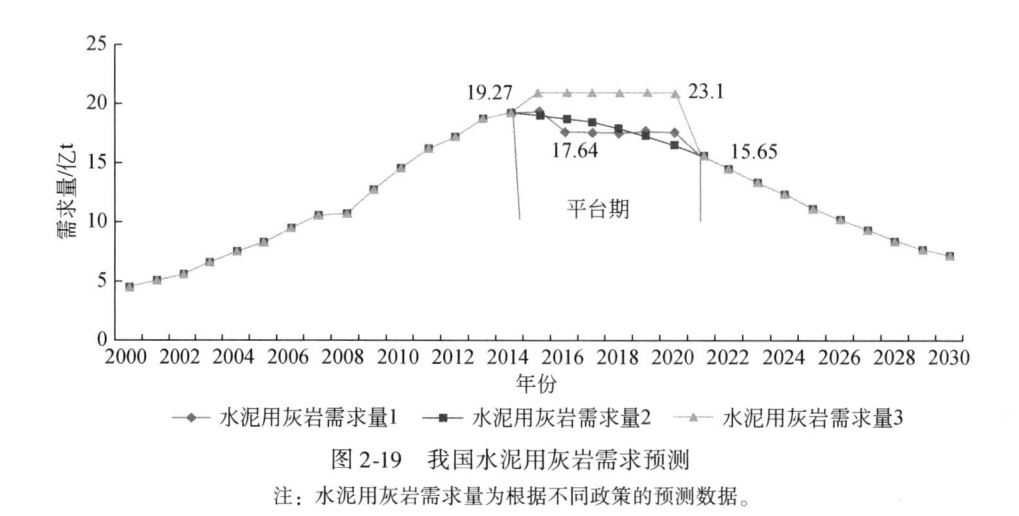

图 2-19 我国水泥用灰岩需求预测

注：水泥用灰岩需求量为根据不同政策的预测数据。

此预测是基于现有的人口政策预测的人口基数和现有的国家建筑政策进行的。但未来人口会随着国家生育政策的放开有一定程度的增加，相应地水泥需求量也会有一定程度的增加；另外，按照发达国家的经验，我国的建筑结构也将从砖和钢筋混凝土结构房屋逐步转向部分以生物质建材为主的木结构房屋，通过今后 10~20 年的持续高速发展，我国有望达到中等发达国家的住宅和基础设施发展水平。在此期间，如果政府制定可持续的发展政策，如涵养森林，可为发展木结构建筑创造条件，则今后 10 年或 20 年以后，我国无论是传统的水泥混凝土建筑，还是发展替代的木结构建筑，都会面临一个传统建材产品产量大幅度下降的局面。在此期间，国家的政策选择是十分重要的。当然，建材企业也有一个方向选择的问题，培育一个有竞争力的企业不是在几年内就可以成功的。今后 10~20 年的快速发展期间，传统的不可再生的资源逐渐枯竭，但是可再生的木质资源是可以培育起来的。今后 10 年或 20 年以后，农村和中小城镇就会有条件采用木质建材结构，逐步恢复到以木石结构、砖木结构（当然是空心砖或工业废弃物砌块等）和木材与石膏板结构等为主的现代新的建筑模式。我国又是石膏大国，各种脱硫的化学石膏也不断产生，可以变废为宝。木质建材可以生生不息，石膏建材也可以反复利用、可再生与可持续发展。生物质建材及木结构建筑的发展将会对今后的水泥工业的发展产生很大的影响，未来的水泥需求量会随木结构建筑发展程度的不同而有不同程度地下降。

四、水泥用灰岩资源的保障性分析

（一）水泥用灰岩资源产区分布

矿产资源的分布在地理上都有分区富集成片（带）出现的特点。地幔中不同物质元素的分布是不均一的，不均一性是绝对的。某一元素或某组元素的富集成矿则是相对的。任一矿产的分布总是不均衡的而又总是成群或成带出现于某一区域内，水泥用灰岩矿产的成矿与分布亦是如此。

我国水泥用灰岩矿产几乎在每个地质历史时期都有沉积，在每个地质构造发展阶段都有分布，资源产地分布广、储量大、资源储量又相对集中。我国是世界上水泥用灰岩（石灰石）资源最为丰富的国家之一，除上海、香港、澳门外，在各省、直辖市、自治区均有分布。据原国家建材局地质中心统计，我国石灰岩分布面积达43.8万 km²（未包括西藏和台湾），约占我国土地面积的1/20，其中能够做水泥原料的石灰石资源量占总资源量的1/4～1/3。

根据查明的资源储量在地区分布上的特点（不包括台湾、香港、澳门等地区），按照我国传统地域划分，对中南地区、华东地区、西南地区、华北地区、西北地区、东北地区六大地区的水泥用灰岩资源分布进行统计，可以得出，2011年我国各大地区水泥用灰岩基础储量占我国总储量的比例分别是：中南地区为39.3%、华东地区为13.1%、西南地区为14.5%、华北地区为16.9%、西北地区为9.2%、东北地区为7.0%。2015年我国各大地区水泥用灰岩基础储量占我国总储量的比例分别是中南地区为25.69%、华东地区为24.43%、西南地区为17.38%、华北地区为17.06%、西北地区为9.33%、东北地区为6.11%。如图2-20所示。

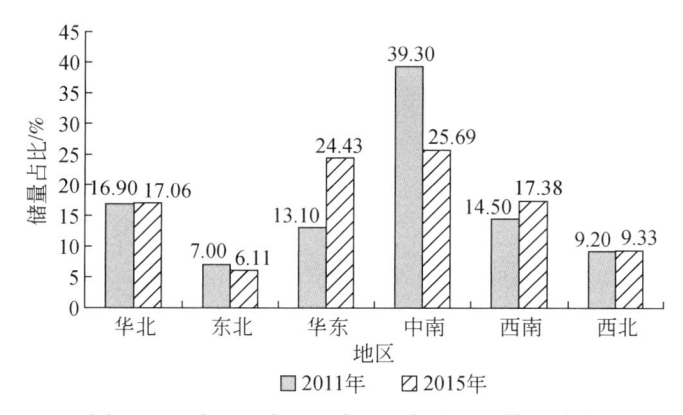

图2-20 我国六大地区水泥用灰岩基础储量分布

由图2-20可以看出，2011年和2015年，华东地区和西南地区的水泥用灰岩基础储量占比增加，中南地区的水泥用灰岩基础储量占比下降，华北地区、东北地区和西北地区的水泥用灰岩基础储量占比基本保持不变。

2015年我国六大地区水泥产量与水泥用灰岩基础储量和查明资源储量的分布对比如图2-21所示。

可以看出，2015年，我国水泥产量按地区分布比重出现了华东地区资源较为富足，东北地区资源相对紧张的趋势，与水泥用灰岩资源分布比例不太相一致。但随着我国水泥生产重心的转移，还将会出现西北地区和西南地区水泥用灰岩资源相对紧张，华北地区水泥用灰岩资源较为富足的情况。

（二）水泥用灰岩资源的可供性分析

自1978年改革开放以来，大规模的基础设施建设带动了我国水泥工业的迅速发展。近十几年来，水泥产量平均年增长率达9.9%。然而，我国水泥用灰岩资源储量的增长明显落后于水泥产量的增长。2004年我国查明的总体的水泥用灰岩资源储量为700.71

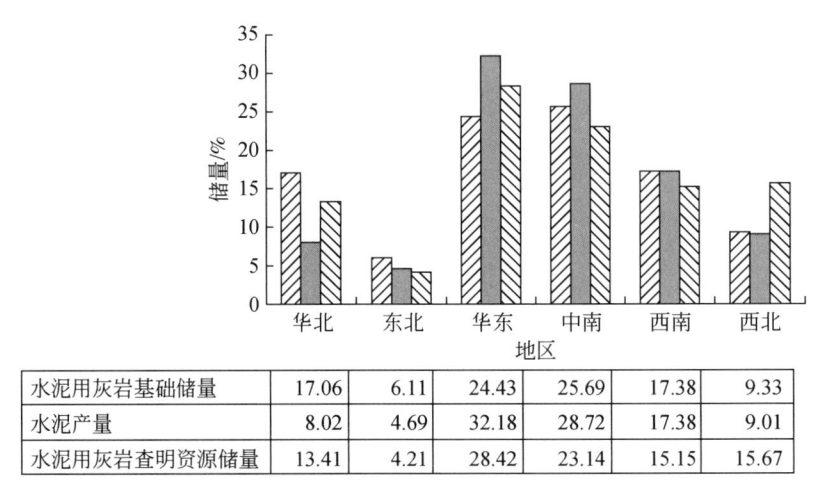

水泥用灰岩基础储量	17.06	6.11	24.43	25.69	17.38	9.33
水泥产量	8.02	4.69	32.18	28.72	17.38	9.01
水泥用灰岩查明资源储量	13.41	4.21	28.42	23.14	15.15	15.67

图 2-21　2015 年我国六大地区水泥产量与水泥用灰岩基础储量及查明资源储量分布对比

亿 t，2015 年该储量增长到 1282.28 亿 t，约增长了 83%，年均增长率为 5.65%。而高级别储量则不增反降。2004 年我国水泥用灰岩储量为 284.03 亿 t，至 2015 年只剩下 200.95 亿 t，约下降了 29.25%，年增长率为 -3.10%。2004 年和 2015 年我国水泥用灰岩查明储量和水泥产量变化情况见表 2-9。目前，我国排名前十位的水泥生产大省份中，山东、河北水泥用灰岩查明储量相对丰富，水泥用灰岩查明储量不足的有 5 个省份，分别是安徽（4.81 亿 t）、广东（6.87 亿 t）、四川（7.23 亿 t）、内蒙古（4.59 亿 t）、江苏（3.87 亿 t）。

表 2-9　2004 年和 2015 年我国水泥用灰岩查明储量和水泥产量变化

项目	矿区数/个	储量/亿 t	基础储量/亿 t	资源量/亿 t	资源储量/亿 t	水泥产量/亿 t
2004 年	1537	284.03	372.53	328.18	700.71	9.70
2015 年	2391	200.95	423.35	858.93	1282.28	23.70
增长/%	55.56	-29.25	13.64	161.73	83.00	144.33
年增长率/%	4.10	-3.10	1.17	9.14	5.65	8.46

我国水泥用灰岩储量下降，并不表示我国水泥用灰岩资源的供应出现了短缺。按 2015 年水泥消耗的原料计算，我国 28 个省份中，其已查明的资源储量均足以支撑 15 年用量的省份有 27 个。水泥用灰岩储量下降只能说明我国近年水泥工业发展过快，消耗了大量的高级储量资源，而新增的储量勘探程度低，造成我国水泥用灰岩储量比例失衡，但也引起有关部门的注意。

水泥生产用矿产资源最大特点是消耗量大、价值低，这就决定了水泥用灰岩区域可供性的特点，如果运输距离过远都会失去其资源的价值。根据中国水泥协会统计资料，截至 2015 年底，我国拥有新型干法水泥熟料生产线 1790 条，水泥熟料年产量为 13.75 亿 t，总计消耗水泥灰岩资源储量为 19.24 亿 t（1t 熟料消耗 1.4t 水泥用灰岩）。从我国各省份水泥熟料生产规模看，年熟料产能为 8000 万 t 熟料的大省份有 8 个，依次为安徽、四川、山东、河南、河北、云南、广东、贵州，而水泥用灰岩资源储量排在前 8 位的省份，依次为安徽、山东、四川、陕西、内蒙古、河南、河北、重庆。除贵州外，主要水泥熟料产能大的省份与其拥有水泥用灰岩资源储量基本吻合（图 2-22、图 2-23）。年熟料产能在 5000 万~8000 万 t 的省份有 12 个，其资源匹配情况也有类似的特征，反映我国水泥用灰岩在区域分布上具有较好的可供性。仅个别省份存在水泥熟料产量大、资源储量相对较少或者是高级别储量相对不足。

图 2-22　我国部分省份 2015 年水泥熟料生产情况

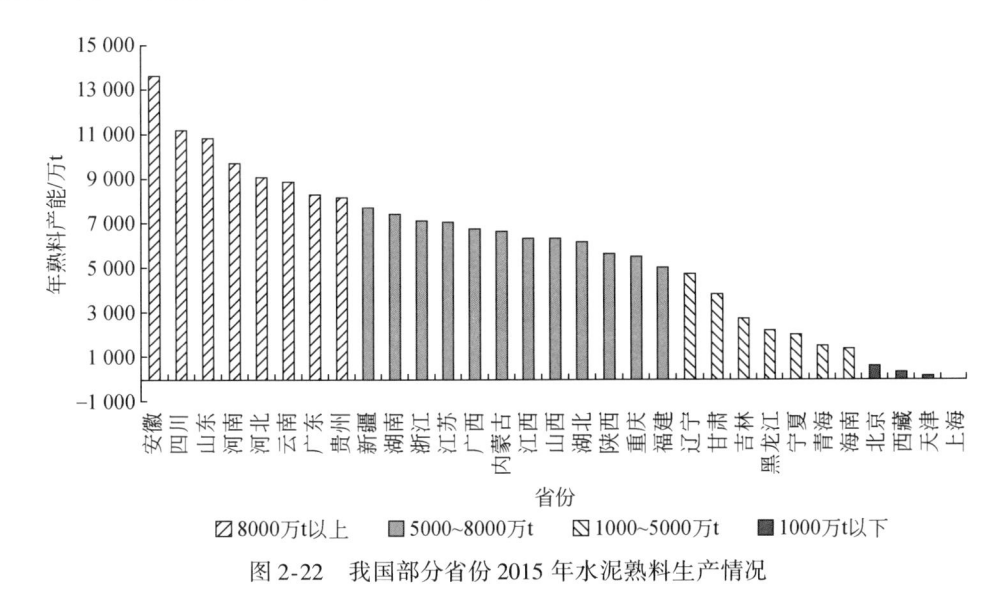

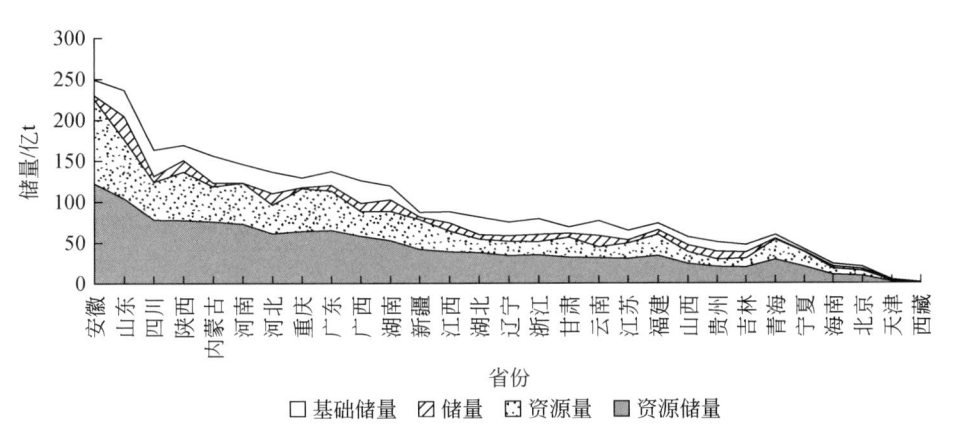

图 2-23　我国部分省份 2015 年水泥用灰岩资源储量分布情况

目前，遍布全国已有 5000 多个水泥用灰岩矿山，其中大型矿山为 218 家、中型矿山为 173 家。大中型矿山企业数不到总数的 20%，80% 以上的矿山都是小型矿山，过于分散，集中度不够。随着水泥生产企业集中度增高，水泥用灰岩矿山开发利用集中度也将进一步增高。相对集中区域有浙江中西部、江苏江南、安徽中东部、山东中南部、河北太行山沿线及京津周边地区。由于水泥用灰岩矿山为露天开采，不需要选矿，所以在"三率"（开采回收率、采矿贫化率、选矿回收率）考核指标中，通常只用开采回收率，即行业常称的资源利用率。

我国水泥矿山企业以小型企业为主，矿山规模结构不近合理。但近年来已经出现了可喜变化，为了适应水泥现代化生产的需求，一批大型水泥企业（如南方水泥），在地方政府的支持下，对地方水泥企业和水泥用灰岩矿山进行收购、重组，使得水泥用灰岩矿山数量减少、规模增大，水泥用灰岩矿山年采矿量大于500万t的大型矿山和年产量大于1000万t的特大型矿山不断涌现，如海螺集团铜陵、池州、枞阳、英德、芜湖及南方长兴、华润平南、冀东、丰润等都已跨入千万吨以上特大型矿山。使用大型先进开采设备，采用节能环保开采流程，矿产资源的利用程度会高，一般在95%以上，部分能达到100%；而大多数小矿山企业缺少开采规划，开采方式落后，资源浪费严重，矿山资源的利用率仅为40%左右。

在未查明储量中，334级别储量为推断的内蕴经济资源量，是在勘查工作程度只达到普查阶段要求的地段、通过简单工程推断的资源量，其可靠程度较低，但对于层状稳定的水泥灰岩矿床仍有很大意义。

根据国土资源部提供资料，截至2015年，我国水泥用灰岩334级别以上储量为6717.5亿t。用334级别储量推断的资源量与2015年消耗量相比，大部分省份比值大于300（表2-10、图2-24）。说明我国水泥用灰岩资源十分丰富，潜在可供能力巨大。

表2-10 我国水泥用灰岩334级别以上储量与可能"服务年限"

地区	334级别储量/亿t	334级别储量/2015年消耗量	地区	334级别储量/亿t	334级别储量/2015年消耗量
北京	61.4	876.5	湖南	362.8	287.9
天津	14.5	148.3	广东	318.6	206.9
河北	372.7	337.0	广西	323.4	292.4
山西	143.2	300.8	海南	35.8	159.8
内蒙古	316.8	481.5	重庆	285.1	407.3
辽宁	221.4	367.7	四川	579.9	380.0
吉林	105.2	214.7	贵州	138.7	141.5
江苏	182.4	89.8	云南	219.1	220.5
浙江	240.5	184.7	西藏	2.4	562.1
安徽	432.7	321.9	陕西	356.0	374.0
福建	154.7	193.9	甘肃	107.8	208.1
江西	244.1	238.8	青海	88.8	487.9
山东	576.3	337.4	宁夏	54.7	300.6
河南	384.3	216.1	新疆	155.6	308.7
湖北	239.0	196.2			

（三）我国水泥用灰岩资源的保障能力分析

通过对环渤海地区、长江三角洲地区（简称长三角地区）、珠江三角洲地区（简称珠三角地区）、中部崛起地区等战略性地区水泥用灰岩的基础储量、查明储量及可保障年限进行统计和分析可以看出（表2-11、图2-25），我国各重点地区水泥用灰岩基础储

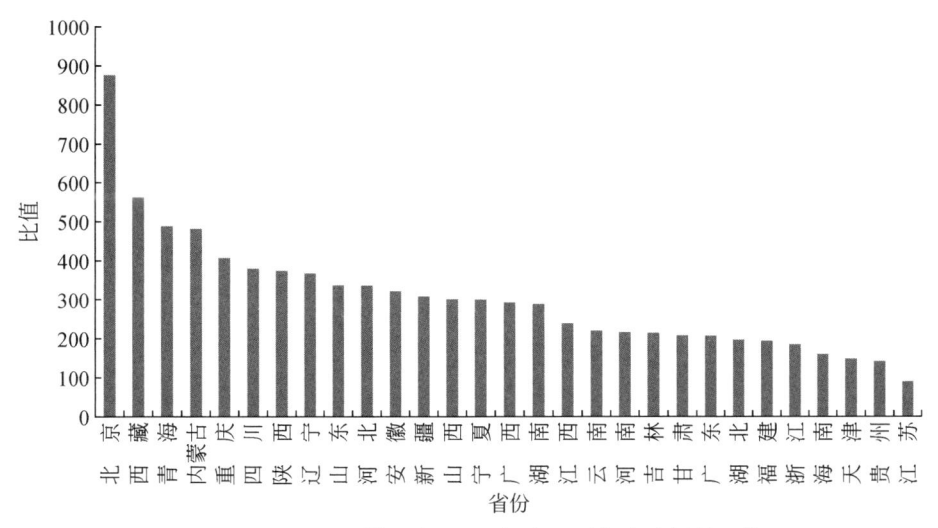

图 2-24 334 级别储量与 2015 年水泥用灰岩消耗量比值

量可保障年限不超过 20 年，长三角地区的基础储量静态可保障年限最短，不足 8 年；中部崛起地区的基础储量静态可保障年限约为 11 年；环渤海地区、西部大开发地区的基础储量静态可保障年限分别约为 18 年和 16 年。

表 2-11 我国重点地区水泥用灰岩资源静态可保障年限

区域	基础储量/亿 t	查明储量/亿 t	2015 年消耗量/亿 t	基础储量静态可保障年限/年	查明储量静态可保障年限/年
环渤海地区	78.0	210.1	4.2	18.4	49.6
长三角地区	30.8	65.5	4.2	7.4	15.7
珠三角地区	16.8	65.0	2.0	8.3	32.0
中部崛起地区	103.7	348.3	9.2	11.2	37.7
西部大开发地区	173.7	528.8	11.0	15.7	47.9
其他地区	20.5	64.5	2.3	8.9	28.0
全国	423.4	1282.3	33.0	12.8	38.8

注：按生产 1t 水泥需消耗 1.4t 水泥用灰岩储量计。长三角地区包括浙江、江苏、上海；珠三角地区为广东；环渤海地区包括北京、天津、河北、山东、辽宁；中部崛起地区包括山西、江西、河南、湖南、湖北、安徽；西部大开发地区为陕西、甘肃、青海、宁夏、新疆、四川、重庆、云南、贵州、西藏、内蒙古、广西；其他地区为海南、福建、黑龙江、吉林。

全国平均基础储量静态可保障年限约为 12.8 年。查明储量静态可保障年限最长的是环渤海地区为 49.6 年；其次是西部大开发地区为 47.9 年；最短的是长三角地区为 15.7 年。

全国平均查明储量静态可保障年限约为 38.8 年。值得注意的是，在江苏、山东、四川、河北、广东、河南、浙江七大水泥省份中，江苏、浙江、广东的基础储量静态可保障年限仅分别为 4.6 年、12 年和 8.3 年，查明储量静态可保障年限仅分别为 12 年、22.1 年和 32 年。

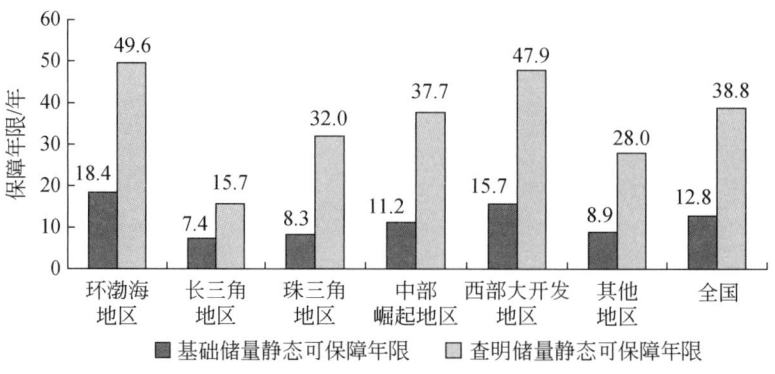

图 2-25 我国重点地区水泥用灰岩资源静态可保障年限

五、我国水泥用灰岩资源远景和潜力

我国大部分地质时代中的地层都有水泥用灰岩矿床产出，而且水泥用灰岩成矿地质条件好，矿石质量好。据预测，我国水泥用灰岩的潜在资源总量约为 3.5 万亿 t，其中华东、中南、西南、西北资源量最多。

由于地理位置、历史条件及工业建设布局等原因，我国人口集中、城镇密集、工业发达的地区，水泥用灰岩矿产资源地质勘查评价工作程度比较高，而边远地区，特别是西部地区，虽然其水泥用灰岩远景资源量和预测资源量很大，但勘查程度低，甚至有的是空白区。随着西部大开发项目的实施和国家长远建设规划的目标，对上述勘察程度低的地区进行石灰岩勘查，以获得新增储量的潜力是很有必要的。除此之外，对老水泥企业的水泥用灰岩矿山，水泥工业比较集中、城市规模大、基本建设项目多（如北京）；水泥用灰岩石灰岩资源较缺乏（如天津），以及可利用储量缺口大的地区（沿海地区），需要扩大远景资源或寻找外围资源，增加开采储量。

开发水泥原料的新类型。我国虽然水泥用灰岩资源丰富，但从局部地区资源状况和经济上考虑，应研究开发新品种资源。以前传统的海相厚层石灰岩几乎是水泥原料的唯一来源，而目前，变质大理岩、泥灰岩等也被水泥工业所利用；此外，水泥混合材资源也在变化，水泥混合材的天然原料亦由单一的火山岩扩大到凝灰岩、粗面岩等。

六、水泥用灰岩资源的利用

我国水泥用灰岩原料十分广泛，绝大部分省份均有水泥用石灰岩产出，一般水泥用灰岩开发利用的条件有以下几点。

（一）产品消费距离短

水泥用灰岩原料与产品一般体质重、数量多、价值低、可运输距离小。故此，水泥用灰岩加工成水泥产品，只能因地制宜、就地取材、就地生产、就地供应。产品销售距离半径力求合理经济，接近消费区。所以水泥用灰岩原料的开发利用不受国际市场的影响，只受整个国民经济发展速度和国内市场的控制。

(二) 水泥用灰岩资源质量要求灵活

原料质量稍差,经过生产工艺某些方面的改进调节也可利用。凡是水泥用灰岩成分主要指标达到一定的数量要求均可使用,不受矿石类型限制。

(三) 已查明的水泥用灰岩矿山一般都有良好的交通运输条件

为满足原料、燃料的输入和水泥产品输出,为矿石和水泥产品成本的降低创造条件,矿山开采与工厂水泥加工之间的距离一般都较近。

(四) 我国水泥用灰岩矿山基本上是露天开采

在资源得到利用、矿产需求不断增长的同时,也给环境带来了不利的一面,因此在资源开发中应增强环境保护意识,减少人为危害。

有部分矿山开发利用条件稍差,主要存在的问题是勘探程度低,大部分为详查以下矿山,矿石质量变化大、剥采比过大、交通不便或禁采区等。

与国外先进国家相比,我国综合利用水泥用灰岩矿山开采还显得"粗放",即对资源地质工作重视程度不够,矿山开采中对生产勘探重视不足,存在重产量而轻视资源搭配利用问题,如对水泥用灰岩矿体的围岩、夹层和覆盖物不认真研究就剥离、剔除、堆放,造成某些基本符合水泥生产条件的硅铝质原料被抛弃浪费。为此,要实现矿产资源的合理及综合利用,需要从地质勘探到矿山设计再到后续生产的整个系统工程开展工作。

我国水泥矿山企业以小型企业为主,矿山规模结构非常不合理。在我国 5000 多个水泥矿山企业中,大中型矿山企业数不到总数的 20%,80% 以上的矿山企业都是小型矿山。大型矿山企业的矿山具有开采规划,使用大型先进开采设备,采用节能环保开采流程,矿产资源的利用程度较高,一般在 95% 以上,部分能达到 100%。而大多数小矿山企业缺少开采规划,开采方式落后,资源浪费严重,资源利用率仅 40% 左右。因此,目前我国水泥用灰岩矿山的复垦绿化与国外先进水平还有相当大的差距。国外水泥用灰岩矿山的复垦率为 70%~80%,而国内水泥用灰岩矿山的平均复垦率仅为 1% 左右。

目前我国大型水泥矿山普遍采用钻机钻孔、挖掘机铲装、汽车装运、矿山台段式下降的开采方式,随着国家加强对矿山资源有偿使用的监管,矿山资源的搭配和综合利用,既有利于降低采矿成本、减少资源浪费,也有利于矿山的环境保护,已经成为各个水泥企业节能降耗的重点工作。充分利用这类低品位原料资源,可大大扩充我国水泥用灰岩储量。以现代质量控制技术为基础,在资源源头实施质量控制,采用三维矿山模型、在线分析仪等控制技术,对不同品位水泥用灰岩石进行搭配开采,这样既可保证进厂水泥用灰岩成分稳定,也可提高矿山资源综合利用率,延长矿山使用年限。

第二节 水泥用灰岩行业科技实力分析

近 20 多年来,我国水泥工业取得了快速的发展,新型干法水泥生产的产量已占绝对优势。我国水泥工业的发展已进入了新时期。从水泥产品的生命周期观点分析,制造水泥的第一步是获取水泥用灰岩等原料并进行配料工作,因此水泥用灰岩矿山的采矿业在水泥工业中占有重要的地位。

我国是一个水泥用灰岩资源丰富的国家,据估算水泥用灰岩地层有上千亿吨,几乎在所有地质年代的地层中都存在胚胎,工业上有用的大理石矿床主要赋存在寒武纪、奥陶纪、志留纪、泥盆纪、石炭纪、二叠纪和三叠纪地层中。我国水泥用灰岩分布面积达44万km^2以上,约占我国陆地面积的1/20。截至2015年底,水泥用灰岩查明资源储量为1282.28亿t,比上年净增47.20亿t,增长率为3.82%,其中,勘查新增41.59亿t。

我国水泥用灰岩年开采量很大,一般的水泥矿山年生产规模都在100万t以上,有的高达800万t。我国70多家大中型水泥矿山企业绝大多数均自备矿山,相当于水泥矿山企业的一个原料车间而不是独立经营的水泥矿山企业,因此矿山开采规模往往取决于水泥矿山企业的生产规模。水泥用灰岩原料的质量要求严格,水泥用灰岩二级品需与一级品需搭配使用,对开采部门提出低品位矿石利用的要求,各水泥矿山企业采用了许多措施,如大型预均化堆场、横向多台段开采、用计算机编制中长期配矿计划及贫富兼采等扩大低品位矿石的应用。

我国水泥工业以走新型工业化道路为目标,大力促进新型干法水泥生产的发展,水泥用灰岩资源将是实现这一目标的基础。因此,在提倡水泥工艺技术进步的同时,一定要克服重工艺、轻矿山的思想,把矿山的技术进步纳入企业技术进步的整体规划之中,对矿山开发进行总体规划,处理好近期开采与远期开采、高品位与低品位、优质与劣质的关系,合理开采、综合利用、降低剥采比、扩大矿山资源利用率。

矿山的装备水平应与工厂的装备水平相匹配、相适应。在矿山开采过程中,对各生产环节产生的粉尘、噪声要采取有效控制措施,以达到国家标准的要求,同时要重视矿山的水土保持和绿化植被工作。矿山建设要实现规模化、大型化,在资源较丰富的地区,建设大型水泥用灰岩原料供应基地,实现集约化生产。鼓励专业队伍或有实力的投资者出资建设矿山,取代量大面广、开采方式落后的小企业。各级地方政府要采取积极有效的措施,加快关闭一些开采技术落后、规模小、粉尘污染严重、资源利用率很低的小企业。目前,已有企业采取本企业取得矿山资源所有权后,用招标的方式由矿山专业队伍出资建设和管理该矿山,双方协定一个商品灰岩合同,这是一个双赢的方案。大规模机械化开采是保护资源合理利用资源的最好方式。

水泥用灰岩是不可再生资源,随着科学技术的不断进步,水泥用灰岩矿山开采的技术水平将进一步提高,水泥用灰岩的应用领域将进一步拓宽。

一、水泥用灰岩开采技术水平分析

国外水泥工业矿山的开采,采用计算机技术及地质学、矿物学理论与技术,在查明原料矿山地质构成及矿物成分之后,编制矿体三维模型软件,指导矿石搭配开采,矿山开采、运储过程中预先均化,这样既能保证进厂矿石成分尽可能的均匀,又能有效地对在传统开采方式下必须丢弃的废石进行有效的利用。

(一)灰岩开采方式

矿山开采分为露天开采和地下开采两种方式。露天开采是采用采掘设备在敞露的条件下,以山坡露天或凹陷露天的方式,分阶段地向下剥离岩石,从而采出有用矿物的一种采矿方法。露天开采会破坏自然景观,产生粉尘、噪声等污染,但美国成功地使用了一种"石灰石矿山的地下开采方式"来保护自然景观,避免了污染。例如,密苏里州的圣珍尼维夫石灰公司的石灰石是在27.4m厚矿层的地下采矿场里采出的,堪萨斯城矿山从只有3.66~4.26m高的工作面回采石灰石,密苏里州波特兰水泥公司、马里兰州黑格斯顿圣·劳伦斯水泥厂石灰石矿都以地下开采方式采掘石灰石,伊利诺伊、田纳西、肯塔基和俄亥俄等州均有用这种地下法回采厚度不同的各种岩层的矿石的实例。据了解,欧洲国家也有石灰石矿山的地下开采的实例。但在国内,设计采用地下开采方式开采石灰石矿仅在福建省的一些小矿实施,如福建南平水泥厂矿山设计采用了地下开采方式、漳平石坂坑石灰石矿设计采用地下开采方式。

我国水泥用灰岩矿绝大多数是露天开采。露天开采的矿山绝大多数是山坡露天开采。20世纪50~60年代建设的一些大型矿山,由于地面上的资源接近采完,而可新建的矿山往往离水泥矿山企业距离远、投资大、成本高。在资源可靠的情况下,在原来矿山由山坡露天开采向凹陷露天开采延深发展是可以考虑的一个方案。

开拓方式、采矿工艺多样化。开采顺序由单一的纵向布置向横向布置方式发展,施行强化开采,提高工作线推进速度,为矿石均化搭配创造条件。采用组合台阶、分期开采、陡帮开采以便均衡生产剥采比。

(二) 水泥用灰岩矿山开采规模大型化

建设大型矿山,可以采用大型设备,提高劳动生产,降低矿石开采成本。随着预分解窑熟料生产线5000~10 000t/d的投产,涌现一批年产100万~500万t级矿石的大型矿山,而年产50万~100万t级矿石已属中型矿山。目前,矿石年产量>500万t级的超大型矿山已开始显现。

(三) 水泥用灰岩矿山设计

我国水泥工业经过30多年的发展,新型干法水泥生产技术已占据主导地位,生产技术与主要技术经济指标达到了世界先进水平。目前,很多水泥企业都非常重视水泥用灰岩矿山的勘探和分析,根据质量的好坏,分段、分块进行搭配开采和使用,钻孔取样分析不能反映一个水泥用灰岩矿段的质量全貌。近几年,水泥用矿山设计采用矿块模型系统软件,基本上解决了这一问题。

传统的矿山设计方法是定性设计,因为无法靠手工计算来精确实现对小尺寸采矿单元的规划,所出的地质及采矿设计图纸,对于采矿生产来说仅具有原则性指导意义,而不具有精确指导生产的作用,对于矿山生产的进度计划也只能按年来进行大致的估算。通过技术创新和计算机技术的发展,现在利用矿块模型系统软件可以为矿石均化搭配提供较强的帮助。矿块模型系统软件以其强大的数据库计算功能与三维图形设计功能,把矿山分层开采平面细化成若干小的开采单元,详细计算出每个开采单元的平均品位及矿岩属性,利用其强大的数据库功能,更方便进行采剥进度计划表的准确编制,做到对采矿生产的精确指导。与传统的设计方法相比,这些软件所输出的图纸信息量大、数据精确,除了能完成传统手工图纸中的水平地质分层平面图之外,还能输出水平分层岩性图、水平分层品位图、任意块段的储量及平均品位、矿岩量报告及矿岩搭配后的相关数据等,对采矿生产具有直接的指导作用,这是当前世界矿业优化设计所取得的最大成果。

天津水泥工业设计研究院有限公司从事矿山计算机矿块模型系统软件的研制、开发及应用已有20余年的历史。20世纪90年代编制出的三维彩色矿床模型系统系列软件是以人工设定数据和地质纵剖面图为主来形成采矿境界,以钻孔和槽探数据为核心,对全矿矿岩品位进行各种方法的估值,从而最终进行采矿的系列设计。三维彩色矿床模型系统系列软件核心部分是水泥矿山地质建模模块。三维彩色矿床模型系统系列软件在水泥矿山开采转向计算机化设计方面是一个非常成功的尝试。我国应继续借鉴先进经验,追求矿块模型系统软件的准确性及实用性,实现高水平三维数字化功能,提高计算机设计水平。

(四) 矿山爆破技术

露天深孔台阶深孔爆破是水泥矿山开采的首道工序,爆破质量的好坏直接影响后续工序的作业效率。生产环节爆破效果的好坏直接影响其他后续工序。爆破时的各种有害效应,如爆破飞石、爆破震动、爆破冲击波、爆破毒气、爆破噪声控制效果对矿山的安全运行也有重要影响,因此,优化露天矿山开采工艺、改进爆破效果及降低爆破有害效应等对保障矿山安全高效运行具有重要意义。

现场安全管控的技术措施包括间隔装药技术和逐孔起爆技术。

1) 间隔装药技术。目前,我国露天石灰石矿山露天深孔生产爆破多采用连续装药结构,炸药单耗高,在一些地质条件下会产生过度破碎等问题。随着市场竞争的加剧及火工品价格的不断攀升,爆炸物品的成本占总成本的比例持续上升,因此,引入空气间隔装药技术,延长爆破作用时间,减少炮孔周围的粉碎区,加强裂隙区的破坏。与连续装药结构相比,间隔装药的爆破块度均匀,大块率降低,堆积形状得到改善,同时节省炸药,降低爆破震动,炸药单耗降低20%。

2) 逐孔起爆技术。逐孔起爆技术的原理是把可能引起较大震动强度的大药量爆破分成若干段起爆,使各药包的爆炸所产生的震波错开震波主震相,从而大大降低地震效应。在一些环境复杂、破碎效果要求高的地段爆破,炮孔起爆网路选择逐孔起爆网路,各个炮孔按照爆破设计的延期时间顺序起爆,每个炮孔都有最充足的自由面,同一时间起爆的炮孔数明显减少,爆破震动速度下降,地震波影响减轻。

(五) 建设智能数字化矿山

智能数字化矿山是信息技术在矿山应用的集中表现。以计算机及其网络为手段,把矿山三维空间和有属性数据实现数字化存储、传输、表达和加工,建立全方位生产管理系统。随着数字化矿山的发展,矿山开采进入智能化控制时代。

智能数字化矿山在我国从概念的提出,到研究、开发、建设、应用已经经过了十几年。伴随着矿业市场的起伏变化,数字化矿山的建设与应用取得了长足的发展。信息技术的不断进步,大数据、云计算技术的发展,"互联网+"概念的提出,也为数字化矿山的建设注入了新的活力,一些新的概念、提法也在不断出现,自动化、信息化、数字化技术在矿山得到深层次应用。然而，在这一问题上，由于国内外矿山存在着工业化水平的不同，也就是装备水平、管理模式等方面的差异，其侧重点有所不同。目前，矿业发达国家侧重于智能化矿山、自动化采矿技术的研究与应用，并已取得了丰硕成果。而国内矿山则通过建设数字化矿山来实现矿山的信息化、数字化，以此为基础开展研究与开发建设工作。从国际范围来看，三维矿业软件的应用是从20世纪80年代开始的。如今，应用三维矿业软件已经成为国际通用的行业标准、主流产品、必备工具，并且围绕三维矿业软件的应用，已经形成了完善的应用机制，实现了深度延伸应用——进度计划、境界优化、虚拟现实等。在国内，矿业软件应用仍然以AutoCAD、MapGIS等二维矿业软件为主的情况也正在逐渐变化，国内对三维矿业软件的认知正在逐步提升，并已经开始在许多单位普及应用。未来，三维矿业软件的普及与应用将会提速。

按照数字化矿山的设计思想，对广东、浙江、陕西等矿山的全面均化开采进行了初步设计运用，并取得了较好效果。三个省份的矿山基本无剥离排放，达到水泥原料矿山零排放要求，既减少废石场占地面积，避免了矿山废石场对生态环境的影响，又消除了矿区周边的不安全因素。

(六) 水泥原料矿山矿石质量品位控制系统

水泥原料矿山矿石质量品位控制系统包括矿山采矿计划编制与优化配矿系统、矿山GPS (global positioning system，全球定位系统) 调度系统、破碎站矿石质量在线检测系统及矿山矿石质量控制体系。

1. 矿山采矿计划编制与优化配矿系统

矿山中、长期配矿计划的编制一般指年度计划和季度计划，根据数字化矿山管理要求，掌握矿体内各点的品位、矿体赋层情况，建立矿山矿石地质数据库，编制跨年度、年度矿山采掘进度计划。采掘进度计划是矿山矿石产量、矿石进厂品位、生产经营计划的核心，规定计划开采区域位置及具体工程量，确保完成生产规定的产量与质量任务。中、长期优化配矿计划的编制是充分利用资源，保持进厂矿石质量长期稳定的有效措施。通过编制中长期优化配矿计划，优选采区搭配位置和采区推进方向，均衡矿石质量与生产剥采比，充分搭配低品位矿石，避免采出矿石质量出现较大的波动，为水泥生产创造有利条件。

短期矿山采矿计划编制是直接用于指导矿山生产的短期性生产计划，对矿山资源利用、保证进厂矿山质量的均衡具有决定性作用。在三维化、网格化数字矿体模型基础上，根据数字矿体模型中的水平面图及储量、矿石品位分布数据，在年采掘计划的推进范围内，融合生产勘探、采场测控、过程控制等实时数据，建立配矿优化数学模型，按目标规划方式进行计划分解，解算出最优配矿方案，落实具体开采地点、开采数量与矿石质量指标。

2. 矿山GPS调度系统

设立矿山GPS调度系统，用于露天矿山生产调度指挥、监控和生产考核，可实现对运输车辆、电铲和其他生产设备的实时动态监控、优化调度、量化管理，从而提高矿山生产设备的利用率和生产效率。

3. 破碎站矿石质量在线检测系统

在矿山的破碎系统建立一条破碎站矿石质量在线检测系统，使进入破碎机入料仓前的由采场采出的多种化学成分品位的矿石进行均化搭配后，再进入破碎机进行破碎。破碎后的矿石，经破碎机出料口的在线检测系统进行在线检测，检测结果返回至原料中心控制室。原料中心控制室根据矿石品位进行调整，发布调度命令，调整不同矿段、矿区的原料入口的板喂机入料速度，调整进入破碎机各种品位矿石入料的数量，以保证矿山矿石的化学成分，进而为水泥矿山企业提供合格的水泥矿石原料。

4. 矿山矿石质量控制体系

矿山开采、均化生产系统建设的要点就是建立一套石灰石矿山优化配矿系统三维数字矿体模型，配备建立矿山的矿用GPS（如北斗）调度系统，同时，在矿山调度系统建立实时质量在线分析、现场分析，生产计量系统和自动化控制系统。借助现代计算机技术、卫星通信技术、工业控制技术，通过各单位网络协作，为矿山数字化、均化生产提供基本保障。同时运用控制论、成矿理论、采掘进度计划优化、运筹学等为矿山均化生产提供理论基础。露天矿均化生产自动控制系统结构示意如图 2-26 所示。

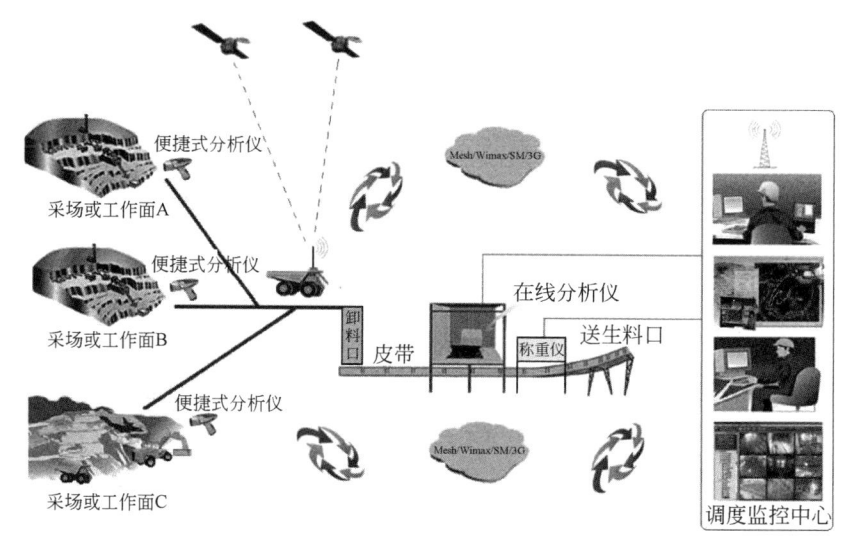

图 2-26 露天矿均化生产自动控制系统结构示意图

二、水泥用灰岩开采装备分析

国外露天矿开采技术发展总的趋势是规模大型化、生产连续化、装备现代化。智能化矿山的研究与开发是露天矿科技进步的发展方向，采矿技术正向液压化、联动化、自动化发展。矿山设备向大型化、智能化、易操作方向发展。单台石灰石破碎机小时破碎能力达到1600t，可满足 10 000t/d 熟料生产线对石灰石的需求。

近年来，发达国家在采用单斗-卡车间断工艺时，采掘、运输设备的单机规格及能力均达到较高水平。20 世纪中后期，新建的露天矿又进一步在单斗-卡车间断工艺环节中配备了破碎站，目前世界上最大的破碎站生产能力已达到 12 000 t/h。伴随露天开采设备的大型化，露天矿单坑生产能力及开采强度得到了进一步的提升，推动了露天矿集约化开采的步伐。露天矿的拉斗铲无运输倒堆工艺在美国得到快速发展并普及,且现已遍布加拿大、澳大利亚及俄罗斯等国家。

20世纪90年代,内蒙古准格尔矿区黑岱沟露天矿也引进投入了一台90m³拉斗铲,进行倒堆剥离并取得了良好的效果。印度在20世纪首创了褐煤露天矿高切割力轮斗铲采掘砂岩和硬褐煤试验,攻克了一系列开采技术难题。目前,大多数国家开始采用半连续生产工艺,即在单斗-卡车剥离间断工艺中加入破碎站或者电铲直接和自移式破碎机配合采掘,由带式输送机运输物料,以此适应较为复杂的地质条件和大推进度、高强度的开采。

铲装设备正在实现由电铲向液压挖掘机过渡,国产液压挖掘机最大斗容量已达到4m³。无论采用哪种运输方式,大中型矿山的工作面运输均采用灵活方便的汽车运输方式,目前国产自卸汽车的载重量已达到45t。部分矿山爆破实现了机械自动装炸药。水泥矿山在矿山设备大型化基础上,向节能型、自动化、标准化方向发展。下面简述矿山开采设备的进展。

(一) 钻孔设备

钻速低、排渣难的低风压潜孔钻机,送风管道长、耗能高、效率低的低风压固定式空压机逐渐被淘汰。中、高风压潜孔钻机和全液压露天钻机将是水泥矿山未来的主力钻机。固定式低风压(0.5~0.7MPa)空压机正逐步被淘汰,仅适应中硬以下岩石穿孔的切削回转钻机和穿凿坚硬、极坚硬的牙轮钻机也将逐步退出水泥矿山。

(二) 中、高风压露天潜孔钻机

使用中风压(1.0~1.4MPa)和高风压(1.7~2.4MPa)的压缩空气作动力,由压缩空气直接驱动冲击器和钻头选行钻孔作业,钻具回转采用液压马达,滑架起落应用液压缸支撑。目前,国内外一些矿山采用钻机和压缩机分开的分体式配置,但一体化钻机,即钻机、柴油机风冷空压机和柴油机液压泵组三位一体是钻机配置的发展方向。

(三) 全液压露天钻机

自动凿岩系统能保持到贯穿孔底的最大凿岩效率,通过自动调节冲击力、推进力、旋转和双重缓冲器装置,不断适应不同岩层和岩性的变化,从而提高凿岩性能,降低能耗并延长钻具使用寿命,凿岩能量得以充分传递,并使钻进中的反射冲击波降低到最小。全液压露天钻机采用高排量的空气压缩机,增大了排尘风量,可尽快地将凿岩的粉尘颗粒分离出来,提高钻孔速度,减少钻头磨损。使用高排量空气压缩机,也加大了钻孔口径。

(四) 装载设备

液压挖掘机在水泥矿山进一步得到推广使用,并将在铲装设备中占据主导位置。与机械挖掘机比较,液压挖掘机自重轻,三维自由度赋予液压挖掘机机动灵活性,可在陡坡上挖掘,便于选别开采。水泥矿山装载设备宜选用4~8m³液压挖掘机和30~60t设的矿用汽车。

(五) 矿山辅助作业机械

目前，矿山辅助作业不配套、机械化程度低是矿山生产的薄弱环节，必须提高矿山辅助作业水平。在清理工作平台、矿体内夹石分采分运、铲装工作面的准备、运输道路的维护、边坡整理，大块的二次破碎、炮孔装药和炮孔填塞工作中，配备前端式装载机、推土机、平道机、压路机、洒水车、装载车、炮孔填塞机等辅助矿山机械，可以整体上提高矿山装备效能。

(六) 采矿铣刨机

采矿铣刨机是一种具有发展前途的采矿方法。应用采矿铣刨机（又称机械犁）代替传统穿孔爆破采矿方法的优点是无爆破地震、空气冲击波及飞石等危害，扩大开采境界而不受爆破安全境界的限制，连续作业不受爆破干扰，要求作业场地相对小，可根据矿层和矿石不同品级分采分运、可有效剔除有害夹层、可选别回采、可降低采矿成本 20% ~ 50%，不需粗碎、可调整开采粒度、有利于带式输送机长距离运输等。

采矿铣刨机集采、装、碎为一体，有效简化生产流程，矿石粒径可控在 30~80mm，可根据需要生产<30mm 粒径的矿石，为振动放矿、竖井溜矿石、缓冲矿仓磨损创造条件。从根本上保证矿山边坡的安全、增大边坡安全角度、增加可采矿量、减少边坡工程量和维护量。

2009 年，德国维特根（Wirtgen）表采机在塞尔维亚石灰石矿得到成功应用。使用 SM-2600 切削（铣刨）、破碎装料一次完成，矿石平均单轴抗压强度为 25MPa，产量为 600t/h，约 90% 粒径<16mm，最大粒径为 150mm。法国纽来宁根石灰石矿及美国、印度、巴西、墨西哥等应用表采机开采石灰石也取得了一定效果。德国维特根表采机在切削矿石过程中同时把矿石破碎，可据粒径要求选用不同切削刀具及切削转子，清洁、平整稳定作业表面，给装载机平稳行驶创最佳条件。

(七) 运输系统的发展

我国绝大多数石灰石矿山为山坡露天矿，目前使用的矿山开拓运输系统有单一公路汽车开拓运输系统、公路—溜井平硐开拓运输系统、公路—破碎站—带式输送机联合开拓运输系统。矿山开拓运输系统的革新更大程度上依赖于采矿运输装备的发展，由于带式输送机具有能实现连续运转、可靠性高、运营成本低、安全环保等特点，公路—破碎站—带式输送机联合开拓运输系统成为水泥原料矿山最为常用的开拓运输方式，根据对我国产能大于 200 万 t 的大型石灰石矿山统计，采用此开拓运输方式的矿山为 70.2%。

石灰石矿山的比高较大（往往矿山标高比水泥厂原料均化库标高高 200m 以上），石灰石矿山到水泥厂运输距离大多超过 3km，因此，常用的胶带输送机为长距离、下运式或水平式。21 世纪以来，随着大型预分解窑的发展，石灰石矿山规模成倍甚至数倍增加，许多石灰石矿山采矿规模已超过 800 万 t，输送机的特点为大运量。经过经济技术比较的结论是：当石灰石矿山至水泥厂运输距离小于 3km 时，最佳矿石输送方案是采用自卸汽车运输方式；当石灰石矿山至水泥厂运输距离大于 3km 时，最佳矿石输送方案是采用胶带输送机运输方式。当矿山比高大于 200m 时，最佳开拓运输方案为公路—溜井平硐—带式输送机联合开拓运输系统。

汽车—带式半连续运输系统是近年来发展的高效运输系统。该运输系统充分发挥汽车运输适应性强、机动灵活、短途运输经济的优势，同时又利用带式运输机运力大、爬坡能力强、运营成本低的长处，使汽车、胶带两种运输优势互补，从而节省运输成本。例如，1998~2013年，首钢水厂铁矿的汽车—带式运输成本为0.65元/t，仅为单一汽车运输成本1.35元/t的48%，15年创收经济效益达16亿元。

部分石灰石矿山正在或将进入露天凹陷开采，采用半移动式破碎机的汽车—半移动破碎机—胶带运输机的半连续开采工艺是一种行之有效采矿工艺系统。以都江堰大尖包石灰石矿为例，该矿山海拔为1060~1606.9m，相对高差为546.9m，山势陡峻，采矿规模为534万t/a，该矿山至水泥厂直线距离约为8km。通过经济技术比较最终采用的运输方案为两段溜井—两段平硐—胶带输送机开拓运输，该运输方案比公路汽车开拓运输方案每年节约运输成本4300多万元。当石灰石矿山至水泥厂间地形复杂，地面建、构筑物较多，输送机线路的起点和终点不能直线连接时，目前使用较多的是平面转弯带式输送机或管状胶带输送机。采用弯曲运行线路以绕开障碍物或不利地段，少设或不设中间转载站，减少设备数量，使系统的供电和控制系统更为集中；取消中间转载站解决了中间转载站带来的一系列问题，如取消缓冲站、清扫器、导料槽等磨损件，无物料溢出或堵塞的危险；取消中间环节，减少系统的设备数量，使系统简单、维护量小，进而减少粉尘飞扬和降低噪声，有利于保护环境。另外，曲线胶带机取消了中间转载站的卸料高度，减少了系统运行耗能，节省了运营成本。

开采和开拓运输工艺向着连续化、半连续化方向发展。石灰石矿山运输费用占矿石成本的50%~60%，石灰石矿山向着以电代油的连续化、半连续化开采工艺方向发展，以电代油的主要途径是多采用胶带输送机。石灰石矿山连续化开采工艺流程为工作面采用大型矿用装载机→移动式破碎机→移动式胶带机→固定式胶带机。该工艺在国外石灰石矿山得到广泛应用，如生产能力为2000t/h的德国德尔玛（DEUMA）石灰石矿山，使用该工艺的矿石成本比间断式工艺减少64%。

目前，随着我国自主开发的半移动破碎系统的成功应用（其系统造价为进口的1/5~1/3），必将推动我国石灰石矿山半连续化开采工艺的进展。例如，四川亚东水泥公司石灰石矿山半连续化开采运输能力为1400t/h，可满足日产万吨水泥熟料生产线石灰石原料的要求。

连续化、半连续化开采工艺是在采场内破碎矿石、利用胶带机取代或减少汽车用量从而降低矿石的生产成本，其必将在我国大型石灰石矿山得到广泛应用。

三、绿色矿业建设状况分析

绿色矿业包括矿产资源高效开发利用和地质生态环境协调发展。近年来，我国年产需石灰石矿石约为30亿t。石灰石矿山的飞速发展与建设保证了水泥行业的快速平稳发展，同时也造成矿产资源浪费、安全事故频发、矿区环境污染恶化、矿地关系紧张等问题十分突出。石灰石矿山开采大部分为露天采矿，露天采矿对矿区周边的环境不可避免产生破坏，因此合理利用矿区范围的矿产资源，修复环境生态显得更为急迫。

均化开采技术是通过开展水泥生产工艺线生料配料方式的研究，合理使用水泥原料低品位矿石资源、难利用矿石资源、石灰石矿山排土场的尾矿资源等的一项综合技术。大部分水泥厂在资源综合利用上采用的主要措施是：加强勘探，对钻孔岩粉取样分析，掌握采场各生产部位质量情况，对矿区分矿块进行评价，分出精品区、优良品区和贫化区，然后根据配料质量要求，制定出合理的采矿搭配计划，尽可能使废石、低品位矿石在开采过程中搭配利用，最大限度地利用矿山资源，实现废石、废渣的零排放。

资源的综合利用，节约了资源，延长了矿山的使用寿命，同时不需要征用排废场地，减少了废料对周边环境的影响，保护了环境，减少了泥石流隐患，产生了很大的企业效益及社会效益。积极推广采矿新技术、新工艺，提高开采回采率和矿产资源综合利用率。推广低品位复杂石灰石矿山开采技术和石灰石矿山多矿山、多矿区配矿开采等绿色开采工艺技术，提高石灰石矿石资源回收率，延长矿山服务年限。建立生态采矿工艺系统，做到无废少废、零排放。注重自然景观的保有度，在矿山开采中坚持低能耗、短流程、高效率、无废的原则，保持矿区周围景观的和谐。

（一）矿山合理利用

2014年，我国查明石灰石储量约为500亿t，其中高品位矿石（CaO>48%和MgO<3%）约占75%，低品位矿石（CaO为45%~48%和MgO为3%~3.5%）约占25%。低品位矿石不能单独使用。按照我国现有大中型矿山生产统计，平均剥采比为0.265∶1，每年矿山剥离的矿床的夹层和顶地板岩的页岩、砂岩、白云岩和第四纪黏土层约为132亿t，这是一个庞大的数据。现在采用的主要方法是在矿山周边建立排土场进行堆排，不仅占用了大量土地，也给矿区周边带来了不安全因素。

石灰石矿山剥离物主要为围岩，少量为黏土。废石剥离物仍可以作为生产普通水泥用原料，对于顶底板中部分低品位矿石的CaO含量不符合普通水泥用矿石原料要求的，经过合理搭配后可作为普通硅酸盐水泥原料矿石。对于剥离的废土必须做好综合利用，能满足水泥生产配料要求的剥离黏土也应尽量加以利用。目前，水泥生产采用石灰石、黏土、剥离土、铁粉矿四组分配料，其可以满足水泥熟料率值的要求，对调整配料方案也是十分有利的。另外，采用矿山境界内的黏土矿作为铝质校正原料，用来弥补顶底板作为普通硅酸盐水泥原料中铝铁含量较低的不足。对于不能够满足配料要求的黏土则用于覆土造林，改善矿区环境。

针对我国石灰石矿山的开采现状和矿床赋存特点，经过对石灰石矿山的研究，从矿山地质勘探到水泥原料矿石破碎后进厂，使高品位矿石与矿山低品位矿石、矿石夹层、矿山第四纪黏土等搭配使用的石灰石矿山全面采用了均化开采技术，使低品位矿石、夹层和顶底板、第四纪黏土层等得到充分利用，延长了矿山服务年限，减少了废石场占地面积，避免了矿山废石场对生态环境的影响。下面举例予以说明。

石灰石矿山的剥离土是石灰石开采过程中的废弃物，主要成分为黏土类物质，含有石灰石碎片等。周钧（2010）探索使用石灰石矿山剥离土生产水泥。剥离土中CaO含量相比石灰石中CaO含量极低，但硅率（3.80）与黏土类似（3.42），MgO和R_2O也都同样能满足水泥配料用黏土的要求。虽然剥离土的构成较复杂，但大多为页岩类泥灰岩且风化严重，有助于窑炉煅烧，因此，可以把剥离土批量用于生料配料，以解决矿山生产遇到的问题。根据多次对剥离土有代表性的取样、分析和配料计算，并综合考虑目前矿山剥离土的储量,初步预计剥离土的使用率可提高到6.5%以上。

王金飞等(2015)用石灰石矿山剥离土代替黏土作为水泥生产的硅质原料、用柠檬酸废渣石膏作为水泥熟料煅烧矿化剂,通过实验室研究和生产试验,探索石英尾泥、石灰石矿山剥离土和柠檬酸废渣石膏的最佳加入量与最佳生产工艺条件,解决石英尾泥易烧性较差等问题。使用的剥离土占生料的10.82%,煅烧的水泥C_3S的含量高、强度好,通过物理性能比较,标准稠度用水量和比表面积符合相关要求,抗折抗压强度较对比厂家的水泥熟料要好。项目的实施年消耗石英尾泥为50万t、石灰石矿山剥离土为40万t、柠檬酸废渣石膏为20万t,减少了水泥生产对黏土和石灰石的需求、节约了土地和矿产资源、降低了水泥生产成本,为石英尾泥、石灰石矿山剥离土和柠檬酸废渣石膏的资源化利用找到了合理的途径。

张磊和张伟(2013)在矿山开采过程中发现部分矿体石灰石颜色发黑,经检验K_2O和CaO的质量百分比分别为4.77%和27%,不具备单独用于生产水泥的条件。对这部分劣质石灰石矿体剥离废弃,会造成资源浪费、土地占用、资金消耗及环境污染等问题。如果不剥离,会造成有效矿产资源的占压,影响矿山正常开采。对此,结合工艺现状,在确保水泥熟料产量及质量的前提下,自2011年以来对石灰石矿山进行搭配开采使用。某矿山均匀化开采方案见表2-12。

表2-12 某水泥厂石灰石矿山年度均化开采方案

项目	均化开采方案		
开采原则	矿山组合台阶式开采的先上后下原则		
年度开采计划	台段编号	可采量/万t	$w(K_2O)/\%$
	215台段东部	19	4.77
	215台段中部	48	2.85
	200台段	112	0.40
	185台段	381	0.57
	170台段	519	0.57
搭配方法	加权平均值法,即根据测定的不同台段矿石的碱含量值及设定的矿石量,以均化后的碱含量值$w(K_2O) \leq 0.8\%$为基准求解		
搭配比例	碱含量较高的台段$w(K_2O)$分别为4.77%、2.85%,较低的台段$w(K_2O)$分别为0.40%、0.57%,按碱含量高低搭配的原则,分别有4.77%/0.40%=1/10,4.77%/0.57%=1/18,2.85%/0.40%=1/6,2.85%/0.57%=1/9几种搭配方案,选择4.77%/0.57%=1/18比例为基准,即每开采215台段1t矿石,需搭配下部200台段或185台段或170台段18t矿石就能确保矿石均化后$w(K_2O) \leq 0.8\%$。实际生产过程中是按1:20的比例搭配		
搭配量	年度计划搭配量为22.73万t		
开采工作面布置	主采200台段、185台段、170台段,配采215台段。全年计划产量为454.78万t		

资料来源:张磊和张伟,2013

使用效果为,利用劣质石灰石及各类剥离物达23万t/a。节约废石(表土、劣质石灰石)剥离排废费用为184万元/a。节约废石场维护费用和土地使用费用约为50万元。

劣质石灰石质软易碎,能降低破碎、粉磨的电能消耗和材料消耗。由于 R_2O 等熔剂型矿物含量提高,改善了生料的易烧性,降低了原煤消耗,降低水泥生产成本达 30 万元/a。从根本上解决了压矿现象、采剥不均衡问题,保证了整个矿山资源的合理开采与利用。

王智祥等(2014)把低品位石灰石大量用作水泥混合材,不仅大幅度降低了水泥制造成本,还克服了炉渣、粉煤灰等原材料供应不足的问题,且有效利用废弃资源,保护环境并享受国家资源综合利用减免所得税政策。2012 年始,河南某水泥公司通过实验,把低成本高掺石灰石助磨剂(ZW-7 型)投入生产应用,生产的 P.C 32.5 级水泥配比为熟料 52%、低品位石灰石 25%、粉煤灰 18%、脱硫石膏 5%、助磨剂掺量 0.1%。出磨水泥再掺入 S 95 级矿渣微粉 10%。累计生产 P.C 32.5 级水泥为 45.3 万 t,使用低品位石灰石达 10 万 t,磨机台时产量提高 17%,水泥综合制造成本降低了 8.9 元/t,经济效益和环境效益显著。

(二)矿山生态修复

推广矿区土地复垦与矿山生态环境重建技术,加大老排土场和废弃矿坑治理力度,逐步治理历史遗留矿山地质环境问题。建设和生产中的矿山企业应与新农村建设紧密结合,创建社会和谐,重视绿色发展及和谐发展的理念,绝不把环境污染、生态破坏带到下一代。企业要坚持创新矿业用地方式,采矿用地不同于一般的建设用地,大部分采矿后复垦的土地可还地于民,从而有利于地方经济发展和农民生活水平提高,也有利于矿山企业在保障利益的前提下,采用新的矿用土地审批、利用方式。以都江堰拉法基石灰石矿山规范化建设为例介绍矿山的修复。

自该矿山开采以来,拉法基水泥集团技术中心非常重视露天采矿挖掘活动中所损毁土地的复垦工作,根据水土保持方案和环境影响评价等技术资料,制定了不同阶段的土地复垦措施和规划。2002 年该矿山开工投产,就开始实施《石灰石矿三年植被恢复计划(2002—2004)》,对矿山破坏区域、安全平台等进行绿化复原。3 年间共完成矿山植被恢复面积达 13 万 m^2、植树种草达 2 万余棵(株)、投资达 31 万元。截至 2012 年底,该矿山植被恢复面积为 26 万 m^2,投资为 183 万元。

2006 年,该公司邀请四川省林业科学研究院编制《都江堰拉法基水泥有限公司矿山植被恢复总体规划设计》。2009 年,当时的拉法基亚太技术中心重新编制了《矿山植被恢复方案(2009—2038)》,年均植被恢复面积为 8614m^2、年均投资为 50 万~60 万元,并采取边开采边恢复的原则,每年对矿山开采形成的安全平台、清扫平台进行植被恢复,矿山开采结束即完成矿山的绿化及植被复原。矿山边坡及道路植被恢复现状如图 2-27 所示。

图 2-27　都江堰拉法基水泥有限公司绿色矿山图

1）环境保护方面。该矿山主要移动设备均采用国际知名品牌，在粉尘、噪声、尾气排放等方面有明显优势。固定设备从破碎站、竖井平硐、转运站到工厂大库均采用高效大布袋收尘工艺。输送皮带上方用彩钢瓦防护罩全封闭，有效降低扬尘、噪声对环境的影响。矿山工业场地配置 1 台地埋式污水处理站和 1 台油水处理站，对工业场地生活污水、矿山机修汽修油水进行处理后达标排放。对矿山生活垃圾，定点收集、定期清理进入当地垃圾回收处理系统。在石灰石向场内输送时，每个转运点都设置了布袋除尘器收集扬尘并将收集下来的石灰石粉尘回送到皮带上全部回用不外排，使矿山环境保持良好状态。

2）生物多样性保护方面。该矿山位于龙溪—虹口国家级自然保护区内，为此，针对矿山的特殊性制订了生物多样性管理计划，并邀请专家完善方案。同时，支持龙溪—虹口国家级自然保护区进行生态监测及大熊猫保护工作，累计赞助达 50 多万元。

3）安全管理方面。该矿山以国家相关法律、法规为指导，结合拉法基安全管理标准和规定，建立完善矿山安全管理制度，如爆破安全管理制度、溜槽管理制度、排土场安全管理制度、高边坡安全管理制度、皮带系统安全管理制度等。2012 年底，荣获国家"非煤矿山安全生产标准化二级企业"称号。

4）排土场管理方面。该矿山共有 3 个排土场，严格执行排土工艺设计要求，按照自下而上、分层碾压作业。2015 年，一期、二期排土场已关闭，正使用三期排土场（容量为 300 万 m^3），排土场下游村民已全部撤离。对矿山所有重要设施、构筑物、建筑物等（包括采面、排土场、矿山道路、皮带系统、工业场地、矿山油库等）建立沉降变形观测点，便于及时发现问题，消除隐患。建立矿山综合应急预案 1 套、单项应急预案 6 套，每年组织员工应急演练并不断优化和完善。

第三节　水泥用灰岩行业企业实力分析

一、世界水泥用灰岩企业占有率及国内水泥用灰岩公司总数比例

大型的水泥企业一般都有自己的水泥用灰岩矿山，只有部分小企业依靠外包矿产生产且占比较小，因此水泥用灰岩生产是水泥生产的一部分，本节通过分析我国水泥企业的实力，用以说明水泥用灰岩企业的实力。

2015 年，世界 500 强企业中我国企业 106 家上榜，其中涉及两个水泥企业，排名情

况见表2-13。

表2-13　世界500强企业中我国水泥企业排名情况

排名	公司名称（中英文）	营业收入/10⁶美元	总部所在地
115	中国华润总公司（CHINA RESOURCES NATIONAL）	74 887	香港
270	中国建筑材料集团有限公司（CHINA NATIONAL BUILDING MATERIALS GROUP）	40 644.4	北京

2015年，福布斯全球企业2000强榜单中，共有13家水泥企业上榜，我国是水泥企业中上榜最多的国家，海螺水泥、中国建材、葛洲坝集团、金隅股份、中材股份共5家水泥企业位列其中。

2015年，海螺水泥以销售额98亿美元、利润18亿美元的业绩位列第612位，较上一年上升9位，综合实力自2012年以来连年刷新纪录。中国建材以销售额198亿美元、利润9.68亿美元的业绩较上一年小幅下滑51位至701位。葛洲坝集团以销售额114亿美元、利润3.71亿美元的业绩赶超了547名企业跃升至第1110位。金隅股份以销售额65亿美元、利润3.92亿美元的业绩较上一年上升了85位跃升至第1206位。中材股份以销售额90亿美元、利润0.82亿美元的业绩较上一年上升6位跃升至第1635位。我国上榜的水泥企业大部分已经打开国际市场，借助我国"一带一路"的发展机遇，将有更多的水泥企业迈向国际化发展，我国水泥企业的国际竞争力有望得到不断提升。

瑞士的豪西蒙公司（Holcim）、爱尔兰的西路控股（CRH）、德国的海德堡水泥（Heidelberg Cement）三家世界级水泥巨头位列上榜水泥企业前三甲，豪西蒙公司较上一年小幅下滑22位至350位，西路控股较上一年跃升213位至495位；两家企业均在500强之内。海德堡水泥较上一年下滑139位至573位。

上榜的水泥企业还有泰国的暹罗白水泥（Siam Cement），排名第641位，下滑15位。法国的拉法基（Lafarge）跃升357位至第738位。墨西哥水泥集团（Cemex）排名第846位，下滑58位。丹格特水泥（Dangote Cement）排名第1216位，下滑170位。太平洋水泥（Taiheiyo Cement）排名第1716位，上升165位。

该榜单是根据营收、利润、资产和市值这四项指标评选出全球规模最大、综合实力最强的上市公司。2015年登上福布斯全球企业2000强榜单的公司来自61个国家和地区，总营业收入达到了39万亿美元，总利润为3万亿美元，总资产价值为162万亿美元，总市值为48万亿美元，见表2-14。

表2-14　入围"福布斯2015全球企业2000强"的水泥企业

序号	排名	上年	公司名	国家及地区	销售额/亿美元	利润/亿美元
1	350	328	豪西蒙公司（Holcim）	瑞士	209	14
2	495	708	西路控股（CRH）	爱尔兰	251	7.72
3	573	434	海德堡水泥（Heidelberg Cement）	德国	167	6.44
4	612	603	海螺水泥（Conch Cement）	中国	98	18
5	641	626	暹罗白水泥（Siam Cement）	泰国	150	10

续表

序号	排名	上年	公司名	国家及地区	销售额/亿美元	利润/亿美元
6	701	650	中国建材（China National Building）	中国	198	9.68
7	738	381	拉法基（Lafarge）	法国	170	1.9
8	846	788	墨西哥水泥集团（Cemex）	墨西哥	158	-5.1
9	1110	1657	葛洲坝集团（China Gezhouba）	中国	114	3.71
10	1206	1291	金隅股份（BBMG）	中国	65	3.92
11	1216	1046	丹格特水泥（Dangote Cement）	尼日利亚	24	9.96
12	1635	1641	中材股份（China National Materials）	中国	90	0.82
13	1716	1881	太平洋水泥（Taiheiyo Cement）	日本	80	4.29

资料来源：福布斯中文网

从表2-14数据可以看出，福布斯全球企业2000强榜单中全球共13家水泥企业上榜，其中我国有5家水泥企业上榜，我国是水泥企业中上榜最多的国家，占全球水泥上榜企业的38.46%。

目前，我国水泥企业数量在3000家左右，上榜企业仅有5家，占国内全部企业的0.16%。这两组数据差距很大，一方面说明我国水泥行业的大企业实力雄厚，另一方面由于企业分散，产能过剩，实力雄厚的大企业仅占很少一部分。

我国水泥消耗量巨大，水泥企业数量很多，通过近些年的兼并重组，水泥企业数量已经由5000多家减少至3000余家，但是小水泥企业还是偏多。随着国家对水泥行业推进联合重组、提升行业集中度等产业政策的推进实施，水泥行业的主要产能会集中在少数大水泥企业手中，分散的小水泥企业也会在市场竞争中被淘汰，国内水泥行业正在向大型集中方向发展。

二、水泥用灰岩公司多元化水平及产业延伸程度分析

水泥的生产工艺高度相同，主要原材料石灰石分布广泛，同时水泥是标准化产品，具有很强的同质性，现阶段处于一个同质化竞争发展的阶段。

突破水泥产品同质化的发展瓶颈，一方面产业链向两头延伸，许多企业已经进行了成功的实践，如向矿山骨料、商品混凝土、物流运输、水泥制品等方面延伸；另一方面强化科技开发，研发水泥新品种，提高产品性能，开拓新的应用领域，如核电水泥、道路水泥、油井水泥、海工水泥等。推广使用高标号水泥和高性能混凝土，促进岛礁海水拌养混凝土产业化，提高水泥产品差异化和附加值，以质量提高增效代替数量增长增效等。

我国水泥工业"十二五"期间的一项重点工作就是通过延伸产业链推进企业的转型升级。近年来，越来越多的水泥企业通过多元化发展，延伸了产业链，实现了水泥企业的转型升级，为水泥企业未来的发展创造了更大的发展空间。水泥企业正在充分利用自己的矿山资源优势、资本优势、规模优势等，实施纵向一体化的产业链延伸和协同发展。

由于国家大力整顿乱挖乱采，推进发展绿色矿山，加之天然河砂逐渐枯竭，这为水

泥企业提供了巨大的混凝土用骨料市场，不少水泥企业的混凝土用骨料产业规模已达到千万吨级以上，明显增加了这些水泥企业的经济效益。

混凝土用骨料是在混凝土中起骨架或填充作用的粒状松散材料。混凝土用骨料作为混凝土中的主要原料，在建筑物中起骨架和支撑作用。它在建筑中起着十分重要的作用，水泥经水搅拌时成稀糊状，如果不加骨料的话，它将无法成型，进而将导致无法使用。所以说混凝土用骨料是建筑中十分重要的原料。

砂是混凝土组成的主要材料，随着建筑业的发展和对建筑工程质量的重视，建筑市场用砂数量越来越大，质量上要求越来越高，而合格的天然砂资源却越来越少，由此引发的工程质量、破坏农田、水利资源问题日趋严重，砂生产也因资源的变化而有所改变，建筑用砂的质量和数量对建筑市场的影响日益明显。所以机制砂在建材行业加以规范利用势在必行，在美、英、日等工业发达国家使用人工砂（机制砂）作为混凝土细骨料已有 30 多年的历史，机制砂在可以减少其堆放占地和对环境的污染的同时，废弃资源再利用也符合国家发展循环经济、节能减排的政策。石灰岩机制砂是由石灰石石场废料、废渣、石粉等废弃多余资源，经机械破碎、水洗、筛分制成，有着不含泥、级配控制稳定、颗粒形状有利于增强界面黏结力等优点。机制砂应用于生产商品混凝土中，不但可以降低混凝土生产成本，提高企业的经济效益，还对保护自然资源有着积极的意义。

随着政府对商品混凝土产业的绿色制造要求不断提高和对环保质量监管的强化，给下游产业预拌商品混凝土的规模化发展提供了良好的机遇。水泥企业如能发挥在产业链上的资源协同优势、规模优势及资本优势，最终会成为商品混凝土产业发展的主导者。

石灰石、煤炭、电力等是水泥行业的上游产业，丰富的石灰石和煤炭储量及充足的电力供应是水泥企业持续发展的基础。发展砂石骨料已经成为水泥行业延伸下游产业链的不争事实，把水泥企业把无法用于水泥生产的废弃资源制成砂石骨料，再通过水泥原有的销售渠道流通出去，最大程度地实现了水泥企业的多元化发展，使企业的市场竞争力明显提高。

从国际市场来看，全球排名第一的水泥巨头拉法基，水泥产量位居世界第一，混凝土与骨料产量位居世界第二，多点发展已经成为世界水泥企业扩大影响力和提高收益的重要支撑点。在我国天瑞水泥发展砂石骨料获得巨大成功之后，台湾水泥、海螺水泥、华新水泥等龙头企业纷纷跟进，大量购置反击式破碎机、振动筛、给料机、制砂机、洗砂机等设备，以扩大砂石骨料规模。水泥、砂石骨料、混凝土一体化生产可以助力水泥企业实现多元化发展，有助于进一步加速砂石骨料产业的升级和结构调整，提升砂石骨料产业的工业化水平。

水泥企业进入砂石骨料产业是企业价值链整合的共赢模式，对水泥企业由大变强具有重要意义，更有利于推进水泥、混凝土、砂石骨料三大行业的有机结合和联动发展，进而提高混凝土质量，减少原材料的消耗，实现经济增长方式的转变。国际水泥巨头取得的成功经验也印证了延伸产业链的可行性，水泥、混凝土和砂石骨料也已经成为国际大型水泥集团的三大主导产业。这里介绍几个水泥企业多元化发展的案例。

（一）同力水泥有限公司

2014年，同力水泥有限公司在投资者互动平台上表示，以水泥为主业，积极延伸产业链，新建、收购商品混凝土搅拌站，积极探索砂石骨料、粉煤灰等上下游产品的综合利用，通过产业链的延伸巩固和提高市场的竞争能力。

（二）中材安徽水泥有限公司

2012年，中材安徽水泥有限公司进军砂石骨料行业，设立了全国水泥企业最大的砂骨料项目，以延长企业产品链，提升产品附加值。

（三）冀东水泥集团公司

冀东水泥集团公司在发展水泥主业的同时，通过延伸产业链，思考和探索适合市场规律与行业特点的多元化发展模式。以著名的"盾石牌"硅酸盐水泥为主导产品，其中包括中国标准、英国标准、美国标准等通用硅酸盐水泥，发展多元化产品，如道路、油井、博格板超早强等专用水泥，中热（低热）、抗硫酸盐等特种水泥，共3个系列几十个品种。计划技术装备工程板块的发展，使技术装备工程成为集设计开发、机械制造、工程安装、设备维修等的完整体系。积极推进商品混凝土项目，在水泥生产区域建设混凝土搅拌站，启动北京、天津、沈阳、西安等主要市场的商品混凝土搅拌站的整合并购等工作。2010年，实现年产1000万 m^3 的商品混凝土规模，混凝土和房地产等产业产值超过50亿元。

（四）盘固水泥集团有限公司

盘固水泥集团有限公司进行跨领域布局，横跨化工、新材料、有机农业、酒店、旅游等行业进行多元化战略部署。2013年，投资纳米材料及其装备的研发、生产与应用，运营纳米金属材料和石墨烯材料，总投资超过3700万元。2015年建成年产百吨高质量石墨烯生产线及下游应用产品生产线，充分利用本地资源优势，开展现代农业，以有机稻米为主导产业，以特色果树、设施蔬菜、生态养殖为辅助产业，以观光休闲和文化创意为延伸产业。

三、我国水泥用灰岩公司发展形势分析

2015年上半年，我国水泥市场需求持续低迷，预计产量同比下降6%左右，是21世纪以来首次半年出现负增长的年份。固定资产、房地产投资双双回落，尤其是房地产新开工项目减少和在建项目复工迟缓、投资失速使致水泥下游需求疲软态势进一步加剧。

水泥需求的下降导致产能利用率降低，新线仍在投产加剧产能严重过剩，市场竞争日益激烈，价格降幅创新低。水泥市场"量价齐跌"，水泥企业亏损加大，行业发展堪忧。根据国家统计局统计，2015年前5个月，我国水泥行业累计实现利润仅为93.27亿元，同比去年下滑64%，利润率仅为2.8%，是2007年以来最低水平。

（一）需求端的发展形势

固定资产投资和房地产投资出现明显下滑，水泥下游需求进一步萎缩，但基础设施

建设投资仍保持稳定增长，支撑了水泥行业的需求。

2015年1~5月，我国固定资产投资为17万亿元，增速为11.4%，较2014年同期下降了5.8个百分点。2015年5月，我国固定资产投资为5.1万亿元，增速为9.9%，较2014年同期下降了7个百分点。

2015年1~5月，我国基础设施建设投资为3.8万亿元，增速为18.7%。仅5月基础设施建设投资为1.2万亿元，增速为15%。2012年下半年至2015年，基础设施建设投资一直是"稳增长"的引擎。

2006~2015年，我国水泥产量、房地产投资和基础设施建设投资增速关系如图2-28所示。

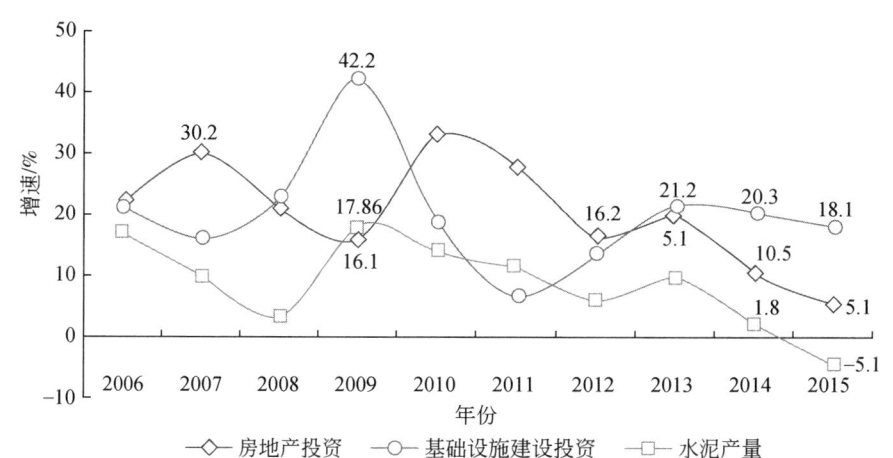

图2-28 2006~2015年我国水泥产量、房地产和基础设施建设投资增速关系
注：图中2015年为1~5月数据。
资料来源：国家统计局

（二）水泥产量变化：同比负增长，降幅逐渐扩大

根据国家统计局统计，2015年前5个月，我国水泥产量为85734万t，同比2014年下降5.07%，增速水平较2014年同期下降8.6个百分点。从月度看，下降幅度逐月扩大，从3月的同比下降3.38%扩大到同比下降5.07%。

从区域来看，2015年1~5月水泥产量六大地区无一增长，全部下行。下降幅度最大的依次是东北、华北、西北，降幅均超过2位数，西南下降幅度最小，仅为0.29%，见表2-15。

表2-15 2015年1~5月我国水泥产量和熟料产量统计

区域	水泥产量/万t	同比增速/%	占比/%
全国	85 734	-5.07	100.00
华北	6 530	-14.84	7.62
东北	3 007	-23.32	3.51
华东	28 718	-4.18	33.50

续表

区域	水泥产量/万 t	同比增速/%	占比/%
中南	24 874	-1.42	29.01
西南	16 091	-0.29	18.77
西北	6 514	-11.80	7.60

（三）供给端的变化：投资增幅下降，产能继续增长

2015年上半年，我国新增新型干法水泥熟料生产线15条，水泥熟料设计总产能为2093万t，同比2014年上半年减少1422万t，降幅为40%。分区域来看，我国水泥熟料总产能主要集中在广西、山东和甘肃等地，分别为388万t、310万t和310万t。中国水泥协会数字水泥网跟踪情况分析，上半年因市场需求低迷、行情较差，有近700万t已具备点火的产能推延至下半年，预计下半年新增产能在2300万t左右。这样，2015年我国水泥熟料总产能将超过18亿t以上，按上年的水泥熟料与水泥产能之比可知，今年水泥总产能将超过35亿t，如果今年水泥产量维持去年水平，我国水泥行业产能利用率会在去年74%基础上下降至70%。

从中国水泥协会跟踪我国近5年水泥熟料产能利用率的月度数据来看，2015年为同期最低水平；从全年的月度周期看，每年5月、6月通常为全年水泥熟料产能利用率最好的月度，但2015年5月水泥熟料产能利用率不到70%；意味着产能过剩压力在需求下行的背景下逐渐加大且有进一步下行的风险。如图2-29所示。

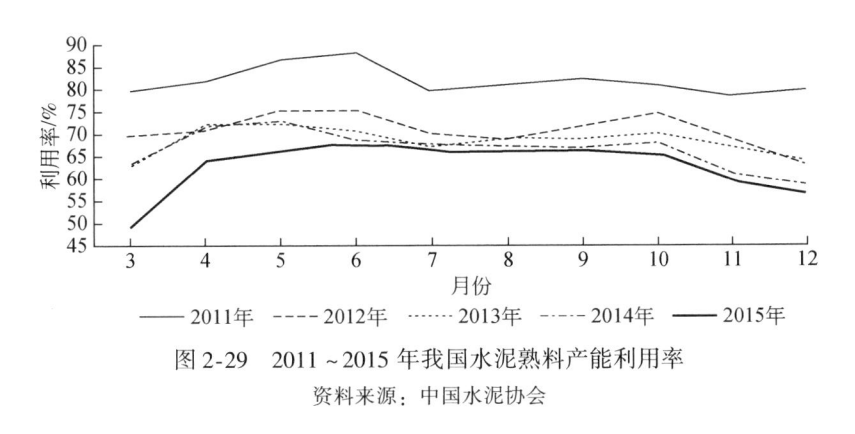

图2-29　2011~2015年我国水泥熟料产能利用率

资料来源：中国水泥协会

（四）经济效益情况：亏损加大，盈利收窄

据国家统计局统计，2015年前5个月，我国水泥行业累计实现利润仅为93.27亿元，同比去年大幅下滑64%，销售利润率仅为2.8%。从历史看，这已经是自2007年以来的最差水平，如图2-30所示。

从区域来看，华北地区、西北地区、东北地区依旧全行业亏损，西南地区、华东地区、中南地区同比去年同期大幅度下滑（表2-16），从31个省份表现来看，除西藏以外，其余省份无一幸免，不是亏损就是同比去年大幅下滑。

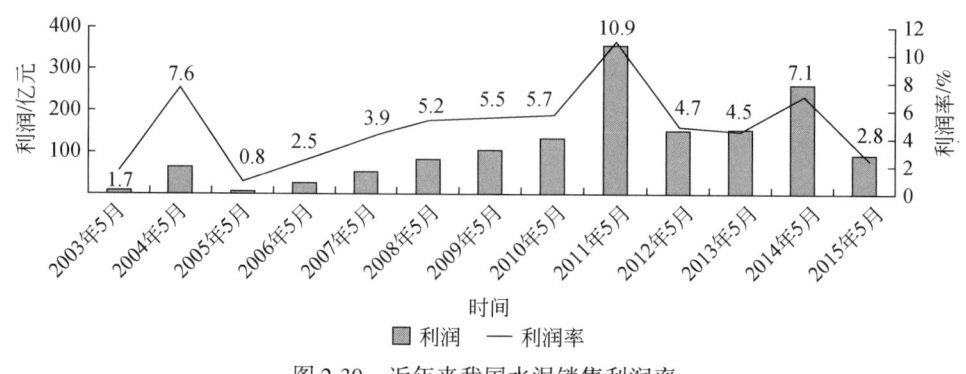

图 2-30 近年来我国水泥销售利润率

资料来源：中国水泥协会

表 2-16　2015 年 1～5 月我国水泥利润

区域	利润总额/亿元	去年同期/亿元	同比增速/%
全国	93.27	261.42	−64.32
华北	−18.29	−13.18	−38.70
东北	−6.51	7.99	−181.49
华东	62.33	125.89	−50.49
中南	62.28	103.92	−40.07
西南	2.60	34.02	−92.35
西北	−9.15	2.78	−429.24

资料来源：国家统计局，中国水泥协会

从亏损面来看，亏损额超过 100 亿元，为历史最高。亏损水泥企业数达到 1339 家（含粉磨站），占全部水泥企业数的 40%。同时，煤炭价格的大幅下滑，并没有给水泥行业带来更好的效益，反而为价格下行提供了空间。

（五）水泥价格：恐慌式下跌，屡创新低

2015 年 4～6 月，我国水泥行业传统的市场"小阳春"未能如期而至。受宏观经济持续下滑，市场需求疲软及部分地区暴雨天气影响，旺季市场比淡季甚至还要惨淡，多地呈现"量价齐跌"的局面。中国水泥协会数字水泥网监测数据显示，2015 年 4～5 月，全国水泥市场平均成交价同比分别下跌 16.21% 和 18.6%，下跌幅度逐月扩大。

从 2006～2015 年月度水泥价格走势图中可以看出，2015 年 6 月的水泥价格较 2012 年三季度和 2013 年一季度淡季的最低点还要低 30～40 元/t。这一方面是由于煤炭价格也是处于历史低位，水泥价格不断追随成本下降寻找最底端；另一方面是企业对市场存有的悲观预期，放大对市场需求的不振，尤其是同区域大企业之间竞争激烈，导致价格出现恐慌式下跌。如图 2-31 所示。

分区域来看，2015 年 4～6 月，我国六大区域中无论是环比还是同比均无一例外全线走低，其中跌幅最大的是西南地区，4 月和 5 月同比跌幅分别为 24% 和 28%，超过华

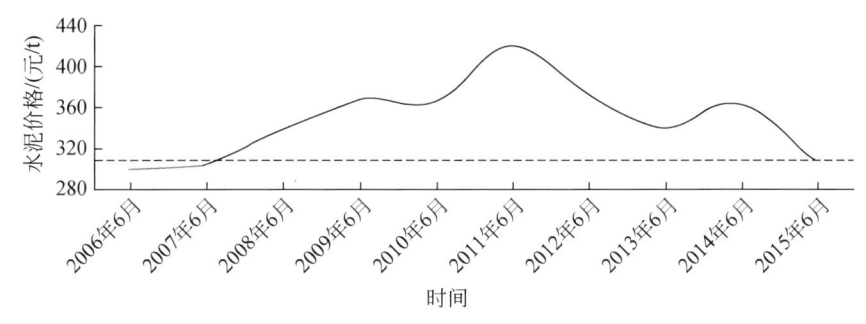

图 2-31　2006~2015 年上半年全国水泥价格走势（P·O42.5 散）

注：P·O42.5 散指散装水泥。

资料来源：国家统计局，中国水泥协会

东地区和中南地区。西南地区贵州受新增产能释放影响，价格出现暴跌，企业出厂价仅为 180~190 元/t，全部出现亏损。华东地区同比跌幅仅次于西南地区，4 月和 5 月均在 23% 左右，这是由于一方面上年价格基数较高，另一方面是需求受房地产形势影响萎缩较为严重，多数企业都想"以价换量"保运转率，无法进行行业自律所致。华北地区价格已在底部的区域在 4~5 月也出现再次下挫，主要是煤价成本下降打开了价格下跌空间，使区域水泥价格平均下滑 20~30 元/t，绝大多数企业处于亏损，但为保证现金流，采取了降价减产的方法。

（六）当前水泥行业的主要矛盾及措施建议

1. 导致 2015 年上半年水泥行业效益下行的主要原因

一是需求因素，需求持续低迷，产能利用率下降，过剩压力有增不减，多数地区库存高涨。二是市场因素，企业为挣得市场份额，产品让利不让市，导致价格持续走低，许多竞争力弱的小企业早已停产或半停产。三是企业心态，一方面大企业之间斗气拼实力，前两年优势企业都在市场中获利丰厚，有一定的资金储备和利润积累，加上大企业融资能力强，一改过去市场竞争合作的做法，唯价格成本优势说话；另一方面部分大企业认为，低价市场竞争，倒逼一批劣势小企业退出市场，有利于淘汰落后产能，同时也为大企业的兼并重组创造条件，以降低收购成本。

2. 行业发展主要矛盾分析

需求走低与新增产能叠加，加剧了水泥产能严重过剩矛盾。部分地方政府无视产能严重过剩行业的项目投资，只要投资政绩，不管企业、行业是否有经济效益。长期低价竞争，出现大量企业亏损，职工降薪、失业风险加大，但低价竞争又有利于加快淘汰落后产能的市场动能。

3. 措施建议

一是严控新增产能。产能已经全面过剩，应该停止产能置换的核准新上水泥项目的政策。应明令各地政府禁止核准新的水泥项目，包括以开展城市垃圾处置、工业废渣利用、PVC（polyvinyl chloride，聚氯乙烯）项目配套处置电石渣而新建水泥项目。所有的废渣、废物处置必须利用周边现有的水泥企业进行。

二是维护市场公平竞争。政府市场监管和执法部门不能光反垄断，对低价倾销的不公平竞争也要监管和执法。任何企业的产品售价低于同期行业的平均售价时，对行业的整体利益都会带来很大冲击，在此基础上，企业的净利润如果还低于银行同期利率，就怀疑是否有恶意竞争行为。政府要支持行业协会开展行业自律公约，鼓励大企业之间共同维护市场公平竞争环境。

三是金融方面要在企业兼并重组和技术改造方面给予支持，不能因为水泥行业是产能过剩行业而拒绝融资。对于水泥窑协同处置项目要尽快出台优惠政策，加大支持力度。由于能源、资源、环保成本的逐年加大，应适度减免和取消水泥企业的有关税费，尤其像水泥散装基金收费等。

四是尽快出台支持水泥企业错峰生产常态化的鼓励政策。北方地区在冬季燃煤锅炉采暖期间，烧煤的水泥窑也同步全部停产的错峰生产措施，在2015年试行后效果良好，社会反映积极。错峰既减少了北方冬季因燃煤增加带来的污染物排放量，也降低了企业财务成本，在一定程度上起到了化解产能过剩的作用。

五是引导有实力的企业"走出去"，参与"一带一路"的海外水泥项目投资。鼓励水泥产业链的延伸和适度的多元化投资，增强企业的竞争实力和抗风险能力。

六是开展水泥企业信用评级，推行企业社会责任。企业的市场行为和社会责任的承担最终都离不开人的作为，开展企业信用评级和推行企业社会责任是帮助企业进行品牌建设与文化建设，有利于企业可持续发展。

七是建议将商品混凝土行业纳入工业和信息化部管理。商品混凝土企业是具有原材料生产制造企业的属性，而非建筑施工单位。国外的水泥企业对市场供应的产品主要是混凝土，尽快理顺我国混凝土行业管理，有助于企业兼并重组和市场规范。

第四节 水泥用灰岩行业的全球经略能力分析

一、水泥用灰岩资源占用分析

世界上绝大多数国家的水泥用灰岩资源丰富。欧洲各国水泥用灰岩矿床分布广泛，美国、俄罗斯、日本、印度等国家水泥用灰岩资源丰富，几乎各个地质时代地层中均有水泥用灰岩产出。据资料统计，日本水泥用灰岩储量达450亿t，按目前年采1.5亿t估算，可开采300年，但日本为了保护环境和资源，水泥工业向国外发展。亦有少许国家（如新加坡、非洲部分国家）的水泥用灰岩资源贫乏。

我国水泥用灰岩资源分布范围广、储量大、质优，地表水泥用灰岩远景储量十分巨大，见表2-17。

表2-17 2015年我国水泥用灰岩矿床储量、基础储量、资源量和查明资源储量

矿山规模	矿区数量/个	基础储量/万t*		资源量/万t	查明资源储量/万t	储量/%	基础储量占比/%	资源量占比/%	查明资源储量占比/%
			储量						
大型	202	1 741 823	1 440 285	1 459 147	3 200 970	59.83	58.26	63.14	60.39
中型	420	1 004 564	778 508	642 261	1 646 825	32.34	33.60	27.79	31.07

续表

矿山规模	矿区数量/个	基础储量/万t* 储量	资源量/万t	查明资源储量/万t	储量/%	基础储量占比/%	资源量占比/%	查明资源储量占比/%
小型	630	243 364　188 323	209 522	452 886	7.82	8.14	9.07	8.54
合计	1252	2 989 751　2 407 116	2 310 930	5 300 681	100.00	100.00	100.00	100.00

*储量是基础储量中的经济可采部分，此处基础储量为矿业统计行业规范，后同。

资料来源：矿产资源中长期发展规划

根据1999年储量表统计，我国保有查明水泥用灰岩资源储量的矿石质量均比较好，一般都符合制造高标准水泥要求。各矿区平均品位CaO大于51.0%的矿山有908处，其中MgO小于3%的矿山有858处，K_2O+Na_2O小于0.6%的矿山有578处；CaO大于48%小于51%的矿山有291处，其中MgO小于3.5%的矿山有275处，K_2O+Na_2O小于1%的矿山有119处。

我国石灰岩量大、质优的矿床主要赋存于寒武系、奥陶系、泥盆系、石炭系、二叠系和三叠系层位中，此外，元古界、志留系中也有一定量的质优的可供工业利用的石灰岩矿。我国石灰石主要赋矿层位CaO、MgO平均化学成分见表2-18。

表2-18　我国石灰岩主要赋矿层位CaO、MgO平均化学成分

层位	∈寒武系	O奥陶系	D泥盆系	C石炭系	P二叠系	T三叠系
矿床数/处	11	12	15	14	10	12
CaO含量/%	51.72	52.06	52.70	53.37	53.04	52.12
MgO含量/%	1.62	1.05	0.96	0.64	0.86	0.93

通过分析可知，目前我国已查明的石灰岩资源储量大部分为优质石灰岩，主要分布在中南地区、华东地区、西南地区的泥盆系、石炭系、二叠系、三叠系等层位中，寒武系、奥陶系中的石灰岩矿床主要分布于华北地区。

我国水泥用灰岩矿床绝大部分为化学和生物化学沉积型矿床，少量为沉积变质型及其他类型。沉积型矿床为1220处，占矿区数的97.44%，沉积变质型矿床为24处，占1.92%，其他类型矿床为8处，占0.64%。我国资源量丰富，矿石质量好。如图2-32所示。

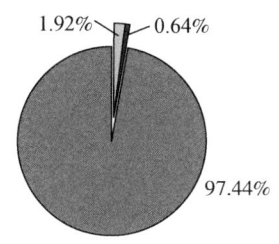

图2-32　我国水泥用灰岩各矿床类型占比

二、运输通道控制、市场控制分析、权益保护能力分析

运输通道（transport corridor）又称交通运输通道、运输走廊，于 20 世纪 60 年代首先出现在美国，随后国内外学者从不同角度解释了其含义，但至今没有形成统一定义。

《公共运输词典》中定义运输通道为："某一区域内，连接主要交通流发源地，有共同流向，有几种运输方式线路可供选择的宽阔地带。"美国 W. L. Garrison 将运输通道定义为："在交通运输投资集中的延伸地带，运输需求大，交通流密集，多种不同的运输方式在此相互补充，提供服务。"

中国科学院的张文尝认为："运输通道是连接不同区域的重要、便捷的一种或几种运输干线的组合。"我国交通系统工程专家张国伍从交通流的角度对运输通道进行解释，其认为运输通道是为承担两地间已达到一定规模的单向或双向交通流而建设的交通运输线路的集合。黄承锋将运输通道分为广义与狭义，其认为广义运输通道是客货流流经地、运载工具、线路及管理系统的总和。李德刚认为运输通道是一个系统，有多条路径与附属设施组成的有强大交通流的交通运输带。

运输通道并非一条线路，一种运输方式，而是为承担较大的交通流由多种运输方式多条线路组成。运输方式包括公路、铁路、水路、航空、管道五种方式，水路又分为河运和海运。

由于水泥用灰岩不适合长距离运输，一般采取就近取材的方式开采，所以我国对运输通道的控制能力、市场控制能力和权益保护能力对水泥用灰岩的可持续发展潜力带来的影响较小。

第五节 我国水泥用灰岩可持续发展潜力分析

2020 年，我国将全面建成小康社会，基本实现工业化。矿产资源作为我国经济发展的重要原料，在工业化的发展中起着举足轻重的作用。水泥用灰岩在矿产资源中占有很大的比例。随着水泥工业经济的快速发展，对水泥用灰岩矿产资源的消耗日益增多，其供需矛盾也日趋紧张，导致对国际市场的依赖程度增加，而水泥用灰岩矿产资源又是不可再生资源，这些问题严重制约着我国经济的可持续发展。

近几年，我国加大对矿产资源勘探力度，水泥用灰岩资源查明量较往年有所增加。下面分别从矿山调查和勘查的资金投入强度，综合储采比（开发年限）、综合环境效应（单位产值排污量）、社会效益、能耗水平、水耗水平、替代资源、二次能源、可再生资源的利用率等方面分析我国水泥用灰岩的可持续发展潜力。

一、矿山调查和勘查的资金投入强度分析

我国水泥用灰岩矿勘查以建材系统地质队伍为主，兼有地矿和其他工业部门地质队。中华人民共和国成立 60 多年来，全国水泥用灰岩资源勘查每年均投入了一定量的资金，累计查明资源储量为 1282.28 亿 t。从总体投入上来看，2014 年全国地质勘查投入总体减少。《地质工作形势跟踪与分析（2014）》显示，经初步统计，2014 年全国地质勘查投入资金为 415 亿元，较 2013 年的 460 亿元减少了 45 亿元，同比减少了 10%，

较 2012 年同比减少 8% 又增加了 2 个百分点。2015 年我国地质勘查投入延续了近年来的下滑态势，以 2012 年为拐点，继续下行。2015 年全国地质勘查投入资金为 327.97 亿元，同比减少了 21%。

2009 年，随着金属价格的上涨，全球勘查形势回暖速度超过预期，勘查投入大幅度增加，2010 年与 2011 年分别同比增长 44% 与 50%。2012 年勘查投入增速放缓，市场开始变冷，从 4 月开始，许多勘查公司发现市场融资困难，不得不削减勘查活动，这种趋势一直延续至今。

数据显示，2015 年中央财政投入进一步聚焦基础性、公益性地质调查和战略性矿产勘查工作，共投入 83 亿元，同比减少 7%，占总经费的 20%。其中，地质矿产调查评价专项资金为 74 亿元，同比增长 5%；海洋地质矿产保障工程中海洋基础地质调查为 3 亿元，同比减少 6%。

地方财政在地质勘查工作方面的投入下降明显。2015 年，地方财政投入地质勘查资金为 94 亿元，同比减少 24%，占总量的 23%，主要减少了矿产勘查方面的投入。减少较多的省份有内蒙古、河北、湖南、甘肃、新疆、贵州等，减少金额在 3 亿元以上。

社会资金投入地质勘查减速回落。2015 年投入地质勘查工作的社会资金为 238 亿元，同比减少 4%，占总量的 72.6%。减少较多的省份有贵州、湖南、安徽、山东等。值得一提的是，社会资金投入较 2014 年减少 16%，回落了 12 个百分点。

水泥用灰岩矿勘查单位成本以元/t 来表示。表 2-19 列出所查明的单位储量的平均勘探费用。

表 2-19　我国水泥用灰岩勘探成本

项目	1981 年	1982 年	1983 年	1983 年	1990 年	1992 年	2003 年	2008 年	2010 年	2014 年	2015 年
矿床数/处	2	7	2	2	1	1					
工作程度	勘探	勘探	勘探	勘探	勘探	勘探					
勘探投资											
查明储量/亿 t							634.43	864.86	1020.9	1235.1	1282.3
勘探成本/(元/t)	0.0033	0.0054	0.0024	0.0031	0.0045	0.0052					

从表 2-19 中可见，我国水泥用灰岩矿勘探费用在 0.0024~0.0054 元/t，与其他矿种比较，水泥用灰岩矿勘探成本相对较低。水泥用灰岩矿开采成本的高低，与矿山开采规模大小、采矿方法、机械化程度、运输距离和运输方式及矿山经营环节有直接关系。我国水泥用灰岩矿山大多数为露天开采，开采成本相对较低。以北京地区周口店、昌平凤山、怀柔河防口、顺义长山和海淀寨口几个石矿开采成本为例（原矿成本）分析，见表 2-20。

表 2-20　北京地区水泥用灰岩矿石开采成本表

矿山名称	采矿方式	运输方式	经营方式	价格/(元/t)	备注
周口店	人工爆破	汽车	民采	—	—

续表

矿山名称	采矿方式	运输方式	经营方式	价格/(元/t)	备注
凤山	机械化	汽车	企业	6.00	—
河防口	机械化	汽车	企业	11.00	含设备折旧、环保等
长山	人工爆破	汽车	民采	9.00	含运费
寨口	机械化	汽车	企业	7.00	—

我国水泥用灰岩矿山全部为露天开采，有三个显著特点。

1）不需选矿，相对地下开采或者金属矿山，水泥用灰岩矿山建设投资规模小，资金筹措容易。走访了20家水泥用灰岩矿山企业，对于年生产为100万~200万t矿石的中小型企业，建设时间都比较早，折算为现在水用灰岩矿山总投资平均在2500万~4000万元。近年建设的水泥用灰岩矿山规模都比较大，如都江堰拉法基、海南华盛①、重庆金九②、珠江水泥③均是年产500万t水泥矿山，各水泥矿山的运输方式、剥采比、道路情况不同，投资不同，建设总经费为7500万~13 000万元，海螺水泥池州、安徽枞阳、广东英德分公司建成的1000万t产量的水泥矿山投资在12 000~20 000元，见表2-21。

表2-21 我国水泥矿山建设资金情况

矿山规模/万t	建设投资/万元	建成周期/年	实例
100	<3000	0.8~1	
200	3000~7000	1~1.5	
500	7500~13 000	1~2	都江堰拉法基、海南华盛、重庆金九、北京金隅门头沟、珠江水泥
1000	12 000~20 000	1~2	安徽枞阳、海螺水泥池州、广东英德

2）开采技术简单，开采装备全部可国产化，已有各种类型的矿山为新建矿山提供了建设经验，建设周期短。

3）我国水泥生产企业已经规模化，技术先进，产业集中度很高。截至2015年底，我国有25家水泥企业生产规模达到1800万t以上，水泥熟料生产能力为10.4亿t，占全国水泥熟料产能的59.39%。我国排名前十家的水泥企业及其熟料产能情况如图2-33所示。

海螺、天瑞④、华润、台泥、冀东均有自己的水泥灰岩矿山。部分矿山采用自营和

---

① 海南华盛为海南华盛天涯水泥有限公司的简称。
② 重庆金九为重庆金九控股集团有限公司简称。
③ 珠江水泥为广州珠江水泥有限公司简称。
④ 天瑞为天瑞集团水泥有限公司的简称。

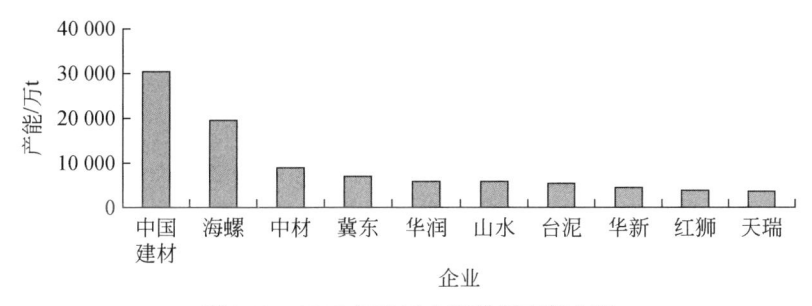

图 2-33　2015 年我国水泥熟料产能十强

外购的混合方式或者长期合同方案外购原料，如北方①、中联②、西南③、中材、山水等，这为企业正常生产提供了坚实的供应能力。当企业矿山供应能力不足时，这些企业可很快地增加供应能力。这些特点也决定了在我国水泥生产中，具有较高的水泥用灰岩供应能力和保障能力。除了由于特殊原因（如气候），未出现过水泥用灰岩原料供应不足的情况。截至 2015 年，我国现在开采的水泥用灰岩矿山约 5000 座，总计生产水泥用灰岩近 24 亿 t 以上，实际产能可达到 30 亿 t 以上，为我国水泥工业提供了坚实保障。

二、综合储采比（开发年限）分析

综合储采比又称回采率或回采比，是指年末剩余储量除以当年产量得出的剩余储量，也即是按当前生产水平尚可开采的年数。

综合储采比越大，资源利用越充分，在同样的开采规模下，矿山服务年限延长，基础设施建设投资折旧费用相应减少。影响综合储采比的主要因素有：①矿产资源赋存条件。例如，矿产埋藏深度、矿体产状（矿层厚度、倾斜度、夹石剔除厚度）、矿体围岩性质及区域地质构造等。②开采利用方式。例如，井下或露天开采。③采矿技术装备。例如，开采、装运与选矿设备等。

由于我国水泥用灰岩矿山的开采基本上是露天开采，剥离量一般较少，矿山规模相对较大，工作场地宽阔，大型矿山机械化程度高，采掘方法合理，运输方式多。小型矿山采用简单的人工爆破等方法开采，再则，水泥用灰岩矿山一般不需要进行选矿。所以，水泥用灰岩矿山生产能力大，完全可以满足水泥生产的需要。

根据资料统计，2014 年，我国水泥年生产能力约为 33 亿 t，水泥产量达到 24.9 亿 t，水泥用灰岩开采能力，按水泥产量 1.4 : 1 反算，计算出历年来水泥用灰岩生产产量（不包括化工冶炼等），可大致看出水泥用灰岩生产能力的基本情况，见表 2-22。

---

① 北方为北方水泥有限公司的简称。
② 中联为中国联合水泥集团有限公司的简称。
③ 西南为西南水泥有限公司的简称。

表 2-22　1949~2015 年我国查明水泥用灰岩资源储量及开采量　（单位：万 t）

年份	查明资源储量	年开采量	水泥产量	年份	查明资源储量	年开采量	水泥产量
1949	—		66	1977	588 083.50	8 348	5 565
1950	—	210	140	1978		9 786	6 524
1951	—	374	249	1979		11 085	7 390
1952	—	434	289	1980		11 979	7 986
1953	80 448.60	582	388	1981	82 345.90	12 435	8 290
1954		690	460	1982		14 280	9 520
1955		675	450	1983	3 772 871.00	16 238	10 825
1956		959	639	1984		18 453	12 302
1957		1 029	686	1985		21 893	14 595
1958	49 673.60	1 395	930	1986		24 909	16 606
1959		1 841	1 227	1987		27 938	18 245
1960		2 348	1 565	1988		31 520	21 013
1961		932	621	1989		31 545	21 030
1962		900	600	1990		31 457	20 971
1963	207 765.40	1 209	806	1991		37 892	25 261
1964		1 814	1 209	1992		46 233	30 822
1965		2 447	1 631	1993	790 681.00	54 500	36 333
1966	283 438.00	3 023	2 015	1994		63 179	42 119
1967		2 193	1 462	1995		71 387	47 591
1968		1 893	1 262	1996		73 818	49 212
1969		2 744	1 829	1997		73 890	49 260
1970		3 863	2 575	1998		79 050	52 700
1971	232 167.00	4 737	3 158	1999		86 550	57 700
1972		5 321	3 547	2003	634.43	120 680	86 200
1973		5 597	3 731	2008	864.86	198 800	142 000
1974		5 564	3 709	2010	1 020.9	263 200	188 000
1975		6 936	4 626	2014	1 235.1	348 880	249 200
1976	588 083.50	7 005	4 670	2015	1 282.28	331 800	237 000

资料来源：国家地质勘查局

从表 2-22 中看出，我国水泥用灰岩矿产的开采能力基本上是与水泥生产能力同步的。从综合储采比上看，我国水泥用灰岩的可持续发展能力还是比较可观的。不过从长远看，我国仍需要不断提高矿产开采技术，提高矿山回采率，降低矿山开采的损失率。

三、从综合环境效应、社会效益、能耗、水耗等分析

单位产值排污量又称工业污染物产生系数。相应于每单位产值的某种污染物的排放量（单位为 kg/万元），是衡量经济-环境的一种宏观指标，也是预测经济发展对环境影

响的重要基础数据。

近年来，我国紧紧围绕国家节能减排约束性目标任务，以工业绿色低碳转型发展为目标，狠抓工业节能降耗、清洁生产和资源综合利用技术进步，取得了积极成效。"十一五"期间，全国规模以上工业单位增加值能耗下降26%，实现节能量7.5亿tce，以年均6.98%的能耗增长支撑了年均11.57%的工业增长。"十二五"前四年，我国工业能耗累计下降了21%，工业水耗累计下降了22%左右（图2-34），基本实现了"十二五"预计目标。工业节能、节水、资源综合利用、环保、废水循环回用等关键成套设备和装备产业化示范工程积极推进，节能环保产业快速发展，为资源节约型和环境友好型社会建设提供了有力支撑。

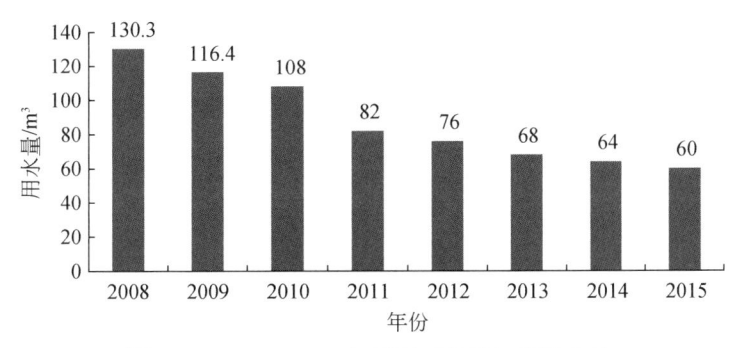

图2-34　2008~2015年万元工业增加值用水量
资料来源：国家地质勘查局

四、从替代资源、二次能源、可再生资源的利用率等分析

2015年，我国灰岩矿产保有储量约为542亿t，基础储量位居世界第一，其中水泥用灰岩占93%，达504亿t。在地质方面，我国水泥用灰岩主要蕴藏在石炭纪、二叠纪和三叠纪地层，面积约为43.8万 km^2。近年来，我国水泥产能的快速扩张致使超规模地开采水泥原料灰岩，仅2013年开采量就超过24亿t。由于历史查明储量不足、品位不高、利用不够，且年均新增储量小，水泥灰岩矿山后续可采资源逐渐显现匮乏。在我国水泥大省山东，尤其是水泥之乡的枣庄地区，一些水泥企业已面临水泥用灰岩原料枯竭，只得向民间购买。

目前，国家提倡扩大地方性原料、低品位原料、工业废渣、二次原料等替代燃料、燃料的利用，建设节约型建材工业，把水泥企业变成城市生态的守护者，成为最好的协同处置工具。

水泥工业是我国高能耗、高污染的行业之一，是今后我国实施节能减排工作的重点行业。水泥窑使用可燃废弃物作为替代燃料，不仅是实现我国水泥工业可持续发展的战略方向，而且是我国处置废弃物的一个重要发展方向，是实现我国发展循环经济和走可持续发展道路的必然选择，是一项功在当代、利在千秋的事业。

早在20世纪70年代，发达国家就已开始采用水泥窑处理危险废弃物。以美国为例，已有几十家水泥企业将危险废弃物作为替代燃料，在水泥窑上进行焚烧处置，其替代量一般为20%~60%。而目前欧洲的个别水泥企业替代率可达80%以上。德国于

1995年底在汉堡附近建设了一台日产4500t的回转窑水泥生产线，同时用于焚烧垃圾。

韩国、巴西、墨西哥及我国台湾等工业并不十分发达的国家和地区，利用水泥回转窑处理城市垃圾废弃物的占比也相当高。甚至在一些发展中国家，如印度尼西亚、泰国、摩洛哥、巴基斯坦及印度等，也有相当数量的处理各种危险废弃物的水泥厂在运转。

据美国和德国环境保护部门对水泥回转窑的监测表明，水泥回转窑使用危险废弃物替代原、燃料，不仅对环境没有危害，而且被列为现有最佳示范技术。根据日本麻省水泥株式会社的一份资料显示，日本在水泥回转窑上处置工业危险废弃物方面具有面广、量多的特点，目前已经能够处理包括生活污泥在内的多种危险废弃物。

据乐观估计，我国水泥行业替代燃料率仍不足2%，处于起步阶段，发展空间巨大。下一步水泥行业应重点开发水泥工艺替代燃料利用方面的技术、装备，特别是利用市政垃圾作为替代燃料的技术、装备。一座日产2000t熟料的生产线一年市政垃圾的消纳量相当于一座50万人口规模的城市一年的市政垃圾。我国的水泥产量约占全世界的水泥产量的60%，能源消耗量巨大。同时，我国正处于城镇化发展阶段，垃圾围城问题日益严重，当前我国年产生活垃圾近3亿t，现存垃圾为80亿t，约400座城市堆积大量生活垃圾均可以考虑协同处置，2015年，全国共有10条垃圾处理生产线在运转和试运转，年处置垃圾量约为180万t，不足年产垃圾量的1%。如果在400座城市周边改造600条日处理1000t的垃圾处理生产线，全年就可以处理生活垃圾1.8亿t。应该充分进行垃圾分级，可节约部分石灰石资源、煤炭资源和混合材料资源，这样既解决了环保问题又节约了资源，所以国家应该予以提倡和加大这方面的技术投资与政策补贴，寻求提高生活垃圾的掺入量和增加城市垃圾处理生产线的处理能力，努力延续石灰石、煤炭及混合材料的服务年限，实现保护生态、减少土地侵占和节约资源，起到一举多得的作用，这可能是我国解决近年来日益严重的能源、环保问题的重大突破口之一。

对于替代燃料利用技术，从技术、资金、政策方面来看：①技术上国外已相当成熟，我国可以通过引进消化吸收及自主研发解决；②资金上大型水泥企业也不存在问题；③政策上国家鼓励引导措施有待加强，如财政补贴、税费减免等。从根本上来说，只要企业使用替代燃料比使用化石燃料收益更客观，企业在趋利性的驱使下会自主采用该技术。只有通过技术进步、政策支持等使企业在使用替代燃料比使用化石燃料的成本继续下降，才能继续推进这项工作的顺利进行。经济激励政策是促进水泥窑使用替代燃料的关键，环保政策是水泥窑使用替代燃料的保障。

二次资源通常是相对于自然资源而言的，有时也称再生资源，即一般意义上的废弃物资源。所谓再生，实际上是指二次资源的再生利用。废弃物资源在物质性能上的可再生性，是其可二次利用的根本。循环利用二次原料是人类科学技术进步的结果，是保证自然资源合理开发利用，保持资源循环的必要手段，也是当今循环经济发展的重要内容。利用二次资源替代水泥用灰岩（不可再生资源），既可以保护资源又可以有效利用废物，其符合循环经济的要求。目前已经有不少水泥企业在合理利用二次资源，并逐渐形成成熟的生产技术。

数据表明，我国矿产资源总回收率和共伴生矿产资源综合利用率分别为30%和35%左右，比国外先进水平低20个百分点，资源利用水平差距较大。

我国矿产二次资源的利用潜力巨大，在大力推进矿产二次资源开发的过程中，努力开展技术创新活动，一些人工矿产就有望得到开发和利用，而且其开发利用的成本要远远低于寻找同类型矿床投入的地勘费用。国内某些企业在矿产二次资源的开发利用方面取得了一定的成效，如上海宝钢集团在此方面就取得了可喜的进展，综合处置利用率接近100%，渣、灰、泥、油等主要工业废弃物综合利用业正在向专业化、产业化方向发展。

第六节　水泥用灰岩强国战略面临的问题、挑战与机遇

一、面临的问题

实现我国水泥用灰岩强国战略所面临的问题主要有三个。

（一）可保障年限缩短，储量结构失衡

近年来，受经济发展和投资拉动的影响，我国水泥产能迅速扩张，水泥产量也高速增长，水泥用灰岩资源的消耗量逐年增大。但我国水泥用灰岩的资源勘查工作较为落后。虽然在人口集中、城镇密集、工业发达的地区，水泥用灰岩矿产资源地质勘查评价工作程度较高，但边远地区，特别是西部地区，尽管远景储量和预测资源量很大，但勘查程度低，有的甚至是空白区，资源储量增长速度落后于水泥生产消耗速度。因此水泥用灰岩的资源保障年限显著缩短。另外，我国水泥用灰岩全国储量静态可保障年限由2007年的17.6年下降到2010年的10年左右，而查明储量静态可保障年限由2007年的26.1年增加到2010年的97年，储量结构开始显现比例失衡。

（二）资源开发不均衡

综合我国水泥产业布局和水泥用灰岩资源分布可以看出，华东地区和西南地区资源相对短缺，西北地区资源较为富足。长三角、珠三角等发达地区和水泥生产大省的资源十分短缺。同时，江苏、安徽、四川等省份，由于水泥产能较大，水泥用灰岩资源的消耗速度很快。虽然有较大的资源储量，但是仍然面临着较为严峻的资源危机。各省份的资源开发也不均衡。

（三）资源综合利用效率低下，矿山环境破坏严重

开采加工水平落后是包括水泥用灰岩在内的我国非金属矿工业的最大问题之一。目前，我国水泥用灰岩资源在开采、加工过程中亦存在着开采水平不高的问题，导致资源回收率不高，浪费严重。有些矿山由于开采难度大而未得到有效开发利用，这个问题尤其表现在民营、小型水泥企业和矿山企业中。总体来讲，我国水泥用灰岩矿山资源综合利用效率和矿山复垦绿化工作与发达国家相比尚有巨大的差距，矿山治理工作亟待加强。

二、面临的挑战

与国外先进国家相比，我国综合利用水泥用灰岩资源矿山开采还显得"粗放"，即

对资源地质工作重视程度不够，矿山开采中对生产勘探重视不足，存在重产量而轻视资源搭配利用问题，如对水泥用灰岩矿体的围岩、夹层和覆盖物不认真研究就剥离剔除、堆放，造成某些基本符合水泥生产条件的硅铝质原料被抛弃浪费。

目前，我国大型水泥用灰岩矿山普遍采用钻机钻孔、挖掘机铲装、汽车装运、矿山台段式下降的开采方式，随着国家加强对矿山资源有偿使用的监管，矿山资源的搭配和综合利用，既有利于降低采矿成本、减少资源浪费，也有利于矿山的环境保护，其已经成为各个水泥企业节能降耗的重点工作。充分利用这类低品位原料资源，可大大扩充我国水泥用灰岩资源储量。

三、面临的机遇

为促进水泥企业节约与综合利用资源，国家出台了矿产资源补偿费减免政策，各地充分发挥矿产资源补偿费减免政策的引导作用，对采用先进适用技术综合利用废石、尾矿及开采低品位矿产资源的企业依法给予减免。这样既节省了开支，又减少了资源消耗，保护了天然资源和环境，为环保事业做贡献，实现可持续发展。

近年来，我国水泥工业通过加快转变经济发展方式，推动产业结构优化升级，加强能源资源节约和生态环境保护等，水泥工业整体水平明显提高。水泥产量及年人均水泥消费量迅速增加。1978年以来，我国水泥产量及人均水泥消费量迅速增加，2015年首次出现下降的趋势，进入水泥消费的平台期，但是需求量还是比较大，因此仍有动力提高矿产资源的开采水平提高资源利用率。目前，我国固体废弃物资源丰富，每年产生煤矸石10亿多吨、粉煤灰6亿多吨、钢渣2亿t、矿渣2亿t，资源化利用废弃物还有巨大的潜力。所以，要抓好这些发展机遇，把我国建设为矿产资源强国。

第七节 实现我国水泥用灰岩资源强国战略思路与目标

一、战略思路

水泥用灰岩资源强国战略的实施与我国水泥用灰岩资源的可保障能力和程度关系密切，所以水泥用灰岩资源的可保障能力和程度至关重要。对水泥用灰岩的可持续发展要从整体把握。以下是从水泥行业的角度对水泥用灰岩资源的保障程度所提出的发展思路。

1）保护性开发，尽可能不用或少用天然资源。

2）高效综合利用，把有限的资源用好，尽可能延长现有资源的使用年限。

3）减量化（reduce），通过提高产品质量和延长寿命来减少对天然资源的消耗。

4）再利用，通过再利用、再修理和再制造（reuse or repare or re-manufacturing），延长产品寿命，节约资源，特别是对古建筑和老建筑的修复利用，要作为一项长期的鼓励政策。

5）再循环（recycling），发展循环经济，通过物质资源的循环利用，保持矿产资源的平衡、生态的稳定、产业的可持续发展或永续发展；要在建筑和基础设施废弃物的循环利用方面下功夫，形成一项基本的资源替代鼓励政策和行业习惯。

6）替代资源（replacement），材料科学是不断发展的，水泥用灰岩的替代物或新的建筑材料的出现，都有可能减少对水泥用灰岩的资源依赖。

7）可再生资源（renewable），欧美国家50%以上的民用住宅都是以木结构为主要形式，因此从长远发展看，逐步培育森林或生物质资源，逐步减少对石灰石等不可再生资源的依赖，也是一项可持续发展的长远战略目标。

8）大力发展可再生能源，作为可持续发展的保障措施。

9）挖掘智力资源，靠创新驱动。唯有不断加大教育和科技投入，不断开发智力和科技资源，才能使智力资源永生不竭，不断替代物质资源投入，从而逐步走上主要依靠人类智慧资源不断增长和受用无穷的正确道路。

除以上几种发展思路外，实现我国水泥用灰岩强国战略的保证举措还有许多，如国际贸易和交换、开发新的低碳水泥品种等。

二、具体目标

（一）调整水泥产业结构，延长矿山服务年限

调整水泥产业结构要从以下几方面着手进行。

1）提高水泥质量标准，坚决取消32.5水泥。该措施有利于提高基本建设质量，延长建筑和基础设施寿命，进而增加资源利用效率，提高产能利用率，从而降低生产成本和减少财务费用。如果取消32.5水泥，预计全国可减少水泥产能5亿~6亿t，减少水泥用灰岩用量7亿~8.4亿t。

2）发挥优势产能，淘汰落后产能。淘汰早期建设的生产水平较低的水泥生产线，明确先进和落后产能的标准是要综合利用质量、能耗、环保、安全生产、劳动生产率、资源占有量、生产成本和在区域中相对产能优势等指标来优化产业结构。不能单纯的按照产能、设备规格或产量大小等传统思维一刀切，要综合评定工厂在区域内的相对作用。如果区域内没有优势产能，而企业又具备采用新技术、新工艺，通过改进机械设备达到先进产能的标准，就应该保留企业实施技术改造，避免新建造成浪费。对于水泥产能集中区域，要坚定不移地淘汰落后；近期通过淘汰落后产能实现减少水泥产能5亿~6亿t。

3）限制新建，杜绝新增产能。从中国水泥协会数字水泥网提供的数据来看，2015年上半年除西南地区水泥产量和去年同期持平以外，华北、东北、华东、中南、西北5个地区水泥产量较去年同期均下降，其中华北、东北和西北地区下降幅度超过了10%。全国范围的产能过剩已经形成，任何地区再建都将是重复建设，浪费资源。按照国发〔2009〕38号文件要求及国家发展和改革委员会（简称发改委）的通知，2009年9月30日前尚未投产的在建项目、已核准未开工项目，一律不得开工建设；确有必要建设的项目，须经发改委组织论证和核准；对所有拟建的水泥项目各省份一律不得核准或备案。然而事实上，从国发〔2009〕38号文颁布以来（2009年设计水泥熟料产能为9.6亿t），到2015年末，水泥熟料产能已经翻一倍。从这些数据可以清楚看到，我国水泥全面严重产能过剩一个很重要的原因是部分政府无视产能过剩，为了追求投资政绩，在政策实施中发生人为偏差。因此应明令禁止产能置换，杜绝弄虚作假。鼓励用现有设备

改造协同处置项目，杜绝以任何名义新增产能。

4）鼓励兼并重组，提高产业集中度。通过兼并重组，让大企业兼并重组一批中小企业，在自身规模壮大的同时，使产业集中度大幅度提高、资源集中度提高，实现资源共享。截至2015年我国规模以上水泥生产企业为3491家，平均产能规模约为90万t，而美国有39家水泥公司，平均产能规模为210万t，我国的产业集中度和发达国家相比差一倍以上。加快淘汰落后产能和节能减排步伐，充分发挥大企业的技术优势、资源优势、资金优势和管理优势，提升具有潜能的重组企业活力，淘汰落后产能，使区域内产能布局合理，劳动生产率和经济效益大幅度提高。要通过兼并重组实现淘汰落后产能2亿t。这样通过提高水泥质量标准、淘汰落后产能和企业兼并重组预计水泥熟料产能控制在12亿~14亿t，水泥产量控制在16亿~18亿t，与目前水泥市场需求基本平衡，基本上能够保障当前水泥稳定生产，同时可减少水泥用灰岩用量约为14亿t。

（二）实施绿色矿山战略

实施绿色矿山战略，加强绿色矿山建设。建立一批新型现代化示范矿山，制定矿山开采技术标准，推广现代化采矿技术，提高矿产资源的综合利用率，实现矿山无废化、智能数字化。

绿色矿山对依法办矿、规范管理、资源综合利用、技术创新、节能减排、环境保护、土地复垦、社区和谐、企业文化九大方面提出了要求。通过绿色矿山建设，可以规范矿山企业、提高矿产资源利用水平和利用率、促进矿山生态环境保护，推动矿产资源可持续发展。

第八节　建设水泥用灰岩强国的重点任务

目前，我国水泥产量占到世界水泥总产量的60%左右，每年水泥生产消耗掉20多亿t水泥用灰岩资源。我国水泥生产和矿山开采中尚存在不少问题，严重制约了水泥工业及水泥用灰岩资源的可持续发展。针对我国水泥用灰岩资源当前存在的问题，提出以下几方面的重点任务。

一、开展重点地区地质调查和勘探工作，加强矿区规划与保护

根据我国建材工业规划和产业布局的转移、压缩及调整的要求，开展重点地区地质调查和勘探工作。增加部分省份的资源基础储量比例以提高其资源保障程度。目前，我国水泥用灰岩资源有待深层次勘察的地区很多，特别是西部地区，加强对这些地区的勘察开发，为我国今后水泥工业的持续发展提供资源保障。加强对水泥用灰岩资源预测区的保护，关闭预测区内所有民采建筑石料企业使其不被破坏和浪费。水泥用灰岩预测区内的探矿权实行有偿取得。实现规模化开采，改变当前骨料粗放掠夺式开采，不仅对资源实现了有效利用，而且保护了生态环境。

二、强化科技创新，发展利用水泥生产先进技术

我国水泥用灰岩资源的保护，不仅体现在加强采矿权管理，规范矿业开发秩序等方

面，更是体现在水泥生产的全过程当中。

在矿山开采中继续强化科技创新，开发推广新技术、新工艺、新产品、新装备和管理方法，实行开采规范化，边开边绿化，采矿无害化的"三化"管理方式，为矿产资源强国提供技术支持。

全面开发利用矿山资源的现代开采技术（如数字化矿山技术、破碎中波动辊式筛分技术）及低质原料、地方原料的综合利用技术；开发脉冲燃烧技术，高效粉磨技术，变频调速、新一代高效纯低温余热发电等先进技术；开发工业废渣综合利用技术，减少水泥单位产品中熟料占比；开发二代新型干法水泥生产技术、推广高固气比水泥生产新工艺、富氧燃烧工艺、水硬性石灰水泥等；加强高性能混凝土的研究和推广，提高水泥基建材料的使用寿命，减少水泥消耗量。水泥生产技术进步了，不仅对生态环境起到保护作用，对减少石灰石资源浪费，延长石灰岩资源使用年限也起到间接的作用。

建立绿色建材评价体系，制定绿色建材产品国家标准。

三、加强矿山整合，推进原料标准化基地建设

加强矿山整合。实现规模化、机械化开采，引进大型企业，优化矿权配置，实施龙头带动战略。建立大型原料加工基地，为企业提供质量稳定、满足加工要求的标准化原料。建立完善的标准化原料检验、检测及配送系统，以专业化的配送信息系统、物流系统，为企业提供及时的原料供应。

对每个石灰石矿床，除了可实施多采区开采的可以配置多个采矿权外，对只适合一个采区开采的矿床，不能配置多个采矿权，即使符合300m安全距离的要求也要进行整合，必须进行统一规划设计，整体开采，避免多个采矿权开采后造成资源浪费。

目前多数省份水泥用灰岩矿山采矿规模都控制在50万t/a以上，要继续加大力度提高单个矿山的生产能力，逐步淘汰小型矿山。对于只适合小型水泥用灰岩矿开采的，必须要进行地质勘查。

四、提高行业可持续发展潜力

提高替代资源和二次能源的使用比例，扩大地方性原料、低品位原料、工业废渣、二次原料等替代资源的利用，建设节约型建材工业。把水泥企业变成城市生态的守护者，成为生活垃圾、下水道淤泥和危险废弃物等最好的协同处置工具。

建议按照政府推动、企业主导、公众参与的思路，积极稳妥地大力推进利用水泥回转窑处置和利用可燃废弃物的工作，基本思路是在试点基础上建立和完善法规与激励政策。

一是在学习和借鉴国外先进经验的同时，加大技术开发，摸清我国替代资源和排放容量的基本情况，以可燃工业废弃物、危险废弃物和城市污泥为重点，加快工业化试点和示范力度，严格排放指标，为制定相应法规、标准和推广提供可靠的管理与技术支撑。

二是在扩大试点和示范的基础上，继续完善相关环保法规和标准，在废弃物处置专项规划中应明确水泥回转窑是处置废弃物的有效手段，明确水泥回转窑使用替代燃料是

资源综合利用的合理途径；建立健全水泥回转窑处置废弃物的技术、管理条件和操作规范，制定水泥回转窑替代燃料的技术政策，提出替代燃料发展的目标、技术指标和管理措施；制定和推行替代燃料许可证制度等。

三是要研究和制定可燃废弃物利用与处置的市场形成机制，建议研究和解决废油、城市污泥及垃圾等废弃物处置的基金制度，解决经费来源问题。与此同时，以培育市场机制为核心，鼓励企业的技术开发和能力建设，鼓励和支持废弃物收集与处理专业化企业的建设及发展，推进水泥回转窑处置废弃物的可持续发展。

另外，我国石灰岩资源分布范围广、储量大、质量优，地表石灰岩远景储量十分巨大。由于水泥用灰岩不适合长距离运输，一般采取就近取材的方式开采，所以我国对运输通道的控制能力、市场控制能力和权益保护能力对水泥用灰岩的可持续发展潜力带来的影响较小。但从国家的长远利益出发，我国还应该不断地扩大公路网建设，机场、码头等基础设施建设。

第九节 建设水泥用灰岩资源强国的保障措施

一、完善组织机构

成立绿色矿山建设委员会，负责绿色矿山建设的指导协调工作。同时，矿山企业主动接受国土资源行政管理部门的指导，定期或不定期汇报绿色矿山建设进展情况，建立矿山企业与政府主管部门绿色矿山联动机制。

二、改革体制机制

要求每个水泥厂必须配置水泥用灰岩矿山。保守估计，全国没有水泥用灰岩矿山的水泥企业应该大于10%，其中个别大型企业超过40%。没有水泥用灰岩矿山的水泥企业不会考虑矿石的开采成本与矿石的综合利用，为了寻求质量稳定，片面要求较高的进场水泥用灰岩指标，导致浪费资源、压占土地、破坏生态。所以应该把没有水泥用灰岩矿山资源的水泥企业列入落后产能，倒逼地方政府为水泥企业配置资源、促使水泥企业重视资源、综合利用资源。在资源占有量上要一刀切，不能配置资源的企业应该纳入淘汰落后的行列。

对于非水泥企业以水泥用灰岩为原料生产骨料的，多数存在着水泥用灰岩资源浪费的问题，应该关停。鼓励水泥企业拉伸矿山产业链，开发骨料，实现综合利用。鼓励水泥企业对剥离物实施分级处理，不能做水泥原料的做骨料或生石灰原料、建筑石料，实现伴生矿体综合开发利用。

加大混凝土等资源的回收利用，加大再生骨料利用的研究力度，将再生骨料和再生粉的掺入率提高到50%以上，使混凝土等再生资源的循环利用率提高到一个较高的水平。

三、完善财税金融政策

鼓励水泥企业利用现有设备进行技术改造处置生活垃圾，将该类项目纳入国家和地方鼓励的资源综合利用循环经济项目范畴，与现有的垃圾发电享受同等政策；简化并优先支持协调处置的准入条件和审批手续，增加政府补贴，将处理城市垃圾的水泥生产线作为城市环境配套设施，确保其运营正常所需的条件。支持科研部门、企业研发和使用先进的水泥窑协同处置垃圾系统，提高垃圾利用率，减少资源使用量；完善水泥窑协同处置生活垃圾技术准入制度，在政策鼓励的同时，也需制定水泥窑协同处理城市垃圾技术与装备的准入条件，防止一哄而上，良莠不齐，影响该措施的有效推广和重复投资。配套建立完善的城市垃圾收集、垃圾预处理系统。保证垃圾处理企业的运营费用和建设投资的回收，加快推进价格改革，提升居民对垃圾事业的利用重视程度。明确地方政府有义务在财政预算支出中给予企业垃圾处理补贴及财政贴息，该补贴和贴息免征营业税与企业所得税。

允许项目设备投资额的 10% 抵免企业所得税，允许与项目配套的水泥熟料生产线享受增值税即征即退，允许与项目配套的水泥熟料生产线享受企业所得税减免，允许项目所形成的房产、占用的土地免征房产税和土地使用税。

四、完善相关配套的法律、法规和标准体系

严格控制非水泥企业水泥用灰岩开采权的审批，政策上支持水泥企业开发骨料、综合利用。鼓励化工、造纸、炼钢、发电等企业开发水泥用灰岩替代原料或利用低品位水泥用灰岩。制定合理的水泥用灰岩进场指标，资源税要和进场指标联系在一起实施浮动征收，减免进场指标达标的水泥企业水泥用灰岩资源税，对水泥用灰岩进场指标超标的水泥企业加重征收矿产资源税。对水泥用灰岩进场指标的考核要严厉，杜绝作假行为。对于开采Ⅱ级品以下的低品位水泥用灰岩的水泥企业，应给予减免资源税、矿石出让费等政策上的支持；杜绝没有经过勘探的矿山设置采矿权，造成盲目开采，浪费资源，做到真勘探。要求矿山开采企业必须具有地质专业或采矿专业的技术人员。加强水泥用灰岩资源的执法管理；提高水泥用灰岩资源的综合利用率；建立水泥用灰岩矿产资源标准体系和产品质量认证制度；建立绿色建材评价体系，制定绿色建材产品国家标准；加强建筑、建材业密切协作，实现设计规范化、构件标准化、施工现代化，提高高性能混凝土的使用比例，延长建筑寿命年限。

五、加强人才培养

通过建立人才培养机制、人才引进机制、人才管理激励机制，把水泥企业人才队伍建设好。把内在素质较高具有发展潜能和培养前途的后备人才选为培养对象。可以选择优秀企业、大专院校进行深造学习，轮换工作岗位培养复合型人才。

目前，我国水泥用灰岩可用资源已经严重匮乏，人均水泥用灰岩占有量仅有 44t，为了实现水泥用灰岩资源强国战略，必须从搞好矿山综合利用，降低水泥企业水泥用灰岩进场指标，停止非水泥企业开发水泥用灰岩资源，加大矿山整合力度，提高混凝土的循环利用率及利用生活垃圾替代部分资源等多方面入手，提高水泥用灰岩的利用率，延长水泥用灰岩的服务年限。同时，其他使用水泥用灰岩的行业也要严格控制水泥用灰岩的使用量和降低水泥用灰岩的品位要求，积极开发水泥用灰岩的替代品。只有这样多管齐下，才能使有限的水泥用灰岩资源延长服务年限，保证水泥用灰岩资源步入资源强国之列。

第三章 我国玻璃用硅质原料资源的现状与分析

自 1989 年以来，中国浮法玻璃产量已连续 27 年居世界第一。截至 2015 年 12 月，我国浮法玻璃产量为 73 863 万重量箱，近 3700 万 t，占世界产量的 60% 以上。采用中国浮法技术能够生产 0.2~25mm 厚度平板玻璃，产品质量能满足信息显示、光伏、建筑节能安全、汽车玻璃等高端需求；浮法玻璃单线规模不断提高，目前已建成多条世界最大规模的 1200t/d 浮法玻璃生产线；玻璃深加工产品不断增加，目前已有 Low-E 节能玻璃、TCO（transparent conductive oxide，透明导电氧化物）镀膜玻璃、真空玻璃、高硼硅防火玻璃等主要品种；深加工率不断提高，2015 年中国玻璃深加工率约为 53.1%。

目前我国平板玻璃产业发展已经接近顶峰，之后将进入一个缓慢增长的平台期；到 2030 年，随着城镇化率基本完成，平板玻璃产业将进入下降期；到 2040 年进入稳定期。《新材料产业"十二五"发展规划》明确提出，将稀土、稀有金属、稀贵金属、萤石、石墨、石英砂、优质高岭土等矿种列为国家战略性矿产。

我国玻璃用硅质原料资源非常丰富，以石英岩、砂岩和砂的储量为主，脉石英较少。截至 2015 年底，我国有玻璃用硅质原料矿区数为 648 个，储量为 129 863.87 万 t，基础储量为 198 956.70 万 t，资源量为 590 763.22t，查明资源储量为 789 719.92 万 t。

目前，我国除了高纯砂、超纯砂仍依赖进口外，玻璃用硅质原料基本可自给满足玻璃行业的需求。国内玻璃用硅质原料采选行业存在矿权管理混乱、创新能力差、加工技术水平低、行业集中度低、资源利用效率低、环保问题突出等问题。

国家统计局数据显示，2015 年我国玻璃用硅质原料资源查明资源储量为 78.97 亿 t，按 2015 年玻璃用硅质原料消耗量为基准测算，我国玻璃用硅质原料资源储量服务年限为 213.8 年。未来综合考虑寻找其他伴生资源、提高资源利用率等方式，我国玻璃用硅质原料资源储量服务年限将远大于 200 年。

为贯彻落实《中国制造 2025》国家战略，玻璃用硅质原料行业需紧紧围绕国民经济和社会发展重大需求，加强玻璃用硅质原料资源勘查和综合利用，大幅度提高采选技术与成套装备水平，打造国际领军企业，提升行业集中度，大力发展 TFT-LCD（thin film transistor-liquid crystal display，薄膜晶体管液晶显示器）玻璃用砂、硅微粉等精深加工产品，促进玻璃用硅质原料矿产资源行业创新、绿色、高效、可持续发展。

第一节 我国玻璃用硅质原料行业的资源保障能力现状与分析

一、我国玻璃工业的现状与发展趋势

(一) 平板玻璃工业现状

自 2000 年以来,我国平板玻璃工业得到高速发展,在产能增长、结构调整、自主创新、节能减排等方面取得了长足进步,基本满足了国民经济和社会发展的需要。

1. 平板玻璃产量迅速增长

自 1989 年以来,我国平板玻璃产量已连续 27 年居世界第一。截至 2015 年 12 月底,我国平板玻璃总产能为 13 亿重量箱,平板玻璃产量为 7.39 亿重量箱,其中浮法玻璃生产企业为 90 余家,浮法生产线总计为 325 条,浮法玻璃产能为 11.87 亿重量箱。2000～2015 年,全国平板玻璃产量统计见表 3-1、图 3-1。

表 3-1　2000～2015 年全国平板玻璃的产量统计

年份	平板玻璃产量/万重量箱	平板玻璃增长率/%
2000	19 485	11.48
2001	22 879	17.42
2002	25 948	13.41
2003	28 324	9.16
2004	34 002	20.05
2005	42 116	23.86
2006	47 548	12.90
2007	55 012	15.70
2008	58 575	6.48
2009	58 917	0.58
2010	68 672	16.56
2011	79 306	15.49
2012	75 777	-4.45
2013	77 898	2.80
2014	79 262	1.75
2015	73 863	-6.81

资料来源:历年中国建筑材料联合会《建材工业统计数据库》

2. 结构调整稳步推进

截至 2015 年底,全国浮法玻璃生产线共计为 325 条,浮法单线规模由 2005 年的 461t/d 增至 2015 年的 612t/d,浮法玻璃比例由 79.11% 增至 88.00% (表 3-2);浮法玻璃生产线技术水平逐步提升,建成世界最大规模 1200t/d 浮法玻璃生产线;平板玻璃加

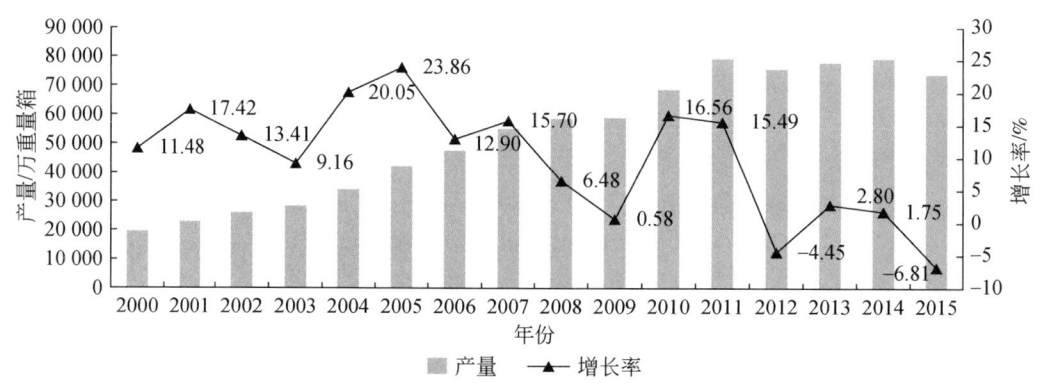

图 3-1 2000～2015 年全国平板玻璃的产量、增长率统计

工率由 25% 增至 50% 以上，已形成品种繁多、功能齐全的深加工玻璃体系。2015 年全国前 10 家企业平板玻璃产能占全国平板玻璃产能约为 53.38%（表 3-3）。

表 3-2　2000～2015 年全国浮法玻璃产量及占平板玻璃比例

年份	浮法玻璃产量/万重量箱	浮法玻璃占平板玻璃比例/%
2000	14 240	73.08
2001	16 610	72.60
2002	19 687	75.87
2003	22 067	77.91
2004	26 002	76.47
2005	33 316	79.11
2006	37 999	79.92
2007	45 236	82.23
2008	48 052	82.03
2009	49 920	84.73
2010	59 786	87.06
2011	70 661	89.10
2012	68 120	89.90
2013	70 264	90.20
2014	71 969	90.80
2015	69 256	88.00

注：三种技术玻璃包括中空玻璃、钢化玻璃和夹层玻璃，国家统计局从 2004 年开始统计产量；建筑技术玻璃出口统计包括平板玻璃、中空玻璃、钢化玻璃、夹层玻璃、窗玻璃等。

资料来源：海关总署历年年报；历年中国建筑材料联合会《建材工业统计数据库》

表 3-3　2015 年全国前 10 家平板玻璃企业产能排序

序号	企业名称	生产线/条	产能/(t/d)	产能占比/%
1	旗滨集团	23	15 400	8.71

续表

序号	企业名称	生产线/条	产能/(t/d)	产能占比/%
2	信义集团	21	15 400	8.71
3	台玻集团	14	10 000	5.73
4	南玻集团	16	9 700	5.56
5	河北迎新	13	9 450	5.41
6	河北安全	11	8 300	4.76
7	山东金晶	12	7 600	4.44
8	中国玻璃	14	6 700	3.84
9	沙河长城	8	6 200	3.55
10	福耀集团	9	4 660	2.67
合计		141	93 210	53.38

注：旗滨集团为株洲旗滨集团股份有限公司简称；信义集团为信义玻璃控股有限公司简称；台玻集团为台湾玻璃企业股份有限公司的简称；南玻集团为中国南玻集团股份有限公司的简称；河北安全为沙河市安全实业有限公司的简称；山东金晶为金晶（集团）有限公司的简称；中国玻璃为中国玻璃控股有限公司的简称；沙河长城为沙河市长城玻璃有限公司的简称；福耀集团为福耀玻璃工业集团股份有限公司的简称。

3. 节能减排成效显著

平板玻璃工业属资源、能源消耗型产业。从生产过程来看，原料离不开矿物，生产离不开热工窑。"十二五"以来，为加快转变经济增长方式，适应国家环境硬约束要求，实现平板玻璃行业又好又快发展，通过玻璃熔窑大型化及采取各项节能降耗和降低排放等措施，平板玻璃能耗显著下降，污染物排放浓度显著降低。

单位产品综合能耗逐年降低。2015年平板玻璃综合能耗为13.20kgce/重量箱，浮法玻璃综合能耗为12.11kgce/重量箱，大部分企业的单位产品能源消耗符合《平板玻璃单位产品能源消耗限额》（GB 21340—2013）（2014年9月1日实施）规定的限定值。2003~2015年全国平板玻璃和浮法玻璃单位产品综合能耗见表3-4和图3-2。

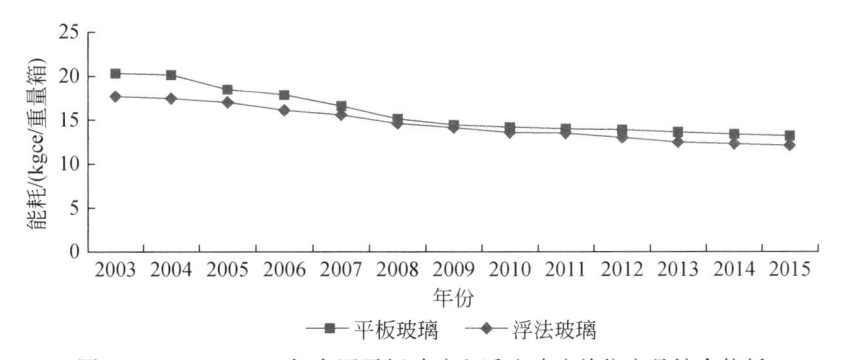

图3-2 2003~2015年全国平板玻璃和浮法玻璃单位产品综合能耗

表3-4 2003~2015年全国平板玻璃和浮法玻璃单位产品综合能耗及降低率

年份	平板玻璃/(kgce/重量箱)	降低率/%	浮法玻璃/(kgce/重量箱)	降低率/%
2003	20.33	−0.74	17.68	1.34

续表

年份	平板玻璃/(kgce/重量箱)	降低率/%	浮法玻璃/(kgce/重量箱)	降低率/%
2004	20.16	0.84	17.44	1.36
2005	18.48	8.33	17.00	2.52
2006	17.87	3.30	16.11	5.24
2007	16.57	7.27	15.58	3.29
2008	15.14	8.63	14.60	6.29
2009	14.44	4.62	14.12	3.29
2010	14.20	1.66	13.58	3.82
2011	14.00	1.41	13.50	0.59
2012	13.89	0.79	13.00	3.70
2013	13.62	1.94	12.49	3.92
2014	13.38	1.76	12.29	1.60
2015	13.20	1.35	12.11	1.46

资料来源：历年中国建筑材料联合会《建材工业统计数据库》

污染物排放减少。烟气脱硫、脱硝等技术得到推广应用，建成一条拥有自主核心技术的600t/d全氧燃烧示范线。2015年我国平板玻璃行业二氧化硫排放量、氮氧化物排放量和工业烟（粉）尘排放量分别为24.15万t、36.20万t和7.68万t；平板玻璃单位产品二氧化硫排放量、氮氧化物排放量和烟（粉）尘排放量分别为0.327kg/重量箱、0.485kg/重量箱和0.104kg/重量箱，与2010年相比，分别减少18.4%、19.31%和9.61%，见表3-5。

表3-5 2010~2015年全国平板玻璃行业污染物排放

名称	2010年	2011年	2012年	2013年	2014年	2015年
工业烟（粉）尘排放量/万t	7.65	8.9	8.37	8.49	8.48	7.68
单位产品烟（粉）尘排放/(kg/重量箱)	0.115	0.113	0.110	0.108	0.106	0.104
氮氧化物排放量/万t	39.83	45.98	43.12	43.36	43.06	36.20
单位产品氮氧化物排放/(kg/重量箱)	0.601	0.577	0.554	0.526	0.505	0.485
二氧化硫排放量/万t	26.62	29.67	27.52	26.73	25.83	24.15
单位产品二氧化硫排放/(kg/重量箱)	0.401	0.385	0.370	0.355	0.341	0.327

资料来源：历年中国建筑材料联合会《建材工业统计数据库》

4. 新玻璃发展迅速

近年来，我国玻璃科技工作者大力开展自主创新，先后开发了超薄（0.2~1.1mm）、超厚（15~25mm）、Low-E玻璃、TCO玻璃、超白光伏玻璃、超白浮法玻璃、真空玻璃、TFT-LCD玻璃基板等新品种，并实现了余热发电、烟气治理、全氧燃烧等技术推广应用。

5. "走出去"步伐加快

在国内产能过剩的背景下，一些大型骨干企业积极实施"走出去"战略，特别是在"一带一路"倡议,以及"四个一批"(一批技改提升项目;一批开工建设项目;一批竣工投产项目;一批对接引进项目)等政策的引导下,"走出去"步伐加快。目前,信义集团、沙河市壮大建材有限公司取得实质性进展。2015年初,信义玻璃预计总投资15.6亿港元在马来西亚建设玻璃生产线,打入东盟市场。沙河市壮大建材有限公司在坦桑尼亚多多马市建设格法和压延玻璃生产线,可年产玻璃60万重量箱,该项目建设能够较好地适应和满足非洲国家对玻璃的巨大市场需求。中国玻璃在尼日利亚建成的生产基地为该国首条浮法玻璃生产线,年生产能力达到15万t。中国玻璃在埃及主要生产颜色及镀膜玻璃产品,年产量为18万t。

(二)我国玻璃工业发展趋势

随着科技的进步与社会的发展,玻璃已不仅是传统意义上的普通建筑材料,还是广泛应用于信息显示、新能源、生物医疗和航空航天等多个新兴产业的关键材料。

在国内传统玻璃产能过剩、新产品缺乏的多重压力下,在国家供给侧结构性改革的政策指引下,我国玻璃工业将积极向新玻璃转型发展,力争在新玻璃领域取得重大突破,引领我国新玻璃产业实现由"跟跑"到"领跑"的跨越。

1. 新玻璃的研究

新玻璃一直是国际玻璃界的重点创新领域,目前我国在新玻璃的基础理论研究、工艺技术、装备等方面与国际先进水平仍有一定差距,未来需要运用科学方法对玻璃成形过程中的热力学、动力学、相变等进行全面研究,重点开展玻璃结构-性能关系、声学性能、光学性能、生物性能、表面加工技术、节能减排技术等领域的攻关,推动我国新玻璃的技术进步。

2. 新玻璃发展重点产品

考虑下游信息显示、新能源、绿色建筑、智能穿戴等新兴产业的发展趋势,本书认为"十三五"规划及"十四五"规划期间,我国新玻璃需要重点发展的产品如下。

1)信息显示领域:高世代TFT-LCD(thin film transistor liquid crystal display,玻璃基板)、OLED(organic light-emitting diode,有机发光二极管显示器)玻璃、量子点玻璃、柔性玻璃等。

2)新能源领域:2mm以下物理钢化超白玻璃、铜铟镓硒发电玻璃、碲化镉发电玻璃、石墨烯玻璃等。

3)节能安全玻璃:真空复合玻璃、智能调光玻璃、气凝胶玻璃、防火玻璃、航空航天玻璃等。

4)其他:生物医药玻璃、高档玻璃器皿等。

3. 新玻璃的新应用

目前,已有汽车制造商采用0.7~1.1mm高铝高强玻璃制成夹层玻璃用作汽车风挡玻璃,与传统钠钙硅风挡玻璃相比,具有更好的抗划伤、降噪性能,并能实现整车更轻、更节能。开发新玻璃的新应用将成为平板玻璃工业又一重要方向。

二、我国玻璃用硅质原料需求量预测

（一）平板玻璃的市场预测

根据下游相关产业的需求增长、人均消耗量、人均累计消耗量、平板玻璃历年产量基础数据，采用线性回归法、指数平滑法、灰色系统理论和专家估算等方法，预测我国平板玻璃的产量、硅质原料需求、能耗、污染排放。

1. 预测方法1：与水泥行业关联度分析

灰色系统理论是由邓聚龙首创的一种系统科学理论，其中的灰色关联分析是根据各因素变化曲线几何形状的相似程度，来判断因素之间关联程度的方法。此方法通过对动态过程发展态势的量化分析，完成对系统内时间序列有关统计数据几何关系的比较，求出参考数列与各比较数列之间的灰色关联度。与参考数列关联度越大的比较数列，其发展方向和速率与参考数列越接近，与参考数列的关系越紧密。

通过对2000~2015年我国水泥产量与平板玻璃产量关联度分析，平板玻璃与水泥产量增长变化趋势的关联度为0.85。我国水泥产量在2015年达到饱和，平板玻璃也在2015年达到饱和点，之后进入一个缓慢增长的平台期。到2030年，随着我国城镇化率基本完成，平板玻璃产业将进入下降期。到2040年进入稳定期。我国平板玻璃产量预测结果如图3-3所示。

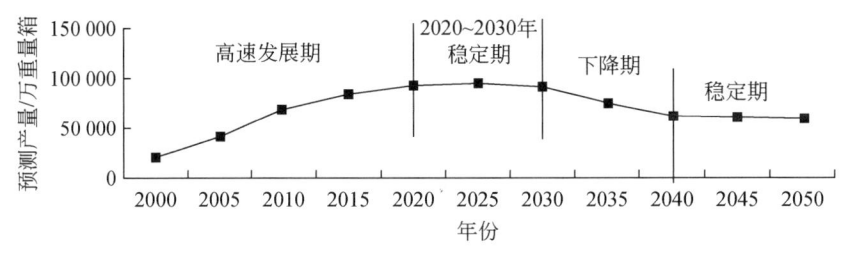

图3-3 我国平板玻璃产量预测

2. 预测方法2：根据下游市场需求分析

我国平板玻璃市场需求主要来自建筑业、汽车、出口等方面，其中建筑业占82%、汽车占6%、太阳能产业占4%、出口占6%、其他占2%。如图3-4所示。

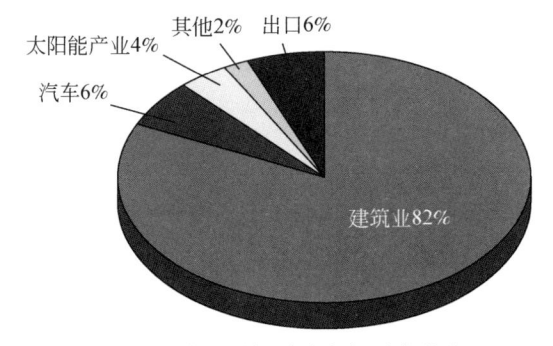

图3-4 我国平板玻璃市场需求分布

建筑业对玻璃的需求大致分为新建房屋建筑、存量房及装饰装修等。根据国家统计局公布的数据，2006~2015年，我国房地产新开工面积保持着13.5%以上的增长速度。建筑业及房地产业一直是浮法玻璃的主要需求市场，据国家统计局的统计数据，按年均增长1.1m²/人速度测算，到2020年，我国城镇人均住宅面积将达到40m²、农村人均住宅面积达到45m²的水平，建筑业接近饱和，以及建筑玻璃消费饱和点在2020年左右（表3-6）。到2030年，玻璃市场需求将进入稳定期。

表3-6 我国建筑玻璃市场需求预测

序号	名称	2019年	2020年	2025年	2030年
1	新建房屋建筑/亿 m²	38.81	38.04	29.43	22.77
	对应玻璃/万重量箱	38 813	38 037	29 432	22 774
2	存量房/亿 m²	680	704	794	839
	存量房需求玻璃/万重量箱	6 800	7 045	7 935	8 386
3	装饰装修玻璃/万重量箱	11 403	11 631	12 224	11 050
	合计/万重量箱	57 016	56 713	49 591	42 210

国外汽车发展经验表明，汽车普及过程一般需要30~40年。第一个10年25%以上的高速增长，第二个10年7%~10%的稳健增长，第三个10年2%~3%的低速增长。第一个10年，高速增长常源于经济水平增长带来的购买能力提升，汽车进入快速普及阶段；第二个10年，汽车普及度仍相对较低，新购低端车需求和中高端换车需求共同驱动销量增长，但受制于能源、环境、交通等压力，销量增速会较前期下降；第三个10年，国内需求仍有小幅度增长，海外市场开始逐渐贡献销量，望保持2%~3%的复合增速。

2006~2015年，我国汽车产销规模年复合增速超过15%。2015年我国汽车产量为2450万辆，居全球首位，保有量超过1亿辆，仅次于美国。我国汽车保有量为120辆/千人。从全球范围来看，汽车保有量为183辆/千人，主要发达国家超过500辆/千人。与发达国家相比，我国汽车人均保有量仍然偏低。预计未来几十年，我国汽车需求将逐渐由20%以上的快速增长转向6%~8%的平稳增长，其中乘用车需求保持8%~10%的较快增长。汽车需求量预测见表3-7。

表3-7 我国汽车产量预测　　　　　　　　　　　　（单位：万辆）

预测基数	2019年	2020年	2025年	2030年
按6%增长，未来汽车产量	3093	3279	3620	3997
按8%增长，未来汽车产量	3334	3600	4174	4839

按照平均每辆车需6m²玻璃，玻璃厚度按照3mm计算，同时考虑80%的汽车加工成品率，每辆车需要平板玻璃为1.125重量箱。根据业界经验值，汽车玻璃每年的维修更换率（破损率）为5%~10%，计算出汽车玻璃需求量见表3-8。

表 3-8 我国汽车玻璃市场需求预测

项目	2019 年	2020 年	2025 年	2030 年
6%增长/万辆	3 093	3 279	3 620	3 997
汽车保有量/万辆	23 424	25 368	34 622	43 344
汽车玻璃/万重量箱	5 588	5 972	7 189	8 398

注：按 5%破损率估算。

由此，预测出建筑玻璃与汽车玻璃需求量（表 3-9）、浮法玻璃与压延玻璃需求量（表 3-10）。

表 3-9 我国建筑玻璃与汽车玻璃需求预测　　　　　（单位：万重量箱）

项目	2019 年	2020 年	2025 年	2030 年
建筑玻璃	57 016	56 712	49 592	42 210
汽车玻璃	5 588	5 972	7 189	8 398
出口	4 850	4 753	4 473	4 043
合计	69 200	69 210	62 994	56 573

表 3-10 我国浮法玻璃与压延玻璃产量预测　　　　　（单位：万重量箱）

项目	2019 年	2020 年	2025 年	2030 年
浮法玻璃	69 200	69 210	62 994	56 573
压延玻璃	7 034	7 724	11 472	14 554
其他	1 546	1 577	1 741	1 922
合计	79 937	78 533	74 466	71 126

（二）玻璃用硅质原料资源与能源需求预测

根据平板玻璃产量预测数据、单位平板玻璃用硅质原料消耗量等，可以预测出我国平板玻璃用硅质原料的需求量（表 3-11）。

表 3-11 我国平板玻璃用硅质原料储量需求量预测

名称	2019 年	2020 年	2025 年	2030 年
平板玻璃需求量/万重量箱	79 937	78 533	74 466	71 126
消耗玻璃硅质原料储量/万 t	3 996.85	3 926.65	3 723.3	3 556.3

三、我国玻璃用硅质原料矿床地质特征

我国玻璃用硅质原料矿床主要有沉积变质石英岩矿床、沉积石英砂岩矿床、海相沉积石英砂矿床、河流相沉积石英砂矿床、湖相沉积含长石石英砂矿床、热液成因脉石英矿床。

（一）沉积变质石英岩矿床

该类型矿床大多数生成于地台边缘构造沉降带，属滨海-前滨相沉积，后期受成岩

作用和轻微的浅变质作用而形成。具有波痕和交错层，矿层厚度大，矿石矿物成分单纯，矿物颗粒磨圆度高，分选性好，矿层中常有薄层黏土质砂岩或砂质黏土矿夹层。矿体厚度大，形态规整，矿石结构致密。典型矿床有辽宁本溪小平顶山石英岩矿床，该矿床属海相沉积矿床，位于中朝地台太子河沉降带。矿层为震旦系细河统钓鱼台组石英岩，呈规则的薄层-巨厚层状，单层厚度为13~17m，总厚度为110m以上。矿体呈单斜缓倾斜产出，形态规整，变化稳定，有3层水云母泥质砂岩和页岩夹层，厚为1.3~5.6m。矿石灰白、洁白色，致密块状构造，中粗粒状结构，石英含量一般为98%~99%，含微量电气石、锆石、磁铁矿、磷灰石、黑云母、榍石等。硅质胶结，胶结物已重结晶。各矿层矿石化学成分基本一致，含量一般为SiO_2 98%~99%、Al_2O_3 0.2%~0.7%、Fe_2O_3 0.03%~0.07%。矿石质量很好，变化极其平稳，夹层易于区别和剔除。

（二）沉积石英砂岩矿床

该类型矿床生成于古陆或古隆起边缘的陆缘海边，多属滨海潮浦相的潮间-潮上带沉积。含矿岩系为套页岩或砂页岩-砂岩-砂页岩，底部常为石英砂砾岩。矿层中具有楔状层理和交错层理。典型矿床有江苏苏州胥口清明山石英砂岩矿床。该矿床属海相沉积矿床。矿区濒临太湖，含矿地层为泥盆系上统五通组，矿层为青灰色中厚层状中粗粒石英砂岩和灰白色厚层状中粒石英砂岩，层状，出露长度为1200m，宽度为190~320m，平均厚度为10.29~20.70m，单斜产出，倾角为15°~30°。矿体中含较多页岩夹层，呈透镜状分布。矿石矿物成分中石英占95%~98%，含微量锆石、金红石、磷灰石等。矿石中0.74~0.1mm粒级占70%~80%。硅质胶结，少数绢云母、铁质胶结。矿石化学成分为SiO_2 98.30%~97.34%、Al_2O_3 0.86%~1.4%、Fe_2O_3 0.160%~0.147%。

（三）海相沉积石英砂矿床

该类型矿床沿海岸分布，属滨海前滨潮下-潮间带沉积砂矿，成矿物质大部分是陆源的，分布于我国海岸的花岗岩和胶东海岸的混合岩中，为砂矿提供了丰富的物质来源。典型矿床有广东阳西溪头石英砂矿床。该矿床为滨海相海湾环境下沉积形成的海岸沙堤型砂矿。矿层为近代沉积的白、灰白色石英砂，呈弯曲的扁豆状，分布于海岸沙堤中，厚为0.29~3.68m，平均为1.67m。矿石矿物成分中石英占97%，含少量长石、云母、铁泥质及微量电气石、钛铁矿、锐铁矿、白钛矿、独居石、锆石、金红石、黄玉、蓝晶石、黄铁矿等。矿石中0.75~0.1mm的粒级占81.53%~83.52%。矿石化学成分一般为SiO_2 99%以上、Al_2O_3 0.20%~0.26%、Fe_2O_3 0.054%~0.079%。

（四）河流相沉积石英砂矿床

河流相沉积石英砂矿床主要包括滨河相河漫滩沉积、河流三角洲相沉积和河湖相沉积等类型。分布于黄河中游两侧甘肃兰州虎脖子嘴、内蒙古鄂托克旗四道泉等石英砂矿床属滨河相河漫滩沉积；分布于江苏沂河、沭河与骆马湖交界处和马陵山麓一带的江苏宿迁白马涧、新沂城岗等石英砂矿床属河流三角洲相沉积；分布于东北通辽盆地的吐尔基山、甘旗卡、章古台等石英砂矿床属河湖相沉积。典型矿床江苏宿迁白马涧石英砂矿床。该矿床属河流冲积型含长石、黏土石英砂矿床，地处苏北马陵山脉向沂、沭河冲积平原过渡带。矿体赋存于新近系上新统宿迁组含黏土岩的黏土质长石石英砂岩中，埋深一般为2~3m，最深达10m。矿区南部见4~5层矿，总厚为10m，北部的两层矿，厚为4~5m。矿体形态有的呈规则层状，未见较大夹层；有的呈分叉层状，夹层较多且分布无规律。矿石为砂泥混合物，弱胶结，起胶结作用的泥质含量为30%~50%，经淘洗后含矿率为44.30%~77.84%，一般为60%左右。矿石粒度变化大，以大于0.74mm的粗砂为主，含石英为85%~95%，长石为5%，岩屑为10%，小于0.74mm的中细砂中含石英为30%~85%，长石为5%~60%，少量绿泥石、褐铁矿、云母、金红石、石榴子石、电气石、锆石、磁铁矿、赤铁矿、黑云母、白云母等。原矿化学成分为SiO_2 83.35%、Al_2O_3 9.29%、Fe_2O_3 1.03%，经淘洗后为SiO_2 88%~94%、Al_2O_3 2.5%~4.5%、Fe_2O_3 0.03%~0.25%。

（五）湖相沉积含长石石英砂矿床

该类型矿床主要为分布于江西鄱阳湖东岸湖口、永修等地的近代滨湖相沉积石英砂矿床，现在仍在接受湖相沉积，矿床规模从小型到大型。典型矿床有江西永修松峰石英砂矿床。该矿床属湖相沉积含长石石英砂矿床，位于永修县城北东15km鄱阳湖边，为第四系全新统松散堆积。矿体分布于湖漫堆上，似层状产出，厚度稳定，一般为2~3m，最厚为5m以上。矿石成分中石英占92%，长石占5%，少量云母、电气石、角闪石、石榴子石、褐铁矿等。粒度较均匀，大于0.74mm粒级占72.1%。矿石化学成分为SiO_2 92%~95%、Al_2O_3 1.95%~3.95%、Fe_2O_3 0.07%~0.25%。

（六）热液成因脉石英矿床

该类型的矿床主要有由岩浆热液作用形成的湖北蕲春灵虬山脉石英矿床和伟晶岩石英块体中的新疆尾垭白山脉石英矿床等。矿床规模以小型居多，脉状，厚数米至数十米。典型矿床有湖北蕲春灵虬山脉石英矿床。该矿床属热液矿床，由吕梁期花岗岩浆分离出富含SiO_2的热液，顺层理贯入于太古宇大别山群红安组黑云母斜长片麻岩、花岗片麻岩和角闪岩中，形成脉状石英矿体。共见石英脉矿体6条，产状与围岩一致，以简单型脉为主，脉体大小差别较大，主矿脉长度为150~280m，宽度为120~200m，厚度为20~39m。矿石几乎全由石英组成，粒径一般为1mm，部分大于2mm，含微量黄铁矿、白云母、绢云母、绿泥石、辉钼矿及铁锰质等。矿石化学成分为SiO_2为99%左右、Al_2O_3小于0.5%、Fe_2O_3一般为0.02%。矿石化学成分稳定，质量优良。

四、玻璃用硅质原料储量现状

（一）玻璃用硅质原料储量

我国玻璃用硅质原料资源非常丰富，主要有石英岩、石英砂岩、石英砂和脉石英。截至2015年底，我国有玻璃用硅质原料矿区数为648个，储量为129 863.87万t、基础储量为198 956.70万t、资源量为590 763.22万t、查明资源储量为789 719.92万t。详情分别见表3-12~表3-15。

表 3-12　2015 年全国玻璃用石英岩资源储量

地区	矿区数/个	基础储量/万 t	储量	资源量/万 t	查明资源储量/万 t
全国	203	49 900.65	14 817.69	314 668.31	364 568.96
北京	1	—	—	745.00	745.00
山西	3	—	—	856.00	856.00
内蒙古	4	284.90	163.53	331.18	616.08
辽宁	43	24 709.25	7 204.53	8 489.57	33 198.82
江苏	2	38.00	37.00	145.00	183.00
浙江	6	7 010.96	2 716.00	950.47	7 961.43
安徽	33	8 007.21	—	71 485.58	79 492.79
福建	22	520.58	478.66	1 044.72	1 565.30
江西	28	23.04	16.46	1 103.67	1 126.71
山东	18	2 962.25	516.60	8 581.01	11 543.26
河南	7	1 882.77	—	15 008.08	16 890.85
湖北	2	—	—	927.80	927.80
广东	2	—	—	2 143.54	2 143.54
广西	1	—	—	13.89	13.89
重庆	1	—	—	120.90	120.90
四川	4	—	—	56.81	56.81
云南	1	—	—	56.00	56.00
陕西	9	2 409.33	1 801.12	16 478.91	18 888.24
甘肃	1	—	—	2 430.00	2 430.00
青海	8	1 943.85	1 841.79	183 451.88	185 395.73
新疆	7	108.51	42.00	248.30	356.81

资料来源：国土资源部，2016，全国矿产资源储量通报

表 3-13　2015 年全国玻璃用石英砂资源储量

地区	矿区数/个	基础储量/万 t	储量	资源量/万 t	查明资源储量/万 t
全国	116	106 198.96	83 772.30	214 734.17	320 933.13
河北	1	—	—	5 293.00	5 293.00
内蒙古	7	4 533.17	4 334.20	3 119.50	7 652.67
辽宁	15	473.00	—	1 383.81	1 856.81
吉林	5	2 638.25	2 301.22	3 179.00	5 817.25
黑龙江	3	207.00	176.00	1 384.30	1 591.30
江苏	6	769.00	500.00	3 935.00	4 704.00
福建	12	4 470.84	3 808.72	15 038.07	19 508.91
江西	3	2 147.22	83.00	9 239.20	11 386.42

续表

地区	矿区数/个	基础储量/万 t	储量	资源量/万 t	查明资源储量/万 t
山东	5	272.72	259.51	2 602.80	2 875.52
广东	9	636.00	199.00	22 931.75	23 567.75
广西	15	86.00	68.00	28 729.02	28 815.02
海南	27	88 976.35	71 257.78	115 890.29	204 866.64
甘肃	5	478.71	301.77	933.43	1 412.14
宁夏	1	17.70	14.10	63.00	80.70
新疆	2	493.00	469.00	1 012.00	1 505.00

资料来源：国土资源部，2016，全国矿产资源储量通报

表 3-14　2015 年全国玻璃用石英砂岩资源储量

地区	矿区数/个	基础储量/万 t	储量	资源量/万 t	查明资源储量/万 t
全国	147	40 974.97	30 256.61	54 836.30	95 811.27
北京	1	691.37	592.37	158.17	849.54
河北	19	3 628.98	2 338.00	8 762.77	12 391.75
山西	4	1 861.00	1 600.00	1 003.00	2 864.00
内蒙古	1	132.00	—	29.00	161.00
辽宁	1	—	—	10.01	10.01
吉林	2	723.00	173.00	224.00	947.00
江苏	3	1 799.00	1 509.00	3 745.00	5 544.00
浙江	6	1 317.39	489.00	1 418.70	2 736.09
安徽	2	—	—	727.46	727.46
江西	4	3 741.00	3 554.00	3 435.70	7 176.70
山东	49	15 000.84	12 399.02	13 523.08	28 523.92
湖北	11	2 930.94	225.00	1 850.07	4 781.01
湖南	6	992.00	839.65	4 750.00	5 742.00
广西	1	—	—	475.90	475.90
重庆	11	2 095.69	975.60	2 097.00	4 192.69
四川	7	2 531.09	2 501.00	7 879.90	10 410.99
贵州	7	2 172.47	1 954.47	2 950.36	5 122.83
云南	5	1 032.20	892.50	381.00	1 413.20
陕西	1	175.00	131.00	206.00	381.00
甘肃	3	151.00	83.00	30.00	181.00
宁夏	1	—	—	933.20	933.20
新疆	2	—	—	245.98	245.98

资料来源：国土资源部，2016，全国矿产资源储量通报

表 3-15　2015 年全国玻璃用脉石英资源储量

地区	矿区数/个	基础储量/万 t	储量	资源量/万 t	查明资源储量/万 t
全国	182	1 882.12	1 017.27	6 524.44	8 406.56
山西	1	—	—	10.00	10.00
内蒙古	1	3.30	2.80	17.20	20.50
辽宁	3	12.70	9.49	—	12.70
吉林	8	37.70	33.10	54.89	92.59
黑龙江	3	—	—	799.49	799.49
浙江	3	234.00	168.40	333.40	567.40
安徽	9	167.15	—	742.88	910.03
福建	21	23.52	13.32	265.20	288.72
江西	105	140.02	101.66	2129.23	2269.25
山东	3	0.79	—	4.20	4.99
湖北	2	—	—	14.99	14.99
湖南	1	13.50	8.10	10.30	23.80
广西	1	—	—	24.20	24.20
海南	1	148.00	118.40	114.00	262.00
四川	6	875.90	561.10	569.97	1 445.87
贵州	1	1.40	0.90	—	1.40
云南	1	—	—	193.00	193.00
陕西	2	—	—	660.64	660.64
甘肃	1	—	—	17.48	17.48
青海	1	—	—	4.93	4.93
新疆	8	224.14	—	558.44	782.58

资料来源：国土资源部，2016，全国矿产资源储量通报

沉积变质石英岩绝大多数分布在华北、东北、华东、西北 4 个地区，主要受前寒武系和构造沉降带控制，以震旦系地层产出矿床最多，规模最大。2015 年我国石英岩资源量为 314 668.31 万 t，占玻璃用硅质原料资源量的 54.85%。资源量最大的省份是青海，其次为安徽、陕西、河南，这 4 个省份占全国石英岩资源量的 91% 左右。

沉积石英砂岩分布广泛，集中于华北地区、华东地区、中南地区、西南地区，主要受古生代地层和准地台控制，成矿时代从前寒武纪至中生代均有，呈北早南晚特点。北方典型含矿层为寒武系，南方则为泥盆系，它们形成的矿床数量多、规模大。2015 年我国石英砂岩资源量为 54 836.30 万 t，占玻璃用硅质原料资源量的 9.7%，资源量最大的省份是山东，其次为河北、江苏、湖南、江西、重庆、贵州、四川，这 8 个省份占全国石英砂岩储量的 86.2%。

沉积石英砂分为海相和陆相。海相分布于我国东南沿海，集中于山东、福建、海南及广东，其为第四系滨海沉积砂；陆相分布较广，但主要分布于内蒙古、辽宁、吉林 3

省份交界处和江西省鄱阳湖畔，为新近系和古近系、第四系湖相、河湖相及风成砂矿。2015 年我国石英砂资源量为 214 734.17 万 t，资源量最大的省份是海南，其次为广西、广东、福建、河北、江西、江苏，这 7 个省份占全国石英砂资源量的 92.96%。

热液成因脉石英分布较广，2015 年其占玻璃用硅质原料资源量的 0.99%。脉石英资源储量最大的省份是江西，其次为四川、安徽、黑龙江、新疆，这 5 个省份占全国脉石英储量的 81.9%。

（二）我国玻璃用硅质原料资源特点

1）资源丰富，但分布不均衡。玻璃用硅质原料主要分布在安徽、青海、海南、辽宁、陕西、福建、山东、湖南、广东和江西等地，其约占总量的一半以上。

2）资源以石英岩、石英砂岩和石英砂的储量为主，脉石英较少。资源量分布情况：石英岩为 314 688.31 万 t，占 53.27%；石英砂为 214 734.17 万 t，占 36.35%；石英砂岩为 54 836.30 万 t，占 9.28%；脉石英为 6524 万 t，占 1.10%。国内的水晶资源已基本枯竭。

3）不同成因矿物品位各异。岩类矿比砂矿质量好，岩类矿北方比南方好，砂矿南方比北方好，海相沉积砂矿比陆相沉积砂矿好。

4）伴生类硅质资源有所开发利用。近年来霞石正长岩、白岗岩、浅粒岩等资源的发现与开发，成为玻璃用硅质原料又一来源。我国河南、四川、辽宁、云南、山西等地均发现有霞石正长岩矿产资源，部分霞石正长岩资源已进行开采，并在有关企业得到应用。

五、我国玻璃用硅质原料矿产开采加工现状

目前，世界各国所用的玻璃用硅质原料一般以自产自用为主，高纯砂、超纯砂由于资源缺乏和提纯技术较为复杂，只有美国、俄罗斯、挪威、澳大利亚等少数企业可以生产。我国生产的玻璃用硅质原料可以自给，但高纯砂、超纯砂还需进口。我国玻璃用硅质原料矿产开采加工呈现如下特点。

1）开发利用程度不均衡，呈现东高西低、东多西少局面。部分省份玻璃用硅质原料资源短缺，需要从其他省份购入。河北省是玻璃生产大省，玻璃主产区为邢台地区，而当地玻璃用硅质原料储量不大，且品位一般，可满足一般浮法玻璃的需要，但高档玻璃用硅质原料需从安徽等地购入。而青海、海南等地玻璃用硅质原料资源丰富，但玻璃工业薄弱。

2）部分地区矿权管理混乱，存在"采富弃贫"现象。

3）"绿色矿山"建设刚刚起步。目前，国家级绿色矿山试点单位为 661 家，玻璃用硅质原料行业没有国家级绿色矿山试点单位。

4）玻璃用硅质原料加工技术与国外相比仍有差距。目前，普通砂岩选矿普遍采用湿法棒磨工艺，在工艺水平、资源综合利用水平等与发达国家相比仍有一定的差距。

5）行业集中度低。玻璃用硅质原料生产布局分散，规模小，一厂一矿的不合理格局普遍存在，缺乏大型采选矿企业，采选矿整体技术水平一般。我国玻璃用硅质原料选矿行业企业众多，缺乏具有国际竞争力的大型玻璃用硅质原料选矿企业，没有年产值超

过 10 亿元的企业。

6）资源利用效率低。国内大部分玻璃用硅质原料选矿企业规模小，技术力量薄弱，导致资源利用效率低，一般只有 50%～70%，并且对大量的尾砂没有开展综合利用。

7）环保问题突出。玻璃用硅质原料选矿行业存在大量的中小规模民营企业，环保意识淡薄，对于加工过程中产生的废水直接排放、尾砂随意堆放，对周围环境造成严重污染。

六、玻璃用硅质原料资源保障性分析

根据市场预测，我国平板玻璃产量将在 2015 年前后达到顶峰，顶峰产量在 8 亿重量箱左右。2015 年，我国平板玻璃产量为 73863 万重量箱，理论消耗石英砂为 2585.2 万 t，实际消耗玻璃用硅质原料储量为 3693.16 万 t。按 2015 年数据计算，我国玻璃用硅质原料保障程度是保有储量服务年限为 35.2 年左右，资源储量服务年限为 213.8 年。从全国来说，资源保障程度较高，但资源及玻璃工业分布的不平衡。我国各省份玻璃用硅质原料矿产资源 2015 年静态保障年限见表 3-16。

表 3-16　我国各省份玻璃用硅质原料矿产资源 2015 年静态保障年限

地区	玻璃产量/万重量箱	消耗资源量/万 t	储量/万 t	查明资源储量/万 t	储量服务年限/年	资源储量服务年限/年
全国	73 863	3 693.15	129 863.87	789 719.92	35.2	213.8
北京	58	2.90	592.37	1 594.54	203.9	548.9
天津	2 895	144.75	0.00	0.00	0.0	0.0
河北	11 183	559.15	2 338.00	17 684.75	4.2	31.6
山西	1 297	64.85	1 600.00	3 730.00	24.7	57.5
内蒙古	1 071	53.55	4 500.53	8 450.25	84.0	157.8
辽宁	1 327	66.35	7 214.02	35 078.34	108.7	528.7
吉林	409	20.45	2 507.32	6 856.84	122.6	335.3
黑龙江	383	19.15	176.00	2 390.79	9.2	124.9
江苏	4 653	232.65	2 046.00	10 431.00	8.8	44.8
浙江	4 616	230.80	3 373.40	11 264.92	14.6	48.8
安徽	2 303	115.15	0.00	81 130.28	0.0	704.5
福建	5 028	251.40	4 300.70	21 362.93	17.1	85.0
江西	380	19.00	3 755.12	21 959.08	197.9	1 157.3
山东	7 424	371.20	13 175.13	42 947.69	35.5	115.7
河南	989	49.45	0.00	16 890.85	0.0	341.6
湖北	9 126	456.30	225.00	5 723.80	0.5	12.5
湖南	2 032	101.60	847.75	5 765.80	8.3	56.8
广东	6 970	348.50	199.00	25 711.29	0.6	73.8
广西	618	30.90	68.00	29 329.01	2.2	948.5
重庆	1 296	64.80	975.60	4 313.59	15.1	66.6

续表

地区	玻璃产量/万重量箱	消耗资源量/万t	储量/万t	查明资源储量/万t	储量服务年限/年	资源储量服务年限/年
海南	—	—	71 376.18	205 128.64		
四川	5 152	257.60	3 062.10	11 913.67	11.9	46.3
贵州	859	42.95	1 955.37	5 124.23	45.5	119.2
云南	627	31.35	892.50	1 662.20	28.5	53.0
陕西	1 850	92.50	1 932.12	19 929.88	20.9	215.5
甘肃	130	6.50	384.77	4 040.62	59.2	621.6
宁夏	—	—	14.10	1 013.90		
青海	395	19.75	1 841.79	185 400.66	93.2	9 379.0
新疆	792	39.60	511.00	2 890.37	12.9	73.0

注：计算方法为消耗资源（万t）= $\dfrac{\text{平板玻璃产量（万重量箱）} \times 50\text{kg} \times 0.7}{1000\text{kg} \times \text{利用率}}$，式中，50kg/重量箱、每吨玻璃消耗0.7t硅质原料、储量级别利用率为70%；储量级别与探明资源量利用率不一样，分别为50%、70%。

第二节 玻璃用硅质原料行业的科技实力现状与分析

一、玻璃用硅质原料科技实力现状与分析

（一）玻璃用硅质原料科技实力现状

目前，我国平板玻璃用硅质原料基本自主供应，玻璃用硅质原料提纯工艺技术方案和成套装备可满足国内平板玻璃用硅质原料需求。玻璃用硅质原料使用的提纯方法主要有水洗和分级脱泥、擦洗法、磁选法、浮选法、酸浸等。

1）水洗和分级脱泥。这种方法主要适合含有大量黏土矿物的石英砂。随着石英砂颗粒变细，SiO_2的品位随之降低，而铁质和铝质等杂质反而升高，在入选前对石英砂原矿进行水选、分级脱泥非常必要，效果也较为明显。例如，江苏宿迁马陵山矿石英砂原矿化学组成为SiO_2 78.39%、Fe_2O_3 1.68%、Al_2O_3 11.28%，粒度组成中-0.1mm粒级含量为27.65%。原矿进行水洗、分级脱泥后，SiO_2的品位上升到86.36%，Fe_2O_3降低至0.49%，Al_2O_3降低至6.79%。水洗和分级脱泥作为一种矿石入选前的预处理方法应用得较早也很普遍，但对存在于石英砂表面的薄膜铁和黏连性杂质矿物的脱除效果尚不显著。

2）擦洗法。借助机械力和砂粒间的磨剥力除去石英砂表面的薄膜铁、黏结及泥性杂质矿物和进一步擦碎未成单体的矿物集合体，达到石英砂进一步提纯的效果。目前，主要有机械擦洗、棒磨擦洗、加药高效强力擦洗和超声波擦洗等方法。

机械擦洗：影响擦洗效果的主要因素是来自擦洗机的结构特点、配置形式、擦洗时间和擦洗浓度等。砂矿擦洗浓度在50%~60%效果最好，擦洗时间原则上以初步达到产品质量要求为准。

棒磨擦洗：影响擦洗效果的主要因素有矿浆浓度、擦洗时间、加棒量及棒配比。棒磨机的磨矿介质是线性接触的，棒磨过程具有选择性、产品的粒度较为均匀、过粉碎现象较轻。此工艺一方面强化了擦洗效果，另一方面可改变原砂的粒度组成，为石英砂的进一步分选提供了矿物学基础。

加药高效强力擦洗：加药的目的是增大杂质矿物和石英颗粒表面的电斥力，增强杂质矿物与石英颗粒相互间的分离效果。

超声波擦洗：主要是去除颗粒表面的次生铁质薄膜（FeOOH）。次生铁质薄膜附着于颗粒表面和裂隙面，机械擦洗方法不能使其分离，造成天然硅砂铁质过高。在超声波作用下，黏附在颗粒表面的铁杂质脱落进入液相，达到除铁的目的。与其他机械擦洗方法相比，这种方法不仅可以消除矿物表面的杂质，而且可以清除颗粒解理缝隙处的杂质，除铁效果很好。

3）磁选法。可以最大限度地清除包括连生体颗粒在内的磁性矿物，如赤铁矿、褐铁矿、黑云母、钛铁矿、黄铁矿和石榴石等，也可除去带有磁性矿物包裹体的粒子。有干式和湿式两种方式。干式磁选主要除去含铁矿物及连生体颗粒，随着磁场强度的增大，杂质的脱除率上升，磁场强度10 000Oe[①]为最佳场强。湿式磁选通常采用强磁选或高梯度磁选，对含褐铁矿、赤铁矿、黑云母等弱磁性杂质为主的石英砂，10 000Oe以上效果较好，对含杂质以磁铁矿为主的强磁性矿物，则采用弱磁机或中磁机的效果更好。

4）浮选法。除去硅质原料中的长石、云母等非磁性伴生杂质矿物。浮选法是分离石英与长石的主要分离方法。这种方法始于20世纪40年代，也称"有氟有酸"法，采用阳离子捕收剂和氢氟酸活化剂在酸性pH范围内浮选分离，在强酸性及氟离子参与下，用阳离子捕收剂优先浮选长石。由于氟离子危害环境，20世纪70年代，日、美等国开始研究硅砂"无氟"浮选法，在强酸性介质（硫酸）条件下加入阴阳离子混合捕收剂，优先浮选长石，实现石英-长石的浮选分离，俗称"无氟有酸"法，目前应用比较广泛。云母与石英的晶体化学特征有很大不同，但基本荷电机理与长石相同，大部分云母矿物伴随着长石等矿物的浮选去除。一般而言，经过擦洗、脱泥、磁选和浮选后，石英砂的纯度可达到99.3%~99.9%，基本上可满足平板玻璃工业用砂要求。

5）酸浸。利用石英不溶于酸（氢氟酸除外）、其他杂质矿物能被酸液溶解的特点对石英进一步提纯。酸浸常用的酸有硫酸、盐酸、硝酸和氢氟酸等，还原剂有亚硫酸及其盐类等。各种稀酸对Fe和Al的去除均有显著效果，而对Ti和Cr的去除则采用较浓的硫酸、王水或氢氟酸浸处理。通常使用上述酸类组成的混合酸进行杂质矿物的酸浸脱除。由于氢氟酸对石英的溶解作用浓度一般不超过10%。除浓度外，酸用量、酸浸时间、温度及矿浆搅拌等均可以影响石英的酸浸效果。经过酸浸工艺可获得满足TFT-LCD玻璃基板、超白太阳能玻璃等特种玻璃的用砂。

（二）科技人才占比与研发投入强度分析

国内玻璃用硅质原料选矿厂包括两大类：一类是单纯的石英砂采选企业，出售加工

---

① 1Oe=79.5775A/m。

的石英砂给玻璃生产企业；另一类是玻璃生产企业自建的石英砂采选厂。第一类企业大部分是中小规模的民营企业，管理不规范，科技人才与研发投入很少，企业数量占整个选矿企业的95%以上。而玻璃企业自建的采选厂通常通过与科研院所、高校合作，针对下游生产对石英砂质量要求开展专题研究，建立合理选矿流程，生产特种玻璃所需的石英砂。这类企业的规模较大、经营管理较规范，但科技研发仍不够重视，每年的研发投入不足销售收入的1%，与国外同类企业相比存在较大差距。

二、平板玻璃及特种玻璃科技实力现状与分析

（一）浮法玻璃技术与装备达到国际先进水平

目前，我国平板玻璃生产工艺技术主要有浮法、平拉法和压延法。浮法技术是平板玻璃生产的主导技术。截至2015年底，我国拥有浮法玻璃生产线300多条，浮法玻璃产量占平板玻璃总产量的88%。这里重点介绍、分析国内外浮法玻璃工艺的技术水平。

1981年，我国"洛阳浮法玻璃工艺"诞生，成为比肩英国皮尔金顿浮法、美国匹兹堡浮法的世界三大浮法工艺之一。多年来，通过对原料配料称量，熔窑、锡槽、退火窑三大热工设备的技术创新和自动控制系统成套技术与软件等一系列科技攻关，对关键技术进行系统集成和工程优化，在产品质量与品种、生产线功能与规模、节能减排等方面取得长足进步。目前，我国浮法玻璃工艺技术已经达到世界一流水平。国内外浮法玻璃工艺技术水平对比结果见表3-17。

表3-17 国内外浮法玻璃工艺技术水平对比

项目			国际先进水平	我国先进水平
规模/(t/d)			1000	1200
窑龄/年			12	12
产品质量	点状缺陷平均数/(个/m²)	0.15~0.3mm	0.37	0.39
		0.3~1.0mm	0.25	0.24
	光学变形（光入射角）/(°)	平均	65.8	65.6

20世纪90年代初，采用我国浮法玻璃成套技术和成套装备的熔化量为300t/d浮法玻璃生产线在印度尼西亚建成，开创了我国浮法玻璃成套技术和成套装备出口的先河。随后，我国先后又向印度尼西亚、印度、伊朗、孟加拉、越南、朝鲜和韩国等国出口成套浮法玻璃生产线30多条线，最大生产规模达1200t/d（表3-18）。目前，仍有多条生产线在建。

表3-18 采用我国浮法玻璃成套技术与成套装备在国外投产的生产线

序号	项目名称	规模/(t/d)	投产时间
1	印度尼西亚ARB浮法玻璃生产线	300	1991年1月
2	印度尼西亚TS-3浮法玻璃生产线	500	1996年9月
3	印度浮法玻璃生产线	250	1996年10月

续表

序号	项目名称	规模/(t/d)	投产时间
4	越南 VIFG 浮法玻璃生产线	350	2002年10月
5	孟加拉浮法玻璃生产线	300	2005年9月
6	印度尼西亚 TG-2 浮法玻璃生产线	900	2007年2月
7	孟加拉 PHP 浮法玻璃生产线	150	2005年6月
8	朝鲜大安浮法玻璃生产线	300	2005年10月
9	伊朗 AZAR 浮法玻璃生产线	300	2004年10月
10	阿尔及利亚浮法玻璃生产线	600	2007年6月
11	印度浮法玻璃生产线	600	2009年11月
12	伊朗 AFGC 浮法玻璃生产线	800	2011年6月
13	越南浮法玻璃生产线	400	2013年6年
14	孟加拉浮法玻璃生产线	400	2014年2月
15	韩国 KCC 浮法玻璃生产线	1200	2015年3月

另外，由于核心装备和关键材料的国产化，有力推动了我国浮法玻璃工艺技术的发展，增强了我国浮法玻璃工艺技术在国际市场上的竞争力。同等规模和质量要求前提下，采用我国浮法玻璃工艺技术的总体造价比国外公司低50%以上。国内玻璃企业新建的浮法玻璃生产线均采用国内技术与装备，国外越来越多大的玻璃集团公司也开始采用我国浮法玻璃技术与装备。

2004年前，台玻集团一直采用英国皮尔金顿公司的浮法技术。2004年10月，台玻集团投产的台玻东海玻璃公司350t/d浮法玻璃生产线首次采用我国浮法技术建线。工程由国内总承包，产品各项指标达到了台玻青岛浮法玻璃有限公司的产品质量指标。随后台玻集团的多条浮法玻璃生产线均采用我国浮法玻璃技术及装备。

南玻集团是我国大陆最早的上市公司之一，是我国规模最大、产业链最完整的玻璃制造及玻璃深加工企业之一，是我国优质浮法玻璃最大的生产制造商之一。南玻集团的第一条浮法玻璃生产线采取全部引进技术和装备，投资非常高。第二、第三和第四条浮法玻璃生产线采取引进关键技术和装备。随后的浮法玻璃生产线都采用我国浮法玻璃技术及装备，产品质量达到国际先进水平。

(二) 我国特种玻璃技术及装备与国外先进水平仍有一定差距

2005年之前，我国平板玻璃产量连续十多年居世界首位，但只能生产普通浮法玻璃，而特种玻璃产业基本处于空白，市场完全被国外公司垄断。

自20世纪90年代起，我国开展原料提纯、玻璃成分及配方、新型熔窑、超薄成形、精深加工等关键核心技术与装备的自主研发，截至2011年底，已成功实现了特种玻璃主流产品的国产化。

近年来，我国特种玻璃开展的创新工作如下。

(1) 原料提纯技术

光伏玻璃是太阳能电池不可替代的关键材料，但生产光伏玻璃所需的优质脉石英资源在我国又十分稀缺，长期依赖进口。为突破优质脉石英资源短缺对光伏玻璃发展的制约，必须利用储量丰富的普通石英岩资源生产出铁含量≤60ppm①的 ppm 级光伏玻璃用石英砂。但是，我国普通石英资源杂质含量较高，传统选矿方法无法生产出光伏玻璃用石英砂，主要存在如下两个难点。

一是普通石英资源中杂质存在形式复杂，其中连生体杂质去除是选矿过程中的难点，特别是粗颗粒中的连生体杂质（图3-5）。光伏玻璃生产工艺要求石英砂为粗颗粒，石英砂粒度范围为 30～120 目（即 0.6～0.125mm）比例≥95%，故不能采用磨细方法实现单体解离。

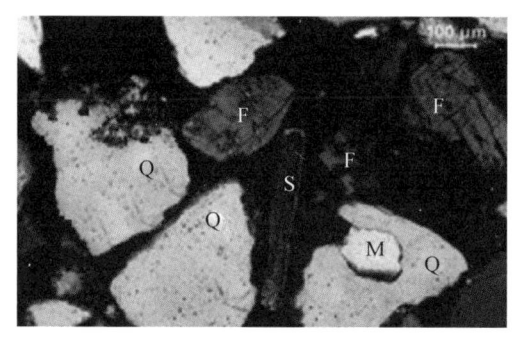

图 3-5　石英（Q）间隙中充填片状云母（S）、连生体（M）、铁质物（F）等

二是在自然成矿过程中，天然矿物表面往往被伴生的 K^+、Na^+、Ca^{2+}、Mg^{2+} 等各种杂质离子所浸染，导致"表面趋同"现象，妨碍了传统浮选捕收剂对杂质矿物的选择性吸附而无法浮选，为此，成功开发出"阳离子+非离子"型专用混合浮选捕收剂，克服了矿物的"表面趋同"现象，同时，利用药剂中的不同组分有针对性地吸附于各种杂质矿物表面，从而达到选择性捕收目的。进而，开发出高效短流程浮选工艺，实现了快速高效低成本生产低铁石英砂。如图 3-6 所示。

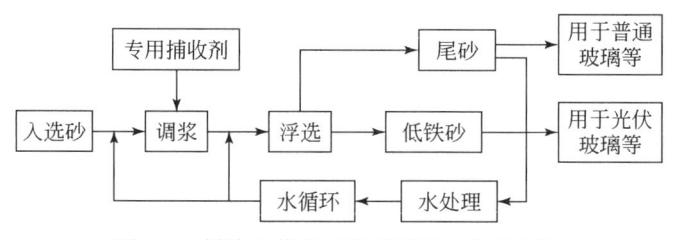

图 3-6　低铁石英砂短流程浮选工艺流程图

这两个难题的突破，实现了普通石英资源的深度提纯，对我国光伏玻璃行业的可持续发展意义重大。技术对比见表 3-19。

---

① 1ppm = 10^{-6}。

表 3-19　低铁石英砂短流程浮选工艺与传统浮选工艺技术对比

浮选工艺	低铁石英砂短流程浮选工艺	传统浮选工艺
精砂 Fe_2O_3 降低量	91.5%	72.2%
浮选捕收剂	捕收力强，与水任意比例互溶	捕收力一般，在水中的最大溶解度固定
使用环境	0℃以上水温正常使用，适应性广	15℃以上水温正常使用
环境保护	实现"零排放"	外排废水

注：原矿 Fe_2O_3 含量相同。

（2）玻璃成分设计

为满足不同应用领域对特种玻璃的各种性能要求，必须设计相应的全新玻璃成分及配方。

TFT-LCD 液晶显示对 TFT-LCD 超薄玻璃基板提出了无碱无砷、高化学稳定性、高热稳定性、微缺陷、低密度及高弹性模量等性能要求。同时，TFT-LCD 超薄玻璃基板的成型工艺对玻璃带的下垂量提出了要求，理想数值在 70mm 左右，玻璃基板最大下垂量 [Tswsmi（Ymax）]（mm）计算公式为

$$\text{Tswsmi}(Y\max) = \frac{5g}{32} \cdot \frac{d(1-v^2)}{E \times 10^3} \cdot \frac{L^4}{t^2}$$

式中，g 为重力加速度，9.8（m/s²）；d 为密度（g/cm³）；E 为杨氏模量（GPa）；v 为泊松比；L 为支持距离（mm）；t 为基板厚度（mm）。

可见，玻璃基板下垂量的大小主要取决于玻璃的密度、杨氏模量和泊松比。要减小玻璃基板下垂量，必须减小玻璃的密度，增加玻璃的杨氏模量和泊松比。

泊松比计算公式为

$$v = \frac{E}{2G} - 1$$

式中，v 为泊松比；E 为玻璃的弹性模量，即杨氏模量（GPa）；G 为玻璃的剪切模量（GPa）。

增加泊松比的方法是增加杨氏模量 E 和减小剪切模量 G。

结合电子玻璃行业经验，并分析 TFT-LCD 超薄玻璃基板结构-特性，以及导入的各种化学成分在 TFT 玻璃体系中的功能机理，发现提高 Al、Si 含量可以增加玻璃的杨氏模量；降低 Ba、Sr 可以减小玻璃密度，但是 Al、Si 含量的增加会导致玻璃高温黏度增大，给熔融、澄清带来困难，对耐火材料的耐侵蚀能力和铂金通道的高温强度提出更高的要求；Ba、Sr 在 TFT-LCD 超薄玻璃基板生产中的作用不仅仅是调节理化性能，在熔化过程中还起着提供气体组分，降低气体分压，调节窑内气压的作用，与难熔组分共同作用形成低熔点共熔物，从而降低硅酸盐熔点。

采用自主开发的半定量成分设计软件，经过正交试验的方法，确定一组方案进行生产线试制。经测试，TFT-LCD 超薄玻璃基板性能指标见表 3-20。采用设计配方生产的玻璃基板可满足下游产业的要求。

表 3-20 TFT-LCD 超薄玻璃基板性能指标表

序号	指标	数值
1	下垂量/mm	70
2	密度/(g/cm^3)	2.430
3	杨氏模量/GPa	72.8
4	韦氏硬度/Hv	648
5	抗压强度/MPa	1026
6	抗张强度/MPa	87.6
7	膨胀系数/(10^{-7}/℃)	33.5
8	软化点/℃	979
9	退火点/℃	714
10	应变点/℃	663

（3）新型玻璃熔窑技术开发

针对传统玻璃微缺陷多、能耗高等问题，通过熔窑仿真模拟和大量的实验研究发现，熔窑的结构和工艺对微缺陷控制和能耗有重大影响，据此，开发出高效节能新型熔窑，实现了微缺陷的控制。

台阶池底。传统玻璃熔窑的澄清部与熔化部池底深度一致。台阶池底的熔窑把澄清部池底适当抬高，使池底不良玻璃液聚集的"滞止三角区"比传统玻璃熔窑显著减小，大大减少了缺陷的产生。同时，台阶池底使澄清部与熔化部相对独立，澄清部玻璃液深度减小，气泡排出效率高、速率快，澄清效果显著提升。

全等宽投料池。相对于传统非等宽投料池，全等宽投料池使玻璃液热点前移，热点至投料池之间的回流增强，加速了配合料的熔化，提高了玻璃液的澄清和均化效果。

窄长卡脖。卡脖变窄后，减少了玻璃液从冷却部到澄清部的回流量和重复加热，提高了熔窑热效率。同时，窄长卡脖结构，避免了垂直搅拌器布置在深层水包后的"死区"内，充分发挥了搅拌器的作用，进一步提高了玻璃液的化学均匀性和热均匀性。

侧烧式工艺。传统燃烧工艺为底烧式，喷枪枪口向上微倾布置，把燃料喷入窑内再与空气混合发生燃烧，存在燃烧不充分、辐射利用不充分等问题。侧烧式工艺喷枪平行于玻璃液面布置，把燃料与蓄热室内的预热空气在小炉内直接混合、燃烧，有效克服了问题。

宽窑池。宽窑池结构优化了窑池长宽比，与传统玻璃熔窑相比，进一步增加了火焰的覆盖面积，降低了进入蓄热室的烟气温度，提高了燃料利用效率。600t/d 新型玻璃熔窑与 600t/d 传统玻璃熔窑结果对比见表 3-21。

表 3-21 600t/d 新型玻璃熔窑与 600t/d 传统玻璃熔窑对比表

项目	熔制质量因子	加权滞留时间/h	砂粒熔化时间/h	气泡澄清率/%	熔窑熔化部火焰有效加热/kW	卡脖回流流量/(t/d)	熔化部加热回流耗热/kW
600t/d 传统玻璃熔窑	1.126	60.2	10.2	84.17	20 009.8	595.5	753.6

续表

项目	熔制质量因子	加权滞留时间/h	砂粒熔化时间/h	气泡澄清率/%	熔窑熔化部火焰有效加热/kW	卡脖回流流量/(t/d)	熔化部加热回流耗热/kW
600t/d 新型玻璃熔窑	1.562	78.8	5.6	99.98	19 470.6	459.3	395.9

(4) 成型技术开发

TFT-LCD 超薄玻璃基板、触控高强盖板玻璃等信息显示玻璃液黏度大、表面质量要求高、几何性能要求高、成型难度极大。我国开发了具有完全自主知识产权的系列成型工艺技术及成套装备，突破技术封锁，实现了采用大规模工业化方式生产准光学质量的玻璃材料。目前，我国已生产出 0.3mm 的 TFT-LCD 超薄玻璃基板，产品质量达到国际先进水平。

针对国外太阳能玻璃生产过程中存在的均匀性差、微气泡难以控制等难题，我国开发成功"宽液流"成型工艺技术及成套装备。与国外相比，产品的良品率提高了 15%、综合能耗降低了 29.76%，实现了我国太阳能玻璃从无到有的重大突破并很快达到了国际先进水平。

玻璃展薄技术决定玻璃厚度的可控性、玻璃运行的平稳性及玻璃表面的微观波纹度。通过对 0.2~1.1mm 各品种生产玻璃带的温降速度和强制拉薄温度区间长度进行精确计算，引入 g 值概念，即锡槽纵向每米温降速度。根据热平衡计算，对锡槽的电加热区域进行了合理分布和功率配置，对锡槽结构设计、拉边机保温、锡液对流控制进行研发和改进，控制纵向温降速度，结合等速比拉薄技术，将 0.2~1.1mm 不同品种的 g 值有效控制为 3~8℃/m。超薄玻璃锡槽槽内温度场分布如图 3-7 所示。

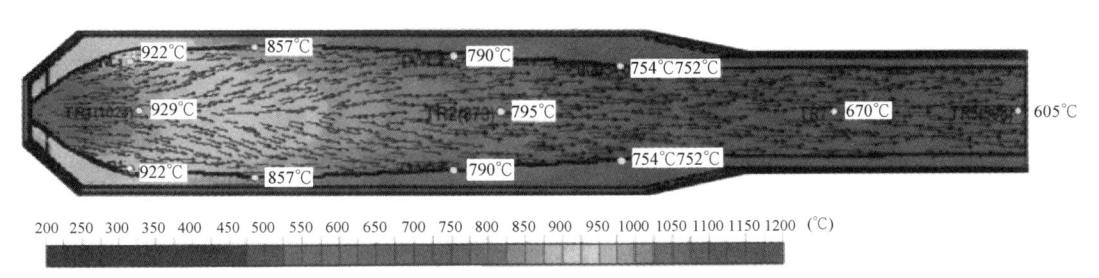

图 3-7 超薄玻璃锡槽槽内温度场分布图

目前，我国采用等 g 值控制技术生产的超薄玻璃厚薄差可控制在 ±0.1mm 内，优于国家标准 ±0.5mm 的要求，达到国际先进水平。

与欧美发达国家相比，我国特种玻璃在基础理论研究、产业化和应用开发等方面仍存在较大差距。当前制约特种玻璃发展的瓶颈主要表现在如下几个方面。

1) 创新能力不足，以跟踪为主。由于特种玻璃的基础研究薄弱，对其"组成—结构—性能"关系规律的认识不深，产品研制仍以跟踪为主，自主创新较差。例如，特种玻璃溢流下拉制备技术、高光学均匀性控制技术、表面改性技术及可控晶化技术等核心技术主要由美国康宁公司（Coring）、德国肖特集团（Schott）等公司掌握。美国、日本、德国等发达国家非常重视特种玻璃的基础研究和工程技术研究，技术水平和产业化应用处于世界领先地位。

特种玻璃是美国工业界近几十年来最重要的技术创新领域之一,从耐高温硼硅酸盐玻璃、微晶玻璃到 TFT-LCD 超薄玻璃基板,形成了特种玻璃领域的众多创新成果。例如,美国国家科学基金会(National Science Foundation,NSF)持续支持了 25 所美国大学进行玻璃科学研究;美国康宁公司通过不同途径对大学和玻璃研究团体提供了定向资金支持,推动了玻璃领域的前沿科学研究,为玻璃工业发展储备了前瞻性技术。

根据对《世界玻璃》、《物理评论快报》、《非晶固体期刊》、《美国陶瓷学会期刊》、《化学物理学期刊》和《国际应用玻璃科学期刊》等玻璃相关科学期刊的论文统计,近年来国际玻璃研究课题分布如图 3-8 所示。

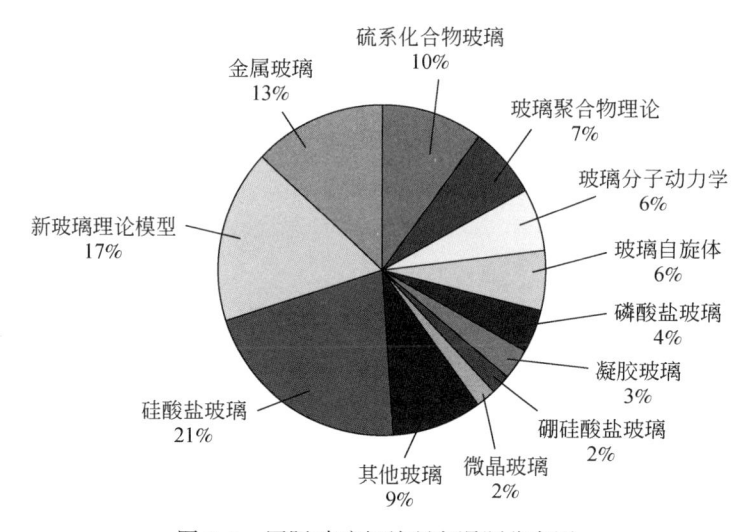

图 3-8 国际玻璃相关研究课题分布图

在这些研究课题中,约 21% 为硅酸盐玻璃研究、17% 为新玻璃理论模型研究、13% 为金属玻璃研究、10% 为硫系化合物玻璃研究、7% 为玻璃聚合物理论研究、6% 为玻璃分子动力学研究、6% 为玻璃自旋体研究、4% 为磷酸盐玻璃研究、3% 为凝胶玻璃研究、2% 为硼硅酸盐玻璃研究、2% 为微晶玻璃研究及 9% 为其他玻璃研究。

2)工艺成熟度低,产品品种少。我国特种玻璃研究起步较晚,技术积淀薄弱,对相关共性关键技术认识不足,部分工艺装备、基础设施配套和生产工艺成熟性低;主要关键产品和装备仍需进口(表 3-22);特种玻璃标准体系和检测体系不健全,难以满足特种玻璃的品种、技术和工艺的升级需要。

表 3-22 我国目前需要进口的主要特种玻璃及装备

序号	名称	备注
1	8.5 代及以上 TFT-LCD 基板玻璃	依赖进口
2	高铝盖板玻璃	依赖进口
3	超薄电子玻璃	部分依赖进口
4	薄膜电池用中铝背板玻璃	依赖进口
5	电致变色玻璃	依赖进口

续表

序号	名称	备注
6	在线 Low-E 玻璃镀膜装备	依赖进口

3）企业国际竞争力差。目前，我国特种玻璃生产企业规模普遍较小，市场占有率低，与国外大企业无法抗衡。例如，美国康宁公司占据全球 50% 以上的 TFT-LCD 基板玻璃、高铝盖板玻璃市场。

第三节 玻璃用硅质原料行业企业实力分析

一、我国主要玻璃用硅质原料企业实力分析

平板玻璃对硅质原料的要求较低，通过简单的擦洗、磁选、浮选等手段可生产出满足要求的玻璃用砂，工艺技术方案较为成熟。

国内玻璃用硅质原料选矿厂包括两大类：第一类是单纯的石英砂采选企业，其出售加工的石英砂给玻璃生产企业；第二类是玻璃生产企业自建的石英砂采选企业。第一类企业大部分是民营企业，大多企业规模小、管理不太规范，这类企业数量占整个选矿企业数量的 95% 以上。第二类是玻璃生产企业自建的石英砂采选企业的企业规模较大、经营管理较规范，与科研院所、高校开展针对下游生产对石英砂质量要求合理设置选矿工艺。目前，国内还没有单纯的超大型玻璃硅质原料采选矿企业。我国主要大型玻璃硅质原料采选企业见表 3-23。

表 3-23 我国主要大型玻璃用硅质原料采选企业

序号	生产商	原矿类型	规模/（万 t/a）	产品回收率/%	精砂终端用户
1	南玻集团： 海南文昌基地 四川江油基地 广东河源基地	石英砂（海砂） 石英砂岩 石英（粉）岩	50 60 15	90 60 65	浮法玻璃
2	台玻集团： 安徽凤阳基地 山东沂南基地 陕西汉中基地	石英岩 石英砂岩 石英岩	45 45 50	75 88 65	浮法玻璃、 玻璃纤维
3	中建材通辽矽砂工业有限公司	石英砂	100	85	
4	福耀玻璃工业集团股份有限公司	石英砂（海砂）	70	85	浮法玻璃
5	江苏华尔润集团有限公司：浙江长兴基地	石英砂岩	90	78	浮法玻璃
6	太仓中玻皮尔金顿特种玻璃有限公司	石英砂（海砂）	30	85	浮法玻璃
7	中国洛阳浮法玻璃集团有限责任公司	石英砂岩	20	65	浮法玻璃
8	湖北三峡新型建材股份有限公司	石英砂（湖相砂）	45	55	浮法玻璃
9	矽比科集团：安徽凤阳基地	石英岩	15	65	浮法玻璃

二、国内外主要平板玻璃及特种玻璃企业实力分析

(一) 板硝子株式会社

板硝子株式会社（Nippon Sheet Glass，NSG）成立于 1918 年，并于 2006 年 6 月收购了英国最顶尖的玻璃制造商皮尔金顿。2015 年营业收入达到 6267.13 亿日元（折合 52.6 亿美元），在 28 个国家设有制造工厂，员工 27 000 名，产品畅销 130 个国家，是世界最先进的玻璃和玻璃装配系统制造商之一，主营业务板块分别包括建筑玻璃、汽车玻璃和技术玻璃，在世界建筑玻璃领域和汽车玻璃领域占有很大市场份额。从地域上来看，其 40% 的销售额来自于欧洲、26% 的销售额来自于日本、16% 的销售额来自于北美，其余 18% 主要来自南美、中国及东南亚。

建筑玻璃领域包括建筑和太阳能；汽车玻璃领域包括新车制造、售后维修更换及特殊交通工具需要的玻璃；技术玻璃领域包括超薄显示玻璃、复印机（打印机）镜头、玻纤产品等。产业布局见表 3-24。

表 3-24 NSG 全球产业布局

地区		生产线		
		浮法生产线/条	汽车工厂/个	技术玻璃工厂/个
欧洲	芬兰	—	2	—
	德国	4	2	—
	意大利	2	1	—
	波兰	1	2	—
	俄罗斯	1	—	—
	西班牙	—	1	—
	英国	1	—	1
南亚及东南亚	印度	—	1	—
	马来西亚	2	1	—
	越南	3	—	1
南美	阿根廷	1	1	—
	巴西	5	2	—
	智利	1	—	—
	哥伦比亚	1	—	—
北美	加拿大	—	1	1
	墨西哥	—	1	—
	美国	5	3	—
日本		4	3	4
中国		15	2	2
合计		46	23	9

第三章　我国玻璃用硅质原料资源的现状与分析

2015 年，NSG 营业收入为 6267.13 亿日元，其中，建筑玻璃部门营业收入为 2529.14 亿日元，约占集团收入的 40%；汽车玻璃营业收入为 3139.56 亿日元，约占集团收入的 50%；技术玻璃营业收入为 587.41 亿日元，约占集团收入的 10%[①]。不同业务板块营业收入分布分别如图 3-9～图 3-12 所示。

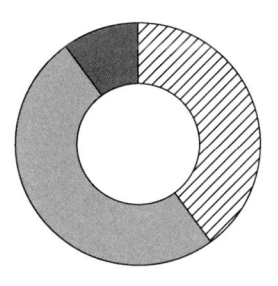

建筑玻璃40%　汽车玻璃50%　技术玻璃10%
图 3-9　2015 年 NSG 总营业收入按业务板块划分

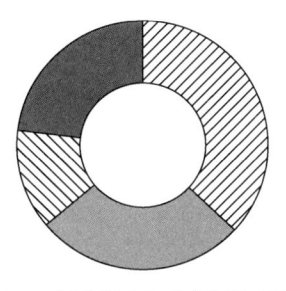

欧洲37%　日本27%　北美13%　其他23%
图 3-10　2015 年 NSG 建筑玻璃营业收入按地区划分

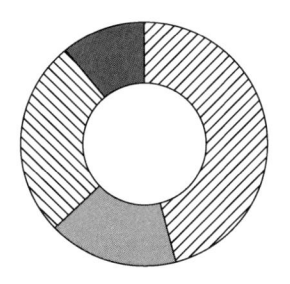

欧洲46%　日本17%　北美26%　其他11%
图 3-11　2015 年 NSG 汽车玻璃营业收入按地区划分

(二) 康宁公司

康宁公司是特殊玻璃和陶瓷材料的全球领导厂商、世界 500 强企业，1851 年于美国纽约州的康宁市成立。其产品遍布高科技消费电子、移动排放控制、通信和生命科学领

---

① 其他业务营业收入约为 1.1 亿日元，因为所占比例较小，此处不做研究。

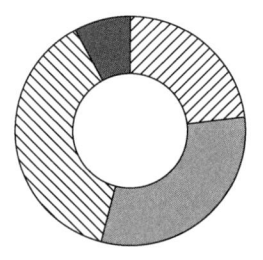

☒ 超薄显示玻璃23%　■ 玻纤产品38%
☒ 复印机(打印机)镜头31%　■ 其他8%

图3-12　2015年NSG技术玻璃营业收入划分

域，包括用于LCD（liquid crystal display，液晶显示器）电视、电脑显示器和笔记本电脑的玻璃基板；用于移动排放控制系统的陶瓷载体和过滤器；用于通信网络的光纤、光缆及硬件和设备；用于药物开发的光学生物传感器及用于其他一些行业，如半导体、航空航天、国防、天文学和计量学等先进的光学与特殊材料解决方案。其办公地点遍布北美、欧洲及亚洲约70个国家与地区，拥有员工29 000余名，玻璃基板业务占领全球信息显示玻璃基板50%以上的市场份额。

康宁公司在全球投建了106座TFT-LCD基板玻璃熔炉，目前在产的有85座，转产高铝盖板玻璃的熔炉有9座，合计产能为2.2亿 m^2/a，占全球产能的50%以上。

2003年3月，在北京投建5代TFT-LC基板玻璃后端工厂。2010年7月在北京投建全段8.5代TFT-LCD基板玻璃生产线。2015年6月宣布在重庆投建一条8.5代TFT-LCD基板玻璃后端工厂。2015年12月宣布在合肥投建一条10.5代TFT-LCD基板玻璃生产线，为目前全球尺寸最大的TFT-LCD基板玻璃生产线。2015年显示科技事业部营业收入约占康宁公司总营业收入的40%。

康宁公司的发展来自于对创新的专注，每年研发投入占营业收入的8%左右。该公司通过对研发的持续投资、独特地结合材料和制程创新，以及与客户密切合作，来解决棘手的技术难题获得成功。凭借技术领先地位和优越研发环境，吸引了世界上优秀的科学家。企业财务经济指标见表3-25。

表3-25　康宁公司财务指标表

名称	2015年	2014年	2013年	2012年	2011年	2010年
销售额/10^6美元	9 111	9 715	7 819	8 012	7 890	6 632
研发投入/10^6美元	637	815	710	769	668	599
研发投入占比/%	7.0	8.39	9.08	9.60	8.47	9.03
净利润/10^6美元	1 339	2 472	1 961	1 636	2 817	3 574
总资产/10^6美元	27 899	28 527	28 478	29 375	27 848	25 833
所有者权益/10^6美元	17 893	18 863	21 162	21 486	21 078	19 375

（三）旭硝子株式会社

旭硝子株式会社总部位于日本东京，是世界500强企业，全球第二大玻璃制品公司，汽车用玻璃第一品牌，全球电子信息显示玻璃第二大公司，共有51 500名员工。主营业务有平板玻璃、汽车玻璃、显示器用玻璃、化学品、电子与能源产品生产，分布在欧洲、亚洲和美洲。

旭硝子株式会社制定了短期、中长期、长期研发计划，对于短期和中长期研发计划的主要目的是支撑现有产业的竞争力；对于长期研发计划，预测了未来10~20年的社会和技术发展趋势，制定了技术路线图，称为技术展望。积极追求新一代移动、热工管理、新一代通信、生命科学、保密与安全、新能源与新绿色六个方面的技术和业务发展、企业财务经济指标见表3-26。

表3-26 旭硝子株式会社财务指标表

名称	2015年	2014年	2013年	2012年
销售额/10^6美元	11 164	11 347	11 109	10 014
研发投入/10^6美元	—	377	395	396
研发投入占比/%	—	3.32	3.55	3.96
营业利润/10^6美元	599	523	672	856
总资产/10^6美元	16 759	17 482	17 847	16 128
所有者权益/10^6美元	9 201	9 935	9 637	8 085

(四) 凯盛科技集团有限公司

凯盛科技集团有限公司是以蚌埠玻璃工业设计研究院为核心企业的集团公司，隶属于中国建筑材料集团有限公司，拥有两个A股上市公司（600552、600876）及一个H股上市公司（HK03323）。蚌埠玻璃工业设计研究院是中华人民共和国第一批成立的全国综合性甲级科研设计单位，2000年改制成立中国建材国际工程集团有限公司，是国家重点高新技术企业。

近年来，凯盛科技集团公司大力实施集成化、产业化、工程化、国际化战略，大力发展新玻璃、新材料、新能源、新装备产业，拥有玻璃、水泥、建筑、新能源、新型房屋、环境污染治理的工程设计、总承包、咨询、监理等甲级资质及对外经营权，产业基地分布国内多个省份，经营网络遍布世界各地。成员企业连续多年跻身美国《工程新闻纪录》(Engineering News-Record，ENR) 全球顶级工程设计咨询公司200强，跻身全国勘察设计企业、工程项目管理企业和工程总承包企业前10强，跻身中国建材行业500强。

凯盛科技集团公司包括凯盛玻璃、凯盛光伏、凯盛材料、凯盛装备、凯盛工程五大业务板块。

1) 凯盛玻璃研发了太阳能光伏玻璃、电子信息显示玻璃、节能玻璃等国际领先的技术并实施产业化，多项技术打破国外垄断，填补国内空白，满足了太阳能光伏产业和电子信息产业及建筑节能快速发展的需要。主要业绩是：ITO导电膜玻璃产销量位居全球第一；太阳能光伏玻璃生产线单体规模全球最大；国内第一条量产4.5代TFT-LCD基板玻璃生产线；首条国产化薄膜太阳能电池用TCO玻璃生产线。国内首条0.2mm电子信息显示玻璃基板生产线。

2）凯盛光伏着力打造太阳能光伏建筑一体化的全产业链，将新能源材料与分布式能源应用结合，开展新能源房屋的研发和推广应用。铜铟镓硒薄膜太阳能电池中试线试验样品成功下线。收购德国公司，建设100MW碲化镉薄膜太阳能电池生产线。建成我国首栋新能源房屋，双轴跟踪光伏发电站成功应用。

3）凯盛材料以位于蚌埠的占地2000多亩[①]的中国玻璃新材料科技产业园为依托，主要生产高纯电熔氧化锆、超细硅酸锆、球形石英粉、空心玻璃微珠、高密度ITO靶材等产品。其中，高纯电熔氧化锆产品连续多年产销量位居全球第一。空心玻璃微珠成为国家863计划项目，作为重要的基础材料已应用在深海探测和航空航天领域，高密度ITO靶材填补了国内高档靶材空白。

4）凯盛装备根据产业链发展需要，以凯盛装备科技园为依托，发展新玻璃、新材料、新能源"三新"产业所需要的新装备，构建了玻璃装备、高端掘进装备、节能减排装备、太阳能光伏装备等成套装备制造基地，产品远销世界各地。

5）凯盛工程实施以设计为龙头，以核心技术为支撑的工程总承包业务，涵盖玻璃、水泥、建筑、新能源及节能减排工程。凯盛科技集团在玻璃工程市场上独占鳌头，在水泥、新能源工程市场上异军突起。设计或总承包建设了数百条高端浮法和太阳能光伏玻璃生产线，国内高端玻璃工程市场占有率、中国出口高端玻璃工程市场占有率分别达到80%和90%以上。

凯盛科技集团公司拥有技术研发中心24家，其中包括3个国家级研发平台、3个行业测试中心、11个省级（工程）技术中心、2个省级实验室、3个省级企业技术中心。累计承担863计划、973计划、国家科技支撑计划课题10余项，获得国家科技进步奖一等奖1项、二等奖3项，省部级科技成果奖50多项，获得授权专利600多件，其中，国际专利158件，发明专利65件；主持并参与制订、修订国家及行业标准38项，其中国家标准12项。年研发投入为2.5%以上。

凯盛科技集团合并业务收入自2011年突破100亿元以来，主要经济指标连续实现两位数增长。2015年，凯盛科技集团主营业务收入为140亿元，利润总额为8.82亿元，资产总额为387.44亿元，所有者权益为107.82亿元，技术研发投入2.8%。

（五）中国南玻集团股份有限公司

中国南玻集团股份有限公司（简称南玻集团）成立于1984年，A、B股于1992年同时在深圳证券交易所上市，是我国最早的上市公司之一。目前，其总资产为150亿元，下辖19个子公司，员工10000余人，是中国玻璃行业和太阳能行业最具竞争力和影响力的大型企业集团。

南玻集团致力于节能和可再生能源事业，确立了以"为社会提供节能玻璃及可再生能源产品"为主线的长期发展战略，主营业务为平板玻璃、工程玻璃等节能建筑材料，硅材料、光伏组件等可再生能源产品及超薄电子玻璃等新型材料和高科技产品的生产、

---

① 1亩≈666.67m²。

制造和销售。

初步完成全国性的产业布局，五大生产基地分别位于国内经济最活跃的东部长江三角洲地区、南部珠江三角洲地区、西部成渝地区、北部京津地区及中部的湖北片区，在深圳、东莞、成都、天津、廊坊、吴江、宜昌、咸宁、四川江油、广东英德等地建有大型生产或原料基地，在香港设有子公司（表3-27）。

表3-27 南玻集团平板玻璃生产线统计表

地区	生产线数量/条	总规模/(t/d)
吴江	2	1500
广州	3	1850
宜昌	1	150
清远	1	250
东莞	1	650
咸宁	2	1400
廊坊	3	1650
成都	3	2250
合计	16	9700

南玻集团的核心竞争力源于自主创新能力、清晰的发展战略及战略执行力，始终坚持差异化经营的产品策略，各事业部均设置了研发中心，并不断加大研发的人员及资金投入，以保证公司在行业中的技术优势。以完善的法人治理结构为基础，以规范的管理制度为手段，以走高端产品路线和精品意识为经营理念，不断创新运行机制，严格控制经营风险，为持续快速发展奠定了坚实的基础。南玻集团财务经济指标见表3-28。

表3-28 南玻集团财务经济指标表

项目	2015年	2014年	2013年	2012年
营业收入/10^6 美元	1132	1073	1178	1065
营业成本/10^6 美元	888	811	838	816
营业利润/10^6 美元	244	262	340	250
研发投入/10^6 美元	36.6	27.9	27.4	22.6
研发投入占比/%	3.23	2.95	3.27	2.77
总资产/10^6 美元	2361	2303	2297	2184
所有者权益/10^6 美元	1200	1272	1226	1038

（六）信义集团

信义集团创建于1988年，拥有两个H股上市公司（信义玻璃HK0868、信义光能HK0968），现有员工近1.6万人，是全球玻璃产业链的主要制造商之一。

信义光能控股有限公司是全球最大的太阳能光伏玻璃制造商之一。目前拥有芜湖和天津两大太阳能光伏玻璃生产基地，日熔化太阳能光伏玻璃量为3800t，主要产品涵盖超白压花玻璃（原片、钢化片）、AR（anti-reflection，减反射）光伏玻璃、背板玻璃、ITO（indium-tin oxide，氧化铟锡）玻璃、双玻组件等。

信义玻璃是国际领先优质浮法玻璃生产商，目前拥有总计日熔量为 15 400t 的优质浮法玻璃生产线。生产的环保特种玻璃产品主要用于节能玻璃深加工，满足汽车玻璃及 Low-E、中空等节能工程玻璃领域需要，并生产各种特殊颜色玻璃，满足国内外不同客户的需求。

信义玻璃是中国最大的汽车玻璃生产商之一，占有全球汽车玻璃替换市场 20% 以上份额，信义集团产品和解决方案已经应用于全球 100 多个国家和地区，其公司及产品先后通过了 ISO/TS 16949：2002、ISO 14001：2004、OHSAS 18001、德国 VDA（Vbrband der Autobomil Industrie，德国汽车工业协会）6.3 认证、美国 DOT（U. S. Department of Transportation，美国交通部）标准、欧洲共同体 ECE（Economic Commission of Europe，联合国欧洲经济委员会汽车法规）标准及中国 3C（China Compulsorg Certification）标准的认证。

2015 年底，信义集团拥有东莞、深圳、江门、芜湖、天津、营口、德阳、马来西亚（在建）八大生产基地，总占地面积为 500 多万 m^2，主要产品包括浮法玻璃（生产线统计见表 3-29）、汽车玻璃、工程玻璃、光伏玻璃（生产线统计见表 3-30）。

表 3-29　信义玻璃国内浮法玻璃生产线统计表

所在地	生产线数量/条	规模/(t/d)
东莞	4	2 600
芜湖	5	3 200
天津	3	2 200
江门	4	3 600
德阳	2	1 800
营口	2	2 000
合计	20	15 400

表 3-30　信义玻璃光伏玻璃生产线统计表

所在地	生产线数量/条	规模/(t/d)
芜湖	5	3300
天津	1	500
合计	6	3800

信义玻璃技术创新体系由香港节能玻璃技术研发中心、博士后科研工作站，以及下属各产业的技术研发中心构成。目前，信义集团汇聚来自国内外近 200 名超薄玻璃、汽车玻璃、建筑玻璃、电子玻璃及薄膜技术、太阳能技术等领域的顶尖专家和优秀人才，其中包括享受国务院政府特殊津贴的技术专家 4 名，中高级职称人员约占 20%，拥有国际先进水平的开发软件、仪器和设备上千台套。截至 2015 年底，该集团已累计申请专利近 470 多项，其中发明专利为 99 项。

目前，信义集团以节能、环保科技为主要研发方向，重点开展浮法玻璃及玻璃深加工、薄膜和太阳能领域的技术研究。企业财务经济指标见表3-31。

表3-31　信义集团财务指标表　　　　　　　（单位：10^6美元）

项目	2015年	2014年	2013年	2012年
营业收入	1451	1401	1519	1262
营业成本	1052	1048	1044	943
营业利润	301	352	405	153
总资产	2711	2712	2534	2072
所有者权益	1610	1590	1574	1282

（七）福耀玻璃工业集团股份有限公司

福耀集团于1987年在福州注册成立，是一家专业生产汽车安全玻璃和工业技术玻璃的中外合资企业，是国内最具规模、技术水平最高、出口量最大的汽车玻璃生产供应商，占国内汽车玻璃市场60%以上的份额，占全球市场份额20%以上，全球排名第二。

在国际汽车玻璃配套市场，福耀集团已经取得世界各主要汽车厂商的认证，为奥迪、宝马、大众、福特、通用、沃尔沃、现代、本田等提供全球OEM（original equpment manufacture，原始设备制造商）配套服务。福耀集团平板玻璃生产线统计见表3-32。

表3-32　福耀集团平板玻璃生产线统计表

所在地	生产线数量/条	总规模/(t/d)
福建	3	1650
内蒙古	2	900
吉林	2	1060
重庆	2	1050
合计	9	4660

福耀集团在福建、上海、德国、美国建有四大研发中心，满足全球顶级汽车主机厂的需求。2006年福耀集团研究院被国家发展和改革委员会、科学技术部、财政部、海关总署、国家税务总局等联合认定为"国家认定企业技术中心"；2010年7月福耀集团入选第二批全国企事业知识产权示范创建单位；2012年被工业和信息化部、财政部联合授予"2012年国家技术创新示范企业"。目前，福耀集团申请专利超过300项，利用率达到80%。2012年，福耀集团"汽车玻璃深加工的关键制造技术及应用"项目荣获国家技术发明奖二等奖。福耀集团设立研发专用资金，为科研提供充足的经费。2012~2015年福耀集团财务经济指标见表3-33。

表3-33　福耀集团财务经济指标表

项目	2015年	2014年	2013年	2012年
营业收入/10^6美元	2069	1970	1752	1561

续表

项目	2015 年	2014 年	2013 年	2012 年
营业成本/10^6 美元	1191	1136	1027	966
营业利润/10^6 美元	878	834	725	596
研发投入/10^6 美元	90	79	59	36
研发投入占比/%	3.35	4.01	3.38	2.31
总资产/10^6 美元	3784	2571	2235	1987
所有者权益/10^6 美元	2501	1340	1140	1062

第四节 我国玻璃用硅质原料可持续发展潜力分析

一、矿山资源调查分析

近年来，平板玻璃工业增速趋缓，于 2015 年前后接近顶峰，随后维持低水平波动，对能源资源的需求也将维持稳定或下滑。国家统计局数据显示，2015 年我国玻璃用硅质原料资源储量为 78.97 亿 t，按 2015 年玻璃用硅质原料消耗量为基准测算，我国玻璃用硅质原料资源储量服务年限为 213.8 年。2006~2015 年全国玻璃用硅质原料查明资源储量变化见表 3-34。

表 3-34 2006~2015 年全国玻璃用硅质原料查明资源储量变化

年份	资源储量/亿 t	增长率/%
2006	53.4	—
2007	55.4	3.75
2008	56.1	1.26
2009	57.2	1.96
2010	64.7	13.11
2011	68.1	5.26
2012	72.0	5.73
2013	73.4	1.94
2014	75.8	3.27
2015	78.97	4.18

二、寻找其他伴生资源

近年来，随着霞石正长岩、白岗岩、浅粒岩等替代部分玻璃硅质原料，成为玻璃用硅质岩的又一来源。我国河南、四川、辽宁、云南、山西等地均发现有霞石正长岩矿产，部分霞石正长岩体已被开采并在洛阳玻璃股份有限公司等企业得到应用。各相关企业应加强节能代碱原料（霞石正长岩、凝灰岩、白粒岩）及长英质选矿尾矿资源的地质调查与评价工作。

三、提高资源利用率

(一) 碎玻璃回收利用

玻璃工业属于典型的资源、能源消耗型产业,大力促进废旧碎玻璃的回收与利用是我国玻璃行业节能减排、提高资源利用效率的有效途径之一。目前,我国浮法玻璃工厂自身碎玻璃已实现回收利用,但每年流散在社会的200万~300万t碎玻璃未能有效利用。实践表明添加碎玻璃可以产生明显效果。

1) 节约能源。碎玻璃混在生粉料之间,可帮助生粉料熔融,降低了配合料的熔化温度。以1kg玻璃液计,每引入1%碎玻璃可节能0.25%。

2) 节约原料。每加1000kg碎玻璃可节省700kg石英砂、200kg纯碱、180kg白云石、85kg长石。

3) 减少排放。利用废弃的碎玻璃,减少了生粉尘飞扬可使环境清洁,同时降低了能源消耗,减少了CO_2、SO_2等污染物排放。

4) 增加熔化率。碎玻璃加入后,可提高熔化率、增加熔化能力。

5) 延长熔窑寿命。碎玻璃对池壁砖的侵蚀比生粉料轻,故可延长熔窑寿命。

目前,全世界废玻璃回收利用率平均水平已接近50%,台湾地区为84%,德国高达97%,我国仅为13%,且碎玻璃的回收利用发展缓慢。如果我国能够把每年200万~300万t的碎玻璃全部利用,平板玻璃行业所需硅质原料每年可降低5%~8%,对玻璃硅质原料的可持续发展意义重大。

(二) 提高选矿率

我国石英砂选矿工业起步晚,目前选矿普遍采用湿法棒磨工艺,与发达国家相比仍有差距。另外,我国石英砂选矿行业95%以上的企业为中小规模企业,产能规模不足5万t/a,企业设备落后,工艺流程不合理,管理不规范,选矿利用率比先进技术企业低10%以上。通过石英砂硅质原料基地化建设,提高企业技术、装备水平,可显著提高行业平均资源利用效率。

四、发展潜力分析

综上所述,影响玻璃用硅质原料可持续发展潜力因素主要有四个。

1) 资源需求量。根据本章第一节的分析,我国平板玻璃需求将达到顶峰,总需求量为8亿重量箱左右。

2) 资源量。我国玻璃用硅质原料储量丰富,从2006~2015年,我国玻璃用硅质原料查明资源储量保持着4.44%的年均增长率,未来加大矿山调查和勘查资金投入强度,我国玻璃用硅质原料查明资源储量仍有增长空间,同时可开发利用霞石正长岩、白岗岩中伴生硅质原料。

3) 碎玻璃的回收利用。平板玻璃行业每年有200万~300万t的碎玻璃可回收利用。

4) 提高资源利用率。淘汰落后小规模玻璃用硅质原料选矿企业,建立玻璃用硅质原料供应基地,可大大提高资源利用效率。

综合考虑以上因素,我国玻璃用硅质原料资源储量服务年限将远大于 200 年。

第五节 实现我国玻璃用硅质原料强国战略面临的问题、挑战与机遇

一、面临的问题

(一) 行业集中度和劳动生产率低

一直以来,我国玻璃用硅质原料生产企业产能一般都在 1 万~5 万 t/a,没有年产能超过 100 万 t 的企业,企业分散且规模小,行业集中度低,而比利时矽比科集团 (Sibelco Group) 年供应石英砂量为 2000 万 t,我国矿业人均全员劳动生产率远低于美国、澳大利亚等矿业强国。

(二) 产业结构不合理

我国是玻璃用硅质原料的生产、消费大国,玻璃用硅质原料年产量占全球产量的 60% 左右。玻璃用硅质原料初加工产品出现产能过剩,而 TFT-LCD 玻璃用砂、硅微粉等深加工产品由于技术缺乏,严重依赖进口。

(三) 资源综合利用率低

国内玻璃用硅质原料企业选矿率一般只有 50%~70%,并且对大量的尾砂没有实施综合利用,造成资源综合利用效率低。国外企业一般选矿率比国内企业高 10 个以上百分点,并通过生产不同需求的工业用砂,实现资源利用效率的最大化。

(四) 可持续发展理念不强

目前,玻璃用硅质原料仍然是资源高消耗、环境高污染的发展模式,采富弃贫、盲目扩张等现象仍然存在,依靠矿产资源、资金和劳动力的大量投入及对生态环境的破坏换取一时的利益。这种普遍存在的低端生产模式,粗放的经营与管理,使矿产资源的利用效率低,产品附加值低。目前,行业内还未树立分级开采、综合利用、数字矿山、绿色矿山等实现可持续发展的理念。

近年来,我国开展了国家级绿色矿山试点工作,目前已公布了 4 批共计 661 家国家级绿色矿山试点单位,并有首批 35 家企业通过了国家级绿色矿山验收,而玻璃用硅质原料行业没有 1 家绿色矿山。

(五) 自主创新能力弱

我国绝大部分玻璃用硅质原料企业技术装备差,生产工艺落后、产品品种少,技术力量薄弱,且不重视研发投入,自主创新能力弱,关键核心技术与高端装备对外依存度高;以企业为主体的创新体系不完善;行业技术研究力量分散,未能形成强大的研发团队。

二、面临的挑战

(一) 技术进步

我国玻璃用硅质原料企业普遍存在科技力量薄弱、人才资源匮乏，国际巨头凭借超强技术研发和创新能力，引领科技发展的前沿，促使玻璃用硅质原料升级的步伐日趋加快，我国面临科技创新的形势日益严峻。

(二) 节能减排日趋严格

气候变暖已经成为全世界瞩目的焦点问题，关系到人类的生存与发展。2015年11月30日国家主席习近平在巴黎出席气候变化巴黎大会开幕式，并发表题为《携手构建合作共赢、公平合理的气候变化治理机制》的重要讲话，承诺中国"将于2030年左右使二氧化碳排放达到峰值并争取尽早实现，2030年单位国内生产总值二氧化碳排放比2005年下降60%~65%，非化石能源占一次能源消费比例达到20%左右，森林蓄积量比2005年增加45亿立方米左右。""中国承诺将推动低碳建筑和低碳交通，到2020年城镇新建建筑中绿色建筑占比达到50%，大中城市公共交通占机动化出行比例达到30%。"中国玻璃用硅质原料发展不能再走以前高能耗、高污染、低效率、以牺牲环境换取经济增长的老路子。

三、面临的机遇

1) 国家对矿产资源实行补偿费减免政策。国家出台了矿产资源补偿费减免政策，各地充分发挥矿产资源补偿费减免政策的引导作用，对原料的综合利用及开采低品位矿产资源的企业依法给予减免。

2) 市场需求仍然较大。1978年以来，我国玻璃产量迅速增加，2015年进入消费平台期，但需求还是比较大，对提高矿产资源的开采水平、提高资源利用率作用明显。

3) 我国在特种玻璃领域总体还处于初级阶段，开发特种玻璃新品种，TFT-LCD玻璃用砂、硅微粉等深加工技术、装备的发展空间巨大。

第六节　实现我国玻璃用硅质原料强国的战略思路与具体目标

一、战略思路

紧紧围绕国民经济和社会发展重大需求，加强资源勘查和综合利用，以技术创新、供给侧结构调整、新产品开发和应用为重点，大幅度提高玻璃用硅质原料采选技术水平，大力发展玻璃用硅质原料精深加工，培育壮大企业规模，促进玻璃用硅质原料资源持续健康发展。

二、具体目标

1) 优化布局，建立大型标准化原料基地。

2）联合重组，淘汰落后产能，培育 1~3 家具有一定国际竞争力的企业集团，提高玻璃硅质原料产业集中度。

3）尾矿综合利用率显著提高，绿色矿山建设稳步推进，矿山转型升级、结构调整取得显著成效。

4）加强技术创新，大力发展 TFT-LCD 玻璃用砂、硅微粉等硅质玻璃原料深加工产品。见表 3-35。

表 3-35 矿业强国指标体系

一级指标	二级指标	目标 2020 年	目标 2030 年
资源保障能力	资源数量优势	主要品种满足国民经济建设需要，采选企业数量减少 20%	实现自给自足，对全球资源控制能力大幅提升
	资源品质优势		
	资源生产能力		
	资源自给能力		
科技实力	理论水平	可指导国内玻璃硅质原料矿业发展	达到国际先进水平
	技术（勘探、采矿、深加工、生态环境、灾害等）水平	部分达到国际先进水平	达到国际先进水平
	装备水平	部分核心装备实现国产化	达到国际先进水平
	科技人才比例	3%	10%
	研发投入强度	2%	5% 以上
企业实力	世界百强矿业公司占有率	—	—
	市场占有率	3%	区域市场垄断
	国际技术地位	部分技术国际领先	整体国际先进
	盈利能力	较强	较强
全球经略能力	国际金融市场影响力	国内非金属矿金融市场健全	主导亚洲矿业金融市场
	权益保护能力	较强	强
	国际标准制定	参与国际标准制定	主导部分国际标准制定

第七节 建设玻璃用硅质原料强国的重点任务

一、调整发展理念，提高资源综合利用效率

建立规范的矿产资源开发秩序，按照大型矿床科学开采、不同品位分级利用原则，推广使用先进技术，优化矿山开采，提高选矿成品率，实施清洁生产，推行清洁生产认证，开展废弃物资源化应用开发。加强尾矿治理，加大选矿尾矿的综合利用与产业化开发，开发生态环保节能新产品，发展循环经济，推动以资源节约型、环境友好型为特征的绿色矿山建设。加强玻璃行业废玻璃循环再利用，减少行业玻璃硅质原料用量。

推广使用先进技术，对矿山开采进行科学设计开采，科学治理矿区废石、废水、塌陷区，修复损坏严重的矿山生态，新开发项目同步推进资源开发与环境保护、生态修

复。采用先进选矿工艺和技术，提高产品纯度和品级，提高选矿回收率。鼓励采用先进技术，提高共伴生矿物的回收利用水平，加大尾矿治理，鼓励从尾矿中分离、回收有效矿物或成分，支持以尾矿为原料的下游产品开发。加强生产全过程管理，建立能源计量管理制度，减少能源消耗和废弃物排放，鼓励玻璃用硅质原料加工基地和产业聚集区发展循环经济或生态工业园区，推行清洁生产，开展废弃物资源化研究与应用开发。

二、提高企业实力

（一）提高行业集中度

严格行业准入标准，禁止新增产能，淘汰资源消耗高、环境污染重、不符合安全生产要求的生产线。鼓励优势骨干大型企业集团通过联合重组等形式，整合上下游产业，延伸产业链，尽快做强做大，促进集聚升级，提升行业集中度。

（二）打造具有核心竞争力的国际型企业

发挥资源优势，促进资源向优势企业、优势产品、优势品牌集中，加大行业结构调整，通过收购、兼并、改组、参股等方式，加大资产重组力度，充分发挥优势企业和优势产品的效应，盘活存量，发展增量，建立区域性的以玻璃用硅质原料开采和加工为主的、经济规模合理、有核心竞争力的探、采、工、技、贸综合性企业或企业集团。

支持国内有实力的矿业企业或玻璃企业通过国际优势产能合作等机遇，在境外开展并购和股权投资，建立矿业基地；通过全球资源利用、产业链整合、资本市场运作等方式，加快培育一批具有国际领导力的跨国公司。

（三）推进两化融合

以《中国制造2025》为指导，深入推进玻璃硅质原料资源行业两化融合，推进数字化矿山建设，利用数据库技术、储量动态计算技术和矿山三维数字建模等现代信息技术，建立玻璃硅质原料矿山储量和生产过程三维可视化模型，实现矿产资源储量动态管理、生产智能化控制及地质灾害监控等，提高玻璃硅质原料资源利用率和企业智能化管理水平。

第八节 建设玻璃用硅质原料强国的保障措施

一、加强规划引导

各地区应根据国内外相关矿种开发水平、发展趋势、未来走势，制定明确的发展思路、方向、发展定位、发展重点、淘汰落后，有计划有步骤地规范推进非金属矿开发。加大玻璃硅质原料行业结构调整与转型升级，提高资源利用效率。

二、加强行业管理

充分发挥行业协会的管理职能，建立健全产业统计监测体系，把握行业运行动态，及时发布相关信息,避免盲目发展与重复建设,引导和规范产业有序发展。

三、加强人才培养

1)组织实施人才培养计划。加大专业技术人才、经营管理人才和技能人才的培养力度,完善从研发、孵化、生产、管理、金融、国际化的人才培养体系;加大玻璃硅质原料产业引智力度,引进领军人才和紧缺人才;加强国际化人才队伍建设,采取多种途径选拔各类优秀人才,探索建立国际培训基地,建立起一支懂技术、懂管理、懂金融、懂国际法的高质量人才队伍。

2)逐步完善以企业为主体、院校为基础,学校教育与企业培养紧密联系,政府推动与社会支持相结合的高技能人才培养体系。在企业中择优建立一批培训基地,开展高技能人才培训工作,建立完善高技能人才培养体系;改革我国地学教育,促进各学科间平衡发展,大力加强地学科学普及。

第四章　我国建筑卫生陶瓷用黏土矿原料（高岭土）的现状与分析

建筑卫生陶瓷主要包括建筑陶瓷砖和卫生陶瓷。目前，我国建筑卫生陶瓷产品的花色品种齐全，建筑陶瓷砖规格品种达 5000 多种、卫生陶瓷达 500 多种。建筑卫生陶瓷产品具有无毒、无味、防火、防老化、耐腐蚀、耐热、易于清洁等特性，在建筑人居文化、建筑装饰装修市场中占有不可替代的地位。

生产建筑卫生陶瓷所用的非金属矿产资源主要是黏土、长石、石英，以黏土矿原料的用量最大。本章主要讨论建筑卫生陶瓷生产用高岭土（黏土矿原料）资源强国战略问题。

第一节　我国建筑卫生陶瓷用黏土矿原料（高岭土）保障能力现状与分析

一、我国建筑卫生陶瓷产业现状

（一）产业规模保持平稳增长

进入 21 世纪以来，我国建筑卫生陶瓷产量不断增长，但增速逐渐放缓。2000~2015 年，全国建筑陶瓷砖和卫生陶瓷产量年均增长率分别为 12.9% 和 9.1%。2015 年，我国建筑陶瓷砖产量为 1 102 909 万 m^2，卫生陶瓷产量为 16 819 万件，已连续多年成为全球建筑卫生陶瓷最大的生产国和消费国（表 4-1、图 4-1 和图 4-2）。

表 4-1　2000~2015 年我国建筑卫生陶瓷产量统计表

年份	建筑陶瓷砖产量/万 m^2	比去年增长/%	卫生陶瓷产量/万件	比去年增长/%
2000	178 853	29.0	4 578	-12.1
2001	187 009	4.6	5 100	11.4
2002	192 818	3.1	5 241	2.8
2003	244 797	27.0	6 111	16.6
2004	329 393	34.6	7 371	20.6
2005	420 303	27.6	8 429	14.4
2006	486 002	15.6	10 300	22.2
2007	583 954	20.2	12 977	26.0

续表

年份	建筑陶瓷砖产量/万 m²	比去年增长/%	卫生陶瓷产量/万件	比去年增长/%
2008	625 517	7.1	14 137	8.9
2009	677 944	8.4	14 791	4.6
2010	807 566	19.1	16 134	9.1
2011	920 141	13.9	16 975	5.2
2012	929 260	1.0	15 506	-8.7
2013	1 049 646	13.0	16 716	7.8
2014	1 114 049	6.1	16 989	1.6
2015	1 102 909	-1.0	16 819	-1.0

资料来源：中国建材联合会

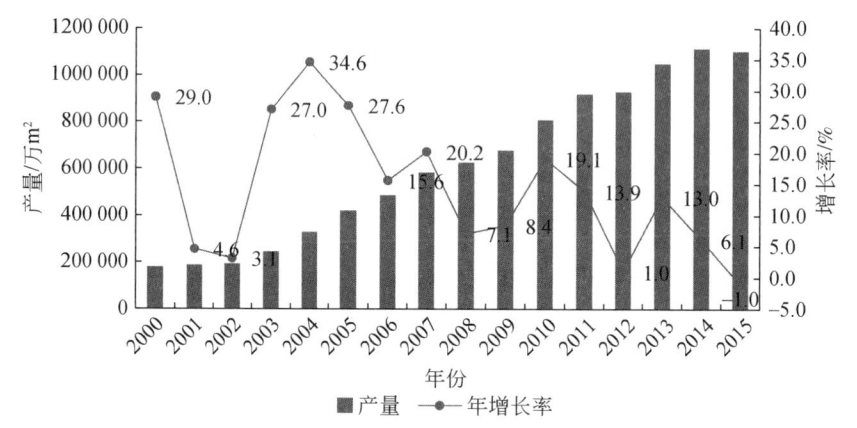

图 4-1 我国建筑陶瓷砖产量统计图

资料来源：中国建材联合会

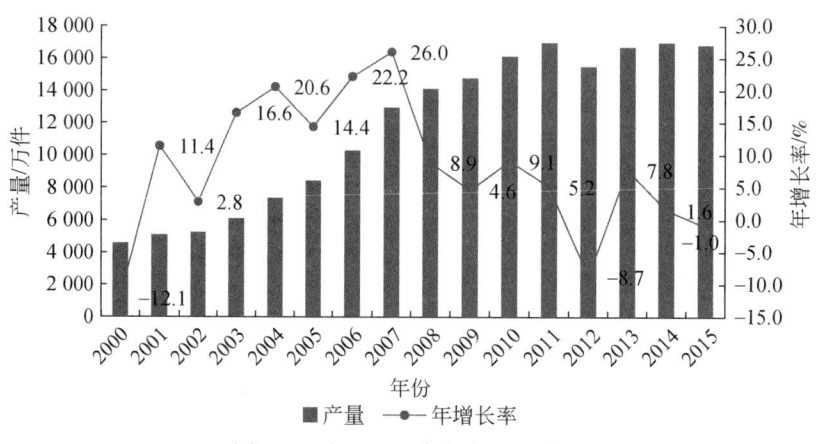

图 4-2 我国卫生陶瓷产量统计图

资料来源：中国建材联合会

(二) 产业结构优化取得突破性进展

建筑卫生陶瓷产品规格、花色品种日益丰富，创新性和个性化产品显著增加。微晶砖、玻化砖、抛光砖、釉面砖、仿古砖、抛釉砖、瓷抛砖等各类产品品种已达 2000 多种，仿大理石、仿玉石、仿金属、仿木等各类花色产品层出不穷。卫生陶瓷及配件产品配套齐全，各种洁具、马桶、淋浴房、浴缸、浴室柜等造型款式不断创新，节水、自洁等功能改善与增加，整体厨房卫浴产品套餐丰富、个性化强，智能型产品广泛应用，缩短了我国建筑卫生陶瓷产品与国际知名品牌的差距。

建筑卫生陶瓷的产业集中度进一步提高，大型企业集团不断壮大。2015 年，建筑卫生陶瓷产量前 10 家企业占陶瓷总产量的 15%，比 2010 年提高 5 个百分点。

陶瓷产业园区和产业聚集区发展迅速，产业布局日趋合理，成为支撑产业创新、延伸产业链的有效载体。传统重点产区广东、山东、福建等地通过控制规模、转型升级及产业转移等，使建筑卫生陶瓷产品产量占全国总量的比例由 2010 年的 62.78% 下降到 2015 年的 52.45%。广东佛山已从陶瓷制造转变为以技术研发、装备制造等为重点的新型基地，其大力推进陶瓷产品贸易、信息、博览、仓储、现代物流等生产性服务业发展，不断向价值链高端延伸，并取得了良好的经济效益和社会效益。新兴产区加速产业扩张，江西、辽宁、四川、湖南、陕西、广西等地形成了较大生产规模。

(三) 技术创新能力不断增强

"十二五"期间，新产品研发投入及新产品项目数稳步增长，科技研发投入占销售收入比例达到 3% 以上。

集成协同创新模式在解决行业共性技术问题中不断推广。以产学研用相结合的产业技术创新联盟在探索中发展。产业联盟已涉及陶瓷、资源综合利用、绿色建材等多个交叉领域。

节能减排、资源综合利用领域的重大技术装备的研发和应用取得明显进展，包括干法制粉技术与装备、薄型陶瓷砖（板）及其制造技术与装备、节水智能型卫生洁具、卫生瓷压力注浆工艺与装备、挤出干挂空心陶瓷板及其技术装备、节能高效五层辊道式干燥器等。

(四) 绿色发展取得较大进展

单位产品综合能耗和万元增加值能源消耗下降。"十二五"期间，建筑卫生陶瓷行业能耗总量年均增长 8.2%，建筑陶瓷砖单位产品综合能耗年均下降 0.80%，卫生陶瓷单位产品综合能耗年均下降 0.91%。

治污减排成效显著。烟粉尘排放量大幅度下降，脱硝技术改造取得进展，在使用天然气清洁能源、高效煤制气等方面均进行了有益探索和实践。在新一轮环保过程中，部分地区关停不达标企业，大部分企业安装环保在线监测设备，产区环保状况得到较大改善。

资源综合利用受到重视与加强。部分陶瓷生产基地开展了工业废弃物、淤泥、城市生活垃圾协同处理等工程示范建设，资源综合利用产品已实现产业化运营。

（五）国际竞争力进一步提高

建筑卫生陶瓷行业出口贸易保持持续增长，卫生陶瓷出口优势明显。2015年，我国建筑陶瓷砖出口11.4亿m^2，出口额为83.3亿美元，2010~2015年，其出口量及出口额年均增长率分别为5.6%、16.7%。卫生陶瓷出口7975万件，出口额达44.95亿美元，出口量及出口额年均增长率分别为8.1%、41.98%。

出口平均价格提升较快。2015年，建筑陶瓷砖出口均价为7.31美元/m^2，卫生陶瓷出口平均价格为53.36美元/件。2010~2015年，建筑卫生陶瓷产品平均单价分别达到年均增长10.5%和31.4%。

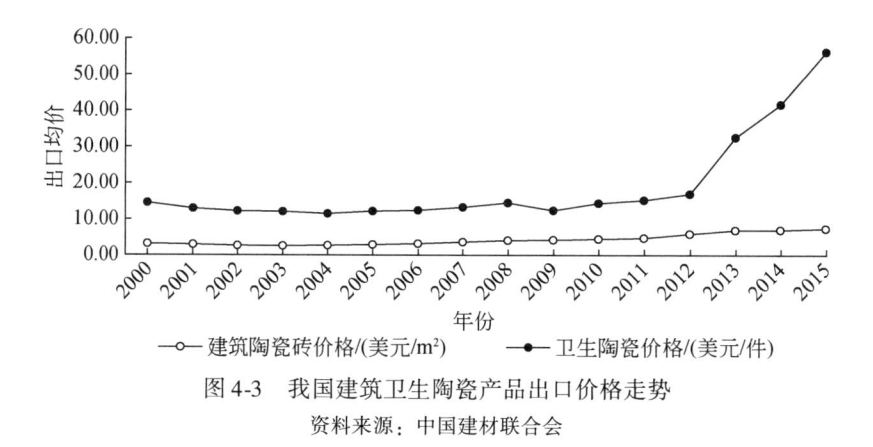

图4-3 我国建筑卫生陶瓷产品出口价格走势

资料来源：中国建材联合会

其他相关产品包括陶瓷色釉料、水嘴类洁具产品、浴缸类产品、淋浴房、塑料马桶盖圈、便器盖板类产品、塑料水箱及水箱配件类产品出口也保持平稳增长态势。

随着我国陶瓷技术和装备水平的全面提升，陶瓷装备已经进入国际市场。成套技术装备已出口到中东、东南亚、南亚、南美、非洲等地区。

二、我国建筑卫生陶瓷产品需求预测

（一）建筑陶瓷砖的需求量预测

建筑陶瓷砖产品主要消费在住宅与公共建筑的装饰装修。2015年，全国产量为1 102 909万m^2，出口为11.39亿m^2，进口量为585万m^2，按产销率96%计，国内年消费量约为949 493.76万m^2，人均消费量约为6.91m^2，见表4-2。2000~2015年我国建筑陶瓷砖消费量统计如图4-4所示。

表4-2　2000~2015年我国建筑陶瓷砖消费量统计

项目	2000年	2001年	2002年	2003年	2004年	2005年	2006年	2007年
建筑陶瓷砖产量/万m^2	178 853	187 009	192 818	244 797	329 393	420 303	486 002	583 954
消费量/万m^2	169 369.68	174 428.86	173 118.72	215 183.75	285 768	363 101.76	414 363.84	503 949.12

续表

项目	2000年	2001年	2002年	2003年	2004年	2005年	2006年	2007年
人口/万人	129 533	127 627	128 453	129 227	129 988	130 756	131 448	132 129
人均/m²	1.31	1.37	1.35	1.67	2.20	2.78	3.15	3.81

项目	2008年	2009年	2010年	2011年	2012年	2013年	2014年	2015年
建筑陶瓷砖产量/万 m²	625 517	677 944	807 566	920 141	929 260	1 049 646	1 114 049	1 102 909
消费量/万 m²	536 089.92	585 021.12	692 012.16	785 868.48	787 813.79	897 473.28	961 189.44	949 493.76
人口/万人	132 802	133 474	134 100	134 735	135 404	136 072	136 782	137 462
人均/m²	4.04	4.38	5.16	5.83	5.82	6.60	7.03	6.91

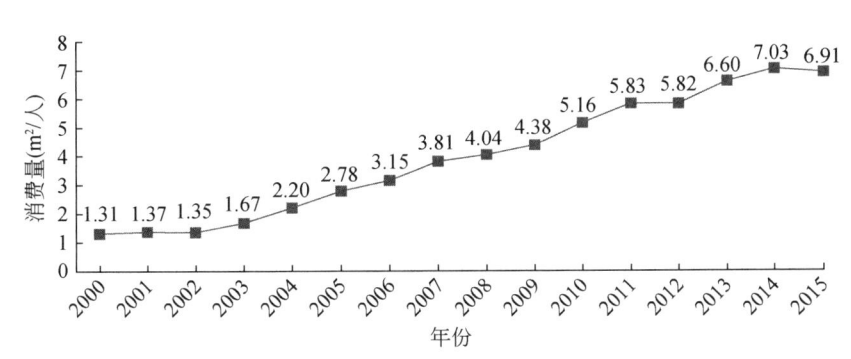

图 4-4 2000~2015 年我国人均建筑陶瓷砖消费量

"十五"期间，我国人均建筑陶瓷砖消费量增长率为 16.3%，"十一五"期间为 13.2%，"十二五"期间为 6.0%，总体走势为下降。"十三五"以来，我国经济运行进入新常态阶段，增长速度放缓，房地产调控政策发挥作用，新增建筑增速下降，预计建筑陶瓷砖消费进入增长高峰平台期，人均消费量水平略有增长或保持现有水平，按年均 1% 增长，则 2020 年人均消费量为 7.26m²。到 2025 年新增建筑量进一步放缓，人均消费基本保持在 7.2m² 水平，到 2030 年，建筑陶瓷砖消费以既有建筑装饰周期性改造为主，消费进入稳定时期，预计人均为 7m² 左右。我国 2020 年人口将达到 14.2 亿人，2025 年人口将达到 14.3 亿人，2030 年人口将达到 14.5 亿人，建筑陶瓷砖出口占总产量比例在现有基础上将逐步下降，2020 年、2025 年、2030 年全国建筑陶瓷砖需求量分别为 115.8 亿 m²、114.8 亿 m²、106.8 亿 m²（表 4-3）。

表 4-3 我国建筑陶瓷产品预测

项目	2017年	2018年	2019年	2020年	2025年	2030年
国内需求量/m²	98.0	99.5	101.1	103.1	103.3	101.5
总需求量/亿 m²	112.6	113.1	114.3	115.8	114.8	106.8

（二）卫生陶瓷需求量预测

卫生陶瓷主要消费于城镇住宅与公共建筑的装饰装修。其消费主要在城镇建筑卫生设施中。2015 年，全国产量达 16 819 万件，出口量为 7975 万件，进口量为 49 万件，年消费量约为 8490.24 万件，城镇人均消费量约为 0.1101 件。2000~2015 年我国卫生陶瓷消费量统计见表 4-4 和图 4-5。

表 4-4 2000~2015 年我国人均卫生陶瓷消费量表

项目	2000 年	2001 年	2002 年	2003 年	2004 年	2005 年	2006 年	2007 年
卫生陶瓷产量/万件	4 578	5 100	5 241	6 111	7 371	8 429	10 300	12 978
消费量/万件	4 051.89	4 306.40	3 917.76	4 133.42	4 364.16	4 362.24	4 986.24	7 153.92
人口/万人	129 533	127 627	128 453	129 227	129 988	130 756	131 448	132 129
城镇人口/万人	45 906	48 064	50 212	52 376	54 283	56 212	57 706	59 379
城镇人均消费量/件	0.088 3	0.089 6	0.078 06	0.078 0	0.080 4	0.077 6	0.086 4	0.120 5
全部人均消费量/件	0.031 3	0.033 7	0.030 5	0.032 0	0.033 6	0.033 4	0.037 9	0.054 1

项目	2008 年	2009 年	2010 年	2011 年	2012 年	2013 年	2014 年	2015 年
卫生陶瓷产量/万件	14 137	14 791	16 134	16 975	15 506	16 716	16 989	16 819
消费量/万件	8 164.80	9 037.44	10 293.12	10 774.08	9 593.45	10 198.08	8 935.68	8 490.24
人口/万人	132 802	133 474	134 100	134 735	135 404	136 072	136 782	137 462
城镇人口/万人	60 667	62 186	66 978	69 079	71 182	73 111	74 916	77 116
城镇人均消费量/件	0.134 6	0.145 3	0.153 7	0.156 0	0.134 8	0.139 5	0.119 3	0.110 1
全部人均消费量/件	0.061 5	0.067 7	0.076 8	0.080 0	0.070 9	0.074 9	0.065 3	0.061 8

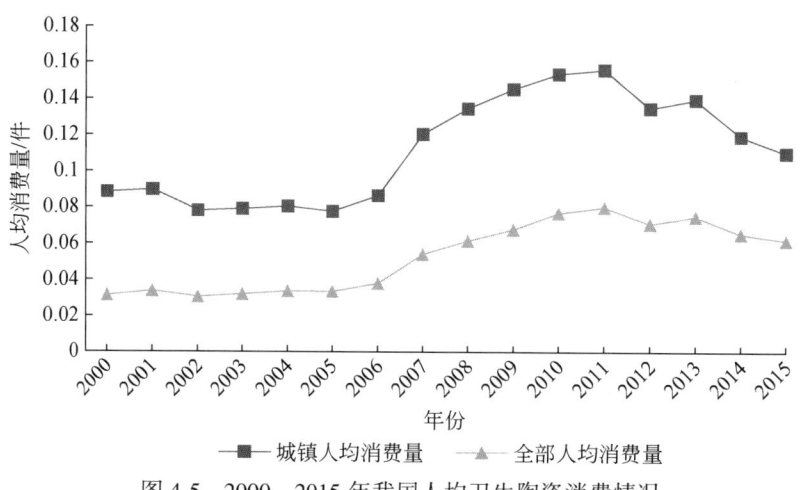

图 4-5 2000~2015 年我国人均卫生陶瓷消费情况

进入 21 世纪以来，我国卫生陶瓷人均消费量以年均 1.5% 速度增长。卫生陶瓷消费与城镇化建设具有密切关系，城镇具有完善的上下水设施，广大农村消费卫生洁具还相当少。"十三五"规划，我国将全面建成小康社会，城镇与农村差距将不断缩小，因此，农村卫生陶瓷市场的启动将对卫生瓷的消费带来巨大的潜力和空间。未来随着城镇化率的提高，国内对卫生陶瓷人均消费总体上保持缓慢增长态势。

2015 年我国的城镇化率达到 56.1%，2020 年将为 60%，年均上升 0.0135 个百分点，按此增长率推算，2020年人均卫生陶瓷消费量则达到0.1177件，国内消费量则为1.67亿件。按出口占全部产量的30%推测，则全国卫生陶瓷需求量为2.4亿件。

2025年我国城镇化率将达到65%，2030年将达到70%，城镇人均卫生陶瓷消费量按城镇化率增长速度提升，届时全国人口达到14.3亿人和14.5亿人，卫生陶瓷人均消费量则分别为0.1273件和0.1352件，按出口占总产量的30%推测，卫生陶瓷的需求量分别达到2.6亿件和2.8亿件（表4-5）。

表4-5 我国卫生陶瓷需求量预测

年份	2015	2017	2018	2019	2020	2025	2030
需求量/亿件	1.68	2.1	2.2	2.3	2.4	2.6	2.8

三、高岭土（瓷土黏土）原料需求量预测

建筑卫生陶瓷对矿物原料的需求表现在两个方面，一是产品产量，二是产品单位重量。"十三五"期间，我国建筑卫生陶瓷产品薄形化和轻量化仍是发展方向，即减小建筑陶瓷砖的厚度和减轻单位卫生陶瓷重量，既可节约原料，又可降低烧成能耗，还可减少污染排放。实验表明，现有建筑陶瓷砖厚度减小10%，可降低原料用量10%，以此推算，建筑陶瓷砖单位原料消耗量为19.8kg/m²。卫生陶瓷下降5%，则单位原料消耗量为13.5kg。2020年、2025年、2030年薄型化和轻量化预计达到60%~80%。届时，建筑卫生陶瓷原料量分别为2.48亿t、2.43亿t、2.27亿t，各种矿物需求量见表4-6。其中，高岭土及瓷土的需求量分别为0.88亿t、0.86亿t和0.81亿t。

表4-6 2020~2030年我国建筑卫生陶瓷原料需求量预测

项目	2020年 产量	2020年 原料量/亿t	2025年 产量	2025年 原料量/亿t	2030年 产量	2030年 原料量/亿t	备注		
建筑陶瓷砖	115.8亿m²	2.44	114.8亿m²	2.39	106.8亿m²	2.23	3%运输生产损失		
卫生陶瓷	2.4亿件	0.04	2.6亿件	0.04	2.8亿件	0.04	5%运输生产损失		
合计	—	2.48	—	2.43	—	2.27		建筑陶瓷	卫生陶瓷
其中：高岭土、瓷土	—	0.88	—	0.86	—	0.81		35%	60%
长石		0.74		0.72		0.35		30%	15%
石英砂		0.74		0.73		0.84		30%	20%
硅灰石		0.13		0.12		0.06		5%	5%

四、我国高岭土资源储量及分布

高岭土是一种以高岭石族黏土矿物为主的黏土类矿物原料，根据其物理化学性能、可塑性和砂质含量，一般划分为硬质（煤系）高岭土、软质高岭土和砂质高岭土三种

类型。建筑卫生陶瓷用高岭土通常为软质高岭土，表面存在有羟基，亲水性较强且具有黏结性、可塑性。

我国高岭土资源丰富，分布广泛。截至2015年底，全国25个省份共发现高岭土矿区481个，查明资源储量270 812.03万t，其中基础储量为57 402.83万t，资源量为213 409.20万t，见表4-7。

表4-7 我国高岭土储量

地区	矿区数/个	基础储量/万t	储量	资源量/万t	查明资源储量/万t
全国	481	57 402.83	19 054.14	213 409.20	270 812.03
河北	2	58.30	40.10	171.60	229.90
山西	2	160.20	112.10	469.60	629.80
内蒙古	11	4 586.92	274.95	3 857.27	8 444.19
辽宁	3	536.93	330.80	692.36	1 229.29
吉林	3	47.74	37.53	466.00	513.74
江苏	9	250.22	—	3 605.65	3 855.87
浙江	33	820.60	343.74	2 805.13	3 625.73
安徽	20	176.51	—	9 388.24	9 564.75
福建	75	5 311.65	2 432.00	11 878.56	17 190.21
江西	168	3 037.69	1 673.26	14 063.92	17 101.61
山东	8	314.08	211.57	190.38	504.46
河南	5	—	—	1 173.85	1 173.85
湖北	8	418.37	—	5 189.86	5 608.23
湖南	23	2 004.37	1 521.45	10 316.35	12 320.72
广东	23	5 375.14	2 713.18	51 835.28	57 210.42
广西	23	31 925.53	7 562.09	50 104.52	82 030.05
海南	9	1 907.04	1 404.37	2 819.80	4 726.84
重庆	1	0.40	—	0.32	0.72
四川	10	56.10	47.10	146.07	202.17
贵州	20	15.00	10.40	648.65	663.65
云南	12	311.10	278.70	2 301.48	2 612.58
西藏	1	—	—	104.28	104.28
陕西	6	81.10	60.80	38 170.10	38 251.20
甘肃	1	—	—	2 937.00	2 937.00
新疆	5	7.84	—	72.93	80.77

资料来源：国土资源部，2016，全国矿产资源通报

五、我国建筑卫生陶瓷用黏土矿（高岭土）矿产资源特点

1）我国高岭土矿产资源集中分布在中南和华东两大地域内，查明资源储量分别占

全国总量的 60.2% 和 19.1%。

2）已发现的高岭土矿床，以中小型为主，查明资源储量超过 200 万 t 的大型矿床为数不多。著名的矿区有：广西合浦高岭土矿区，资源储量约为 3 亿 t；广东茂名高岭土矿区，资源储量近 5 亿 t；福建龙岩高岭土矿区，资源储量为 5400 万 t；其他大型矿区还有江苏苏州、江西贵溪和湖南醴陵等。

3）从矿石质量来看，大部分为陶瓷用高岭土，Al_2O_3 品位一般为 20% 左右，陶瓷高岭土占全国总储量的 49.9%，其中，福建龙岩高岭土、广东佛山地区高岭土（黑泥）品质优良，是我国优质陶瓷用高岭土。

4）从矿床类型看，南方软质高岭土储量较多，主要为风化残余型一次性黏土矿物，由酸性和中性的铝硅酸盐岩石风化而成，矿物混合体含有一定数量的铁和钛等矿物杂质，有机杂质较少，矿物晶体颗粒度一般较粗，色泽较润白，质量较好。其产品具有瓷胎较薄、透光度高、色泽里泛青等特点。北方高岭土属于沉积矿物型二次迁移黏土，矿床赋存于石炭系、二叠系煤系地层内，矿物中含有较多的钛、铁矿物杂质及有机伴生物，生产出来的陶瓷产品瓷胎白里泛黄。

建筑卫生陶瓷土包括瓷石和瓷土两类资源，其化学成分以富硅、富钾、贫铝、低铁为特征。瓷石和瓷土都是生产建筑卫生陶瓷的主要原料，在瓷坯组成中约占 40%，其差别在于风化程度不同。我国南方瓷石矿中，以江西、湖南、福建、浙江地质储量较为丰富。

第二节 世界建筑陶瓷砖产业现状与分析

一、世界建筑陶瓷砖产业发展概况

世界建筑陶瓷砖产量保持稳步增长态势，2015 年全球总产量达到 $12\,355 \times 10^6 \text{m}^2$，年均增长 5.36%，主要生产地区为亚洲、中南美洲、欧洲，其中多年来亚洲占世界首位，见表 4-8；主要生产国为中国、巴西、印度、西班牙、印度尼西亚、伊朗、意大利等。2015 年全球前十大建筑陶瓷砖生产国产量占全球建筑陶瓷砖产量比例为 82.77%，见表 4-9。

表 4-8 2010~2015 年世界建筑陶瓷砖产量统计 （单位：10^6m^2）

国家及地区	2010 年	2011 年	2012 年	2013 年	2014 年	2015 年
欧盟	1 128（27 国）	1 178（27 国）	1 168（27 国）	1 186（28 国）	1 192（28 国）	1 218（28 国）
其他欧洲国家（包括土耳其）	443	490	532	590	570	572
北美（包括墨西哥）	257	284	300	300	308	327
中南美洲	940	1 051	1 138	1 158	1 191	1 193
亚洲	6 370	7 179	7 674	8 315	8 747	8 627
非洲	370	326	349	359	396	413

续表

国家及地区	2010 年	2011 年	2012 年	2013 年	2014 年	2015 年
大洋洲	7	5	5	5	5	5
合计	9 515	10 513	11 166	11 913	12 409	12 355

表 4-9　全球前十大建筑陶瓷砖生产国产量统计情况　（单位：$10^6 m^2$）

国家	2010 年	2011 年	2012 年	2013 年	2014 年	2015 年
中国	4200	4800	5200	5700	6000	5970
巴西	754	844	866	871	903	899
印度	550	617	691	750	825	850
西班牙	366	392	404	420	425	440
印度尼西亚	287	320	360	390	420	370
伊朗	400	475	500	500	410	300
意大利	387	400	367	363	392	395
越南	375	380	290	300	360	440
土耳其	245	260	280	340	315	320
墨西哥	210	221	231	230	230	242

虽然意大利的建筑陶瓷砖产量居世界第七位，但其建筑陶瓷砖在国际市场上的地位最高，平均价格远高于其他国家。2015 年，意大利建筑陶瓷砖产量约为 $395 \times 10^6 m^2$，有 150 家公司，陶瓷工业产值达到 51 亿欧元，主要为出口拉动，出口额比上年增长 5.1%，达到 43 亿欧元，占总产值的 84.4%；其国内销售额为 799×10^6 欧元，比上年下降 0.6%。全年共销售 397×10^6 亿 m^2，比上年上涨 0.6%，其中，国内销售 $80.3 \times 10^6 m^2$（2014 年国内销售 $80.8 \times 10^6 m^2$，几乎没有变化），出口 $316.6 \times 10^6 m^2$，比上年上涨 0.9%。

世界建筑陶瓷砖消费也保持稳步增长态势。2015 年全球建筑陶瓷砖消费量达到 $12\,175 \times 10^6 m^2$，2010～2015 年年均增长 5.42%，主要消费地区为亚洲。2015 年，全球前十大消费国为中国、巴西、印度、印度尼西亚、越南、伊朗、沙特阿拉伯、美国、俄罗斯及土耳其，这 10 个国家建筑陶瓷砖消费量占全球总消费量的 69.29%，见表 4-10。

表 4-10　全球十大建筑陶瓷砖消费国消耗情况　（单位：$10^6 m^2$）

国家和地区	2010 年	2011 年	2012 年	2013 年	2014 年	2015 年
中国	3 500	4 000	4 250	4 556	4 894	4 885
巴西	700	775	803	837	853	816
印度	557	625	681	718	756	763
印度尼西亚	277	312	340	360	407	357
越南	330	360	254	251	310	400
伊朗	335	395	375	350	280	270

续表

国家和地区	2010年	2011年	2012年	2013年	2014年	2015年
沙特阿拉伯	182	203	230	235	244	265
美国	186	194	204	230	231	254
俄罗斯	158	181	213	231	219	192
土耳其	155	169	184	226	215	234
合计	6 380	7 214	7 534	7 994	8 409	8 436
全球合计	9 350	10 370	10 912	11 574	12 095	12 175

世界建筑陶瓷砖的国际贸易也保持平稳增长。2010~2014年年均增长6.0%。2014年全球建筑陶瓷砖国际贸易量为$2683×10^6 m^2$，占总消费量的22.18%。由此可见，建筑陶瓷砖的消费以国内消费为主，主要出口地区、进出口国家分别见表4-11~表4-13。

表4-11 2014年全球建筑陶瓷砖出口情况

地区	出口量/$10^6 m^2$	占全球出口总量/%	与2013年比出口量变化/%
欧盟（28国）	819	30.5	3.9
其他欧洲国家（包括土耳其）	150	5.6	-3.2
北美（包括墨西哥）	66	2.5	-2.9
中南美洲	120	4.5	2.6
亚洲	1488	55.4	0.6
非洲	40	1.5	-16.7
大洋洲	0	0	—
合计	2683	100	1.1

表4-12 2010~2014年全球十大建筑陶瓷砖进口国进口情况

国家和地区	2010年进口量/$10^6 m^2$	2011年进口量/$10^6 m^2$	2012年进口量/$10^6 m^2$	2013年进口量/$10^6 m^2$	2014年进口量/$10^6 m^2$	2014年进口量占国内消费比例/%	2014年进口量占全球进口比例/%
美国	130	131	139	160	159	68.8	5.9
沙特阿拉伯	117	134	155	155	149	61	5.6
伊拉克	66	80	105	121	102	99	3.8
法国	104	110	107	96	99	86.1	3.7
德国	86	90	89	89	95	79.2	3.5
尼日利亚	36	47	61	84	90	89.1	3.4
韩国	59	63	61	65	76	63.3	2.8
俄罗斯	51	63	72	80	73	33.3	2.7
阿联酋	51	50	52	53	54	54.5	2
菲律宾	31	31	38	46	53	63.1	2

续表

国家和地区	2010年进口量/10⁶ m²	2011年进口量/10⁶ m²	2012年进口量/10⁶ m²	2013年进口量/10⁶ m²	2014年进口量/10⁶ m²	2014年进口量占国内消费比例/%	2014年进口量占全球进口比例/%
合计	731	799	879	949	950	66.2	35.4
全球合计	2128	2346	2520	2655	2683	22.2	100

表4-13　2010～2014年全球十大建筑陶瓷砖出口国出口情况

国家和地区	2011年出口量/10⁶ m²	2012年出口量/10⁶ m²	2013年出口量/10⁶ m²	2014年出口量/10⁶ m²	2014年出口额/10⁶ 欧元	2014年出口量占国内产量比例/%	2014年出口量占世界出口总量比例/%	2014年平均价格欧元/m²
中国	1015	1086	1148	1110	5530	18.5	41.4	4.98
西班牙	263	296	318	339	2328	82.7	12.6	6.87
意大利	298	289	303	314	4109	82.2	11.7	13.09
伊朗	65	93	114	109	364	26.6	4.1	3.34
印度	30	33	51	92	325	11.1	3.4	3.53
土耳其	87	92	88	85	450	27.0	3.2	5.29
巴西	60	59	63	69	232	7.6	2.6	3.36
墨西哥	59	63	64	62	296	27.0	2.3	4.77
阿联酋	48	50	51	53	NA	54.1	2.0	NA
波兰	36	42	48	42	200	31.3	1.6	4.76
合计	1961	2103	2248	2275	NA	23.4	84.9	NA
全球合计	2346	2520	2655	2683	NA	100	100	NA

注：NA指未统计。

意大利是国际建筑陶瓷砖最重要的出口国，其出口量在全球居第三位，出口额则居第二位，产品出口平均价格在全球最高，2014年达到13.09欧元/m²。因此，意大利建筑陶瓷砖在国际市场的地位也是最高的。意大利出口市场主要集中在西欧，2015年增长了1.9%。其他表现较好的地区还有远东（增长了14.3%）、北美自由贸易区（增长了5.96%）、海湾国家和巴尔干地区（增长了5%）。与之相反的是，中欧、东欧地区销售下降了17.3%，北美地区和中东下降了8.6%，拉丁美洲下降了4.8%。

二、世界主要建筑陶瓷砖公司简介

美国Mohawk Industies公司为全球最大的建筑陶瓷砖生产公司，年产建筑陶瓷砖为2.05亿～2.25亿m²，销售额达30多亿美元。

泰国暹罗水泥集团公司[SIAMCEMENT GROUP（SCG）]居全球第二位，2014年产量达到2.12亿m²，销售额达到7.35亿欧元。

墨西哥Lamosa公司居世界第三位，年产建筑陶瓷砖为1亿～1.1亿m²，销售额达4.5亿欧元。

阿联酋RAK集团公司居全球第四位,年产建筑陶瓷砖为1亿m^2,销售额达4.88亿欧元。

意大利Concorde集团也是著名建筑陶瓷砖公司,年产建筑陶瓷砖超过3000万m^2,销售额达超过6.2亿欧元。

西班牙乐家(Roca)是西班牙最大的陶瓷制造企业,产量、质量、技术研发及设计等方面均处于全球领先水平,商业网络遍布全球80多个国家是西班牙陶瓷第一家通过AAA认证〔AAA认证即身份验证(Authenticiation)、授权(Authorization)和统计(Accounting))〕的企业。

世界主要陶瓷公司的生产经营情况见表4-14。

三、西班牙的陶瓷原料使用和消耗情况

意大利、西班牙等国家在产品结构上与我国存在较大的差异,因此,对陶瓷原料要求上也不相同。

以西班牙为例,建筑陶瓷砖以釉面内墙砖、瓷质有釉砖为主流产品,无釉及抛光砖较少。釉面内墙砖的厚度小于抛光砖。西班牙阿皮亚尼陶瓷马赛克公司等开发的世界上最薄的釉面砖,采用一次干压成形技术,烧成温度为1200℃,烧成周期为2h 40min,其规格为100mm×100mm×4mm,50mm×50mm×4mm,瓷质釉面砖的吸水率小于0.5%,可用于墙面和地面,开创了超薄釉面砖的世界先河。西班牙开发的薄型陶瓷板的尺寸为1000mm×3000mm×3mm,厚度更小,对于原料消耗来说,更加节约原料及能耗用量。另外,西班牙以红坯砖为主,生产红坯瓷砖的企业比生产白坯瓷砖的企业多。内墙砖中,红坯瓷砖企业为116家,而白坯瓷砖为56家。地砖中,上釉红坯地砖企业为100家,而上釉白坯地砖只有22家。上釉瓷质砖生产企业为79家,明显比无釉瓷质砖49家企业多,西班牙以生产上釉陶瓷砖为主。

西班牙的陶瓷主要分布在卡斯特隆地区。该地区具有丰富的陶瓷墙地砖用红黏土资源。一方面,由于开采方式和地质原因,天然矿物原料的质量波动较大,解决这一问题的最好办法是制定科学合理并适用的开采计划,从而有效控制产品质量;另一方面,就是加强矿物特性的研究与控制,这是确保陶瓷产品质量的关键所在。黏土特性是由矿物组成、占比及化学成分决定的,为保证陶瓷产品质量,陶瓷原料要经过X射线分析、化学成分分析、粒度及粒度分布分析、热分析及塑性分析等,以便充分了解原料特性。西班牙陶瓷原料都要进行预先实验,重点是半工业实验,获得其最佳应用效果,满足当地陶瓷工业的需求。这也是当地能够大量应用红黏土作为陶瓷地砖及陶瓷涂料生产原料的重要原因。在西班牙,白黏土或球土原料应用很少,只占全部原料的5%。西班牙陶瓷原料的预处理有两种方式,一是干法加工,一是湿法加工。

通过分析比较,可以看出,世界上建筑陶瓷砖的消费还是以国内消费为主,约占总产量的77%。我国是全球最大的建筑陶瓷砖生产国、消费国和出口国。西班牙和意大利分别是第二大生产国和第三大生产国,但其以出口为主,也是全球建筑陶瓷砖品质最高的国家,尤其是意大利,出口价格居全球之首。

表 4-14 世界主要陶瓷公司的生产经营情况统计

序号	集团公司	国家	产量/10⁶ m²	产能/10⁶ m²	出口	瓷砖产品销值/10⁶ 欧元	总销值/10⁶ 欧元	员工总数
1	Mohawk Industries, Ins	美国	205~225（公司官方数据）	205~225（公司官方数据）	—	3015	7803	>3 200
2	SCG Group	泰国	212.0	225.0	11	735.0	882.0（砖、卫生陶瓷）	15 000
3	Lamosa	墨西哥	105~110（估计）	140.	24	450.0	—	3 400
4	Rak Ceramics	阿联酋	100	117	80	488.0	699.0（砖、卫生陶瓷、餐具）	15 000
5	Incefra	巴西	67.1	72.0	5	194.0	194.0	1 160
6	Crupo Credasa	巴西	63.0	70.0	3	—	—	790
7	Saudi Ceramic	沙特阿拉伯	61	64.0	6	—	368.1（砖、卫生陶瓷）	400
8	Mulia	印度尼西亚	60.0（估计）	62（估计）	—	374.7	—	6 900
9	Creccafi	巴西	58.6（2013）	59.0（2013）	9	—	—	1 107
10	Rovese	波兰	58.0（估计）	68.7	81	282.0	418（砖、卫生陶瓷、其他）	7 068
11	pamesa	西班牙	54.6	54.6	27	265.0	394.0（砖、其他）	1 054
12	Kale Group	土耳其	54.0	69.0	3	160.4	330（其他、卫生陶瓷、淋浴间）	3 705
13	Dynasly	泰国	53.0	69.0	2	327.0	178.2（砖、卫生陶瓷、其他）	2 740
14	Kajaria	印度	50.0	54.0	—	—	330.0（砖、卫生陶瓷）	2 304
15	San Lorenzo（Etex Group）	阿根廷	49.0（2013）	52.0（2013）	0	110.0	—	2 292
16	Arwana Citramulia	印度尼西亚	49.4	49.4	50	260.0	110.0	2 000
17	Lasselsberger	奥地利	48.0	50.0	16	113.0	—	2 800
18	White Horse	马来西亚	48.0	55.0	—	158.4	113.0	1 746
19	Vitromex	墨西哥	45.0（估计）	56.0（估计）	3	245.3	—	1 777
20	H＄R Johnson	印度	45.0	57.0	38	137.0	262.7（砖、卫生陶瓷）	2 553
21	Celima（Trebol Group）	秘鲁	41.0	48.0	—	128.5	320.0（砖、卫生陶瓷）	4 000
22	Ceramic Industries	南非	39.0	41.0	30	307.3	151.0（砖、卫生陶瓷）	1 016
23	Interceramic	墨西哥	37.5	44.0	—	—	407.8（砖、卫生陶瓷、其他）	4 395
24	Roca	西班牙	35.0（估计）	35.0	10	204.1	1646.0（砖、卫生陶瓷、其他）	22 000
25	Corona	哥伦比亚	34.8	38.3			498.0（砖、卫生陶瓷）	13 000

注：—表示无统计数据

近年来,新兴国家如巴西、印度、印度尼西亚、伊朗、越南、墨西哥、土耳其等建筑陶瓷砖生产量增长迅速,出口也快速增长。从产品结构看,意大利以有釉瓷质砖为主,西班牙以釉面内墙砖为主,我国则以瓷质抛光砖为主。意大利、西班牙等在建筑陶瓷砖原料研发、产品设计、创意等方面处于全球最高水平,陶瓷装备制造也处于世界领先,其引领全球建筑陶瓷砖产业的发展方向。

意大利等先进陶瓷生产国对原料标准化工作十分重视,在萨索罗、卡斯特隆等陶瓷产区内,设有专门的原料开发公司,专业供应陶瓷原料、色釉料等,保证了生产企业的产品质量。同时,有利于矿产资源节约和环境保护。

意大利、西班牙等世界著名建筑陶瓷砖生产公司,积极走向海外,全球配置资源和市场,建设国际化企业,在全球产业链中处于领导者地位,具有强大的话语权。

第三节 我国高岭土矿采选、使用及保障技术现状与分析

一、高岭土矿采选工艺技术现状

(一) 矿山开采

我国高岭土矿产开发采用露天开采及地下开采。其中,大部分为露天开采方式,一般采用挖掘机直接挖掘,配合公路开拓,汽车运输。例如,福建龙岩高岭土矿区,兖矿北海高岭土矿区,广东茂名高岭土矿区,等等。

部分高岭土矿山为地下开采。中国高岭土有限公司是我国最大的地下开采高岭土企业,矿山采用竖井开拓,分层崩落法,采场的回采顺序自上而下,由矿体中央向两侧推进,回采以进路为单元分条带进行。据统计,地下开采矿山约占高岭土开采企业的 25%~30%。也有少数高岭土矿山采用水力开采。例如,广西北海合浦沪天高岭土有限责任公司采用水力开采方式,利用水枪冲击矿体,矿浆由砂泵水运到选矿厂进行分选。广东茂名也有部分矿山采用水采水运方式。

(二) 选矿加工工艺及技术

根据矿石的用途及产品质量要求的不同,高岭土的加工工艺也不尽相同。针对不同用途,目前的高岭岩(土)加工技术包括选矿提纯、超细粉碎、煅烧等。建筑陶瓷坯料用高岭土可直接用原料,釉料用高岭土需要选矿提纯、超细粉碎等加工。高岭土的选矿方法依原矿中拟除去杂质的种类、赋存状态、嵌布粒度及所要求的产品质量指标而定。

对于矿杂质含量较少、白度较高,含钛、铁杂质少,主要杂质为砂质(石英、长石等)的高岭土有的采用简单干法选矿,也有的采用湿法旋流器离心分级技术。

对于杂质含量较多、白度较低、砂质矿物及铁质矿物含量较高的高岭土一般要综合采用重选(除砂)强磁选或高梯度磁选(除铁、钛矿物)、化学漂白(除铁质矿物并将三价铁还原为二价铁)、浮选(如明矾石分离或除去钛矿)等方法。

有机质含量较高的高岭土,还要经过煅烧处理,除去有机泥炭及煤等杂质。

二、高岭土资源的利用情况

(一) 我国高岭土利用概况

高岭土矿产开发分布于全国21个省份,产量相对集中在广东、福建、广西、江西、湖南和江苏。按陶瓷产量统计,2015年我国建筑卫生陶瓷用高岭土产量约为8500万t,用于矿物功能性填料的精选高岭土约为350万t/a。

建筑卫生陶瓷用高岭土矿山以中小企业为主,除少数具有一定规模大型企业外(如福建龙岩、辽宁法库、广东潮州、广西北海等),绝大部分为中小企业,甚至小采矿点。矿区缺少统一规划,地质勘查工作较为薄弱,生产工艺简单,原矿采掘后直接供应给陶瓷企业。

(二) 我国高岭土进出口概况

从近年我国高岭土的进出口统计情况可以看出,随着我国国民经济的高速发展,高岭土进出口数量持续增加。目前,我国进口的高岭土基本用于造纸行业的高岭土精加工产品,出口的高岭土大多为高岭土原矿或初级加工产品,出口价格相对较低,而进出口价格普遍较高。我国高岭土在国际市场上"高进低出"的问题一直没有得到根本性解决。

我国建筑卫生陶瓷用高岭土目前基本为国内产品,没有进口。部分优质建筑卫生陶瓷用高岭土出口到国外市场,主要为广东、福建沿海地区。

三、高岭土在建筑卫生陶瓷行业使用情况

(一) 高岭土对建筑卫生陶瓷产品的主要影响因素

1) 高岭土化学成分的稳定性直接影响陶瓷质量。高岭土中 Al_2O_3 含量对陶瓷产品强度影响较大,如果 Al_2O_3 含量经常波动,陶瓷生产企业难以控制烧成温度,从而影响陶瓷产品质量。

2) 高岭土中含铁较高,将会降低高岭土熔点,使陶瓷产品产生斑点、溶洞及影响产品白度。

3) 高岭土颗粒不稳定造成陶瓷坯体破损、变形。

(二) 我国建筑卫生陶瓷行业消耗高岭土情况

建筑陶瓷砖产品分为地砖、内墙砖、外墙砖三大类。各种砖由于规格不同,产品厚度不同,单位面积建筑陶瓷砖的原料消耗量也不相同。据不完全统计,目前国内建筑陶瓷砖的结构为:一般地砖的单位重量为 $20 \sim 25 kg/m^2$、内墙砖的单位重量为 $18 \sim 20 kg/m^2$、外墙砖的单位重量为 $15 \sim 18 kg/m^2$,各种建筑陶瓷砖的加权平均重量为 $20 kg/m^2$。重点厂家生产指标统计分析,原料重量一般为产品重量的 $1.05 \sim 1.15$ 倍,取平均 1.1 倍,单位建筑陶瓷砖产品的原料消耗量为 $22 kg/m^2$。目前,陶瓷产品的原料配方为:高岭土类的黏土矿物占35%、长石类原料占25%~30%、石英类原料占30%、其他占

10%~20%。

卫生陶瓷分为小便器、坐便器、蹲便器、洗手盆等，一般以13kg为一件，原料单耗量一般为产品重量的1.15倍，卫生陶瓷的原料单耗为15kg/件。卫生陶瓷配方中一般黏土矿物占60%~65%。

我国建筑卫生陶瓷黏土矿物原料消耗量见表4-15、图4-6。

表4-15 2000~2015年我国建筑卫生陶瓷黏土矿物原料消耗量 （单位：万t）

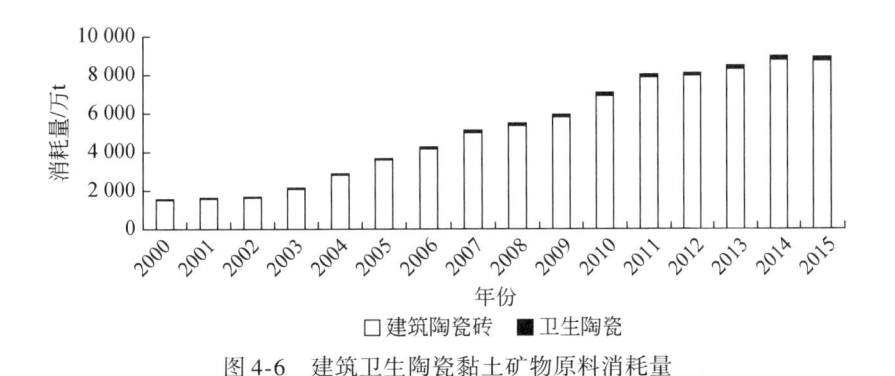

项目	2000年	2001年	2002年	2003年	2004年	2005年	2006年	2007年
建筑陶瓷砖消耗	1530	1600	1650	2094	2818	3596	4158	4996
卫生陶瓷消耗	43	48	49	57	69	78	96	121
合计	1573	1648	1699	2151	2887	3674	4254	5117
项目	2008年	2009年	2010年	2011年	2012年	2013年	2014年	2015年
建筑陶瓷砖消耗	5351	5800	6908	7871	7950	8290	8751	8708
卫生陶瓷消耗	131	138	150	158	143	192	200	203
合计	5482	5938	7058	8029	8093	8482	8951	8911

图4-6 建筑卫生陶瓷黏土矿物原料消耗量

四、建筑卫生陶瓷原料资源保障性分析

第一，我国生产建筑卫生陶瓷产品用的矿物原料资源较为丰富，分布广泛。目前我国建筑卫生陶瓷用高岭土矿产资源做地质勘查工作的较少，大部分企业自己找矿、实验、开采、加工原料，实际进入国家储量表的建筑卫生陶瓷原料储量较少。尤其瓷土资源相对较多，国际经过地质评价的高岭土资源多用于非金属矿物功能材料类的矿产资源，建筑卫生陶瓷用的瓷土做地质勘查工作的较少。

第二，我国建筑卫生陶瓷行业技术不断进步，对原料应用的范围也在不断扩展，尤其是加强低品位原料的应用，增加了原料品种和数量。

第三，我国建筑卫生陶瓷行业不断推进建筑陶瓷砖厚度减薄、卫生陶瓷重量减轻等改革创新，这样可降低原料消耗。

第四，随着我国建筑卫生陶瓷产能的增加，供大于求的趋势已显现，未来我国对建筑陶瓷砖的需求将呈现平稳甚至下降态势，产量增加幅度减少，达到饱和点后，产量下降,也会减少原料的消耗。

第五,建筑卫生陶瓷行业在利用工业废渣做原料,利用低品位资源和页岩等技术不断成熟,从而减少了高岭土原料消耗。

按 2020 年建筑卫生陶瓷用高岭土消费量分析,开采运输损失 5%,采矿回收率为 90%,由 2020 年所需要的矿石地质储量为 10 249 万 t。按 2015 年建筑卫生陶瓷用高岭土的消费量为 0.89 亿 t 高岭土、陶瓷土储量 45.5 亿 t 计,可服务 51 年。从总量上看,资源的保证程度较高。

从上几个方面看,我国高岭土资源总量上可以保证建筑卫生陶瓷产业的需求。同时,高岭土资源的结构性矛盾仍然较为突出,优质建筑卫生陶瓷用高岭土,如广东黑泥资源近年来消耗过快,另外还受到土地保护、生态保护等要求的影响,优质高岭土资源不足的问题逐渐显现。

五、高岭土资源开发利用存在的主要问题

(一)资源开采方式不规范

我国高岭土资源大部分属于露天开采,大型矿山数量少,中小型矿山数量多,企业在矿山开采过程中缺乏统一、科学合理的规划设计、土地复垦等资源开发利用与保护方案,只有极少数的矿山各项指标达到要求,大部分矿山的资源开采利用率为 30%~50%,普遍存在资源浪费和生态环境破坏现象。

(二)各地区资源开发利用程度不平衡呈东高西低现象

受建筑卫生陶瓷产业发展历程及产业分布影响,我国建筑卫生陶瓷生产基地大部分分布在我国东部地区,东部地区高岭土资源消耗速度很快,个别地区出现资源枯竭现象,影响其产业可持续发展。

(三)资源产品质量稳定性不够

高岭土作为建筑卫生陶瓷产品的主要生产原材料,其化学成分的稳定性、原料粒度的稳定性对建筑卫生陶瓷产品质量影响较大,在建筑卫生陶瓷产品结构不断升级的大趋势下,保持高岭土产品性能稳定、开发标准化原料是我国高岭土生产中急需解决的重要问题。

(四)资源开采加工设备在能耗、自动化等方面有待进一步提高

我国高岭土资源开采加工设备能源消耗、自动化、大型化等方面有待进一步提高,需要开发新型高效的大型装备替代小型设备,降低流程的总装机功率,增加自动控制系统,提高设备的可靠性、稳定性和工作效率。

第四节　我国主要高岭土开采加工重点企业介绍

一、中国高岭土有限公司

中国高岭土有限公司是一家涵盖高岭土采、选、精加工的联合企业，公司拥有3座地下矿山，2个高岭土精选厂，以及国内唯一的专业从事高岭土生产技术与新品开发的研究所，下属有一个检测装备先进的检测中心，被确定为高岭土功能材料工程研究中心、省级工程中心。

该公司主导产品阳山牌苏州高岭土被确认为"中国名牌产品"，已形成十大系列70余种产品，为我国石油化工、造纸、高级陶瓷、工程橡塑材料、玻璃纤维、油墨、环保涂料、医药、化妆品、电子工业、航空航天工业等行业提供优质产品，阳山牌苏州高岭土畅销全国，并有部分出口。

中国高岭土有限公司开采回采率为86%，尾矿品位为8.7%，选矿回收率为75%，资源利用率为64.5%。该公司积极开展尾矿加工，对废水进行相应的循环利用，"三废"利用情况较好。

二、茂名高岭科技有限公司

茂名高岭科技有限公司是一个集超细粉体涂料高岭土产品研制开发、生产经营于一体的广东省优秀高新技术企业，位于广东省茂名市茂南区山阁镇。现有4条涂料高岭土生产线（其中3条粉状产品生产线，1条膏状产品生产线），生产能力为30万t/a。

茂名高岭科技有限公司矿山开采回采率为86%，尾矿品位为1%，选矿回收率为98%，资源利用率为84.28%。该公司积极开展尾矿加工，对废水进行相应的循环利用，"三废"利用情况较好。

三、龙岩高岭土有限公司

龙岩高岭土有限公司属全国标准化建筑卫生陶瓷原料生产基地，拥有总储量为5294万t的龙岩东宫下优质高岭土独家开采权，年产高岭土原矿为60万t，并建有技术含量较高的高岭土精选、超细、漂白、煅烧生产线，是目前国内集采矿、选矿、煅烧高岭土的大型生产企业，主要产品有高岭土原矿、高岭土精矿、超级龙岩高岭土、改性高岭土和综合利用高岭土五大类，其产品被广泛应用于陶瓷、涂料、塑料、橡胶、油墨、化工等领域。

龙岩高岭土有限公司龙岩东宫下高岭土矿山开采回采率为96.75%，尾矿品位为5.5%，选矿回收率为94.15%，资源利用率为91.09%。企业积极开展尾矿加工，对废水进行相应的循环利用，"三废"利用情况良好。

四、兖矿北海高岭土有限公司

兖矿北海高岭土有限公司隶属于兖矿集团有限公司，是国内重要高岭土科研开发基地。公司2001年开工建设，2004年投产运营，矿区勘探面积为9.77km²，探明高岭土储量为 4000 万余吨，其资源具有储量大、埋藏浅、易于开采等优点。厂区占地面积为 11.5hm², 年产加工各类精制高岭土产品为 30 余万 t。公司生产陶瓷土、釉料土、填料土三大类 20 多个型号的产品，主要销往广东、广西、山东、福建、河南、四川、江西、湖南、台湾等地，并向日本、韩国及东南亚国家出口。该公司产品广泛应用于造纸、陶瓷、搪瓷、涂料、橡胶、化工、电子等几十种行业。

兖矿北海高岭土有限公司采矿厂开采回采率为 85%，尾矿品位为 3.1%，选矿回收率为 88%，资源利用率为 74.8%。企业积极开展尾矿加工，对废水进行相应的循环利用，"三废"利用情况良好。

第五节 我国建筑卫生陶瓷用黏土矿原料（高岭土）发展面临的形势与挑战

一、宏观形势与挑战

"十三五"时期是我国全面建成小康社会决胜阶段。树立创新、协调、绿色、开放、共享的发展理念，将创新作为行业发展的第一动力。加强供给侧结构性改革，加快开发新技术、新产品，开拓新的市场，增加高技术含量、高附加值的产品，主动适应新形势新要求。

"十三五"是工业转型发展重要时期。加快推进工业绿色发展，紧紧围绕资源能源利用效率和清洁生产水平提升，以传统工业绿色化改造为重点，以绿色科技创新为支撑，以法规标准制度建设为保障，实施绿色制造工程，加快构建绿色制造体系，推动绿色产品、绿色工厂、绿色园区和绿色供应链全面发展，尤其是国家建设绿色矿山的要求，为高岭土资源开发指明了方向。

资源能源利用效率是衡量国家制造业竞争力的重要因素，推进绿色发展是提升行业竞争力的必然途径。从根本上摆脱高投入、高消耗、高污染的发展方式，改变资源过度消耗，生态环境破坏突出的现实，高岭土行业面临的形势依然十分严峻。

二、建筑卫生陶瓷行业发展形势

（一）产业发展模式将发生根本性转变

1978 年以来，建筑卫生陶瓷产业 30 多年以数量增长的模式已结束，产业发展正以增量扩能为主的模式转向调整优化存量、做优做强增量并存的模式。未来，以产品品牌、质量、服务为核心的内涵式、创新性发展成为主导。品牌知名度高、产品创新能力强、产品品质优、销售网络广及商业模式新的企业，才具有可持续发展能力。以上表明，对高岭土量的需求会有所缓解，但对原料品质的要求更加严格，高质量、稳定的原料供应是建筑卫生陶瓷产品品质的保障。

（二）建筑卫生陶瓷行业技术进步集中在节能减排技术、产品创新研发设计领域

这些技术主要包括窑炉、喷塔等节能技术、干法制粉、连续球磨技术、自动控制及智能化技术、余压余热利用技术、利废型新产品生产技术、3D打印技术、计算机辅助设计、陶瓷建筑装饰一体化设计等现代技术。

（三）建筑卫生陶瓷产品开发将朝着绿色化、功能化、时尚化方向发展

薄型砖、利废型新产品等绿色化产品、防静电瓷砖、自洁性瓷砖、蓄热蓄光型建筑陶瓷、健康保健性瓷砖、智能卫浴等功能产品，仿石、仿木类瓷砖仿生产品，将成为未来瓷砖产品的主流方向。

（四）劳动力成本快速增长与高端人才供给不足的矛盾更加尖锐

我国劳动力供给已经进入结构性短缺的阶段，劳动力成本不断提高。工业生产中还存在高端人才严重不足、应用型人才匮乏的问题。

第六节　建设建筑卫生陶瓷用黏土矿原料（高岭土）资源强国的总体思路发展原则及发展目标

一、总体思路

坚持保护中开发、开发中保护的原则，以资源节约利用、高效利用为核心，调整产业结构，加快矿山企业整合，淘汰落后的小企业、小矿山，实施大企业（集团）发展战略，规范化、规模化开发，推进高岭土产业升级；资源分类分级开发，一般资源集约化开发，优质资源保护和限制性开发；优化工艺技术方案，提高资源回采率、选矿回收率，依靠科技进步，提纯、配矿、组合、二次开发，实现标准化原料，供应专业化，提高资源综合利用率；生态、环境、产业协调，实现绿色开发。

二、发展原则

（一）坚持可持续发展原则

高岭土资源开发利用需要与建筑卫生产业发展相配套，既要发展绿色矿山，合理开发利用资源，也要根据资源储量、产业发展消耗量，合理布局企业，对高岭土资源及生态环境进行有利保护。

（二）坚持走新型工业化道路

高岭土开发利用要改变传统乱采乱挖粗放式发展模式，切实转变经济增长方式，集约化、精细化、高效率利用资源，不断提高单位产品的质量和经济价值，强化科技发展对产业升级的推动作用，利用先进技术及工艺装备，不断降低能耗、提高资源综合利

用率。

（三）坚持技术创新原则

加大技术研发，研究尾矿、低品位资源的利用。配合陶瓷生产要求，延伸产业链，做标准化原料基地，集约化开发。

三、发展目标

围绕我国建筑卫生陶瓷产业发展需求，推进各建筑卫生陶瓷产业聚集区，将建筑卫生陶瓷原料标准化作为产业发展重点任务之一，主要产区建成建筑卫生陶瓷原料标准化供应基地。建成若干个正规设计、规范化开采、精深加工的高岭土开发大企业或大集团。高岭土技术取得突破，建成选矿、提纯、配矿的示范生产线。主要建筑卫生陶瓷产区的高岭土矿山达到国家绿色矿山标准要求，成为国家级绿色矿山。"走出去"取得进步，开发周边国家优质高岭土资源。优质高岭土资源乱采乱挖得到控制，资源保护取得明显成效。到 2020 年，建筑卫生陶瓷用高岭土产量将达 9000 万 t。露天矿山开采回采率达到 90%，选矿回收率达到 90%，资源综合利用率为 90%，矿山生态恢复治理率为 70%。

第七节 建设高岭土资源强国的重点任务

一、加强高岭土资源勘探，提高优质建筑卫生陶瓷用黏土矿原料（高岭土）矿产资源勘查程度

1）依托建筑卫生陶瓷产业聚集区，有针对性开展建筑卫生陶瓷用黏土矿原料（高岭土）地质勘查工作。结合建筑卫生陶瓷产业的发展，政府支持，积极争取地方政府、资源部门资金，制定方案，分期分批对相关区域内资源情况开展公益性地质勘查工作。

2）加强高岭土矿产资源商业性地质勘查，遵循"谁投资，谁承担风险，谁受益"的原则，鼓励金融资本、风险投资、大型企业投资高岭土矿产资源勘查。根据勘查范围及勘查投资大小，政府给予勘查投资奖励。商业性风险勘查可通过"申请在先"的方式获得探矿权并优先取得采矿权，支持投资者矿权转让，减免相关手续费用。

3）建立地质勘查基金。以建筑卫生陶瓷产业反哺资源保护性开发方式，建筑卫生陶瓷企业参与高岭土资源开发，筹集建立地质勘查专项资金，地质勘查基金可以与社会资金合作，开展以预查、普查为主的风险勘查工作，也可参与整装勘查区、重点勘查区的矿产勘查工作。

4）鼓励和支持拥有探矿权的地勘单位与有实力的企业通过资本与技术、勘查与开发的有机结合，组建勘查开发实体，加快矿产资源的勘查评价。

二、建设资源开采、加工及专业化供应示范基地和标准原料基地

建筑卫生陶瓷原料矿山的地质勘查工作相当薄弱，正规做过地质勘查的矿山不多，多数为小规模的个体开采。通过正式的地质勘查工作，摸清资源状况，规划建设综合型

的资源开发基地，按正规设计、机械化开采、专业化加工与供应，既可满足建筑卫生陶瓷生产的要求，又可大幅度减少资源开发中的浪费与损失，还能对低品位的资源进行综合利用，提高资源利用率。通过控制区域内矿权的设置，整合现有矿权，优化新矿权设置，实现保护性开采。加强优质资源的找矿与勘查工作，为下游产业发展提供保障。

三、推进集约化开发与科技创新，提高资源利用率利用水平

鼓励和支持组建大企业，对周边小矿山进行整合、重组，实现规模化开采、搭配开采，集约化开发。加大产品研发创新，研究低品位原料应用技术、配矿再开发技术，以及其资源代替高岭土的技术研发。

矿物材料的加工涉及选矿提纯、超细粉碎、粒度分布、表面改性、材料复合等多种加工，它既包括矿微观结构的研究，又包括加工工艺设计与选择。

高岭土的矿物形成条件及开采加工方法的差异，导致其表面性能（物理性质如表面积、表面能、表面形态等；化学性质如晶体结构、表面官能团等）存在较大差别。随着我国建筑卫生陶瓷产业转型升级，对高岭土原料化学成分稳定性、表面改性等要求不断提高，通过提高高岭土产品性能，促进建筑卫生陶瓷产品升级。积极鼓励高岭土公司都设立技术研发机构，在加工技术和应用技术上有所突破，以高岭土开发技术领先优势，占领高岭土高端市场，满足下游行业发展需要，促进健康、可持续发展。

四、充分利用国外资源和产品市场

随着改革开放的深入及国内经济技术的发展，尤其是"一带一路"倡议的实施，越来越多企业开始"走出去"。以全球视野配置资源已成为重要的发展趋势。实施"走出去"战略，一是鼓励企业从国外进口优质高岭土等原料，二是鼓励企业资本输出，到国外开发矿产资源，并鼓励在国外建设建筑卫生陶瓷生产线，产品直接进入当地市场，避免建筑卫生陶瓷产品出口的贸易壁垒。

五、加强中低品位高岭土资源的综合利用

对于低品位高岭土资源，一方面加强矿物提纯研究，除去有害杂质，并通过不同品种的高岭土搭配应用，满足建筑卫生陶瓷生产要求；另一方面，加强建筑卫生陶瓷生产工艺的研发与创新，通过配方创新、工艺技术创新，扩大原料获取范围，增加原料来源与供应量。

第八节 建设高岭土资源强国的保障措施

一、推进绿色矿山建设，坚持生态和发展两条底线

《全国矿产资源规划（2008~2015年）》提出了发展绿色矿业的明确要求，确定了2020年基本建立绿色矿山格局的战略目标，为全面落实规划目标任务，就发展绿色矿业、建设绿色矿山提出了指导意见。目前，该项工作已在全国展开，分地区分行业确立了几百家示范单位。非金属矿山相对规模小、数量多，进入绿色矿山示范的企业还较

少。建议全国各地加快非金属矿山绿色化建设的步伐，鼓励企业申请加入绿色矿山建设的行业，按绿色矿山建设的相关要求，逐步改造提升，政府相关部门给予大力支持，推进绿色矿山建设工程的进程

二、加快高效工艺技术和大型化装备的研发应用

当前高岭土行业技术创新能力薄弱，仅有少数大型企业成立有技术研发中心，国家应制定相关政策，鼓励相关单位建立产学研联盟，加快高效工艺技术和大型化设备的研发，以及新技术新装备的推广和应用。

建议国家加大对非金属矿物材料，尤其是高技术含量深加工产品的技术开发支持力度，支持非金属矿物加工的共性技术、重大关键性技术及矿物材料应用技术等。支持以产学研为核心的产业联盟的建立，组织上下游产业共同研究，以产业化模式加快技术进步，推动全行业技术升级。

三、推进矿业产业结构调整，提高资源的利用率

调整当前高岭土行业产业结构，减少低水平的重复建设，加快高岭土资源整合和企业兼并重组，提高产业集中度。加快高端产品研发，提高资源的利用率，积极发展高技术含量、高附加值的高岭土应用产业，推动产业结构优化升级。

加快产品结构调整。围绕防静电、耐磨、耐污、防滑、保温、抗菌等多功能型建筑卫生陶瓷产品，节水型、智能型卫生陶瓷产品开发相配套的高岭土原料，稳定 Al_2O_3、铁等成分的含量。

大力推进企业组织结构优化。鼓励规模大、创新能力强、管理水平高的企业发挥技术、管理、品牌、资本等要素的比较优势，实施联合重组，培育龙头企业；淘汰产品质量差，原材料、能耗消费高，环境不达标的落后矿山。

四、加强规划引导，建立行业准入制度

各地区工业主管部门及矿产管理部门应全面了解与掌握本地区非金属矿资源品种、分布、特点，根据国内外相关矿种开发水平、发展趋势、未来走势，制定明确的发展思路、方向、发展定位、发展重点，有计划有步骤地推进非金属矿开发。

在矿产资源总体规划指导下，各地区制定非金属矿开发的综合性或专项矿种开发的准入政策，淘汰技术装备落后、规模小、污染环境、存在安全隐患的企业或家庭作坊，规范行业发展。

五、实施"走出去"战略，立足全球配置资源

抓住矿业全球化、"一路一带"倡议发展等机遇，鼓励和支持国内企业"走出去"。一方面，参与国际矿业的合作与竞争，同跨国的矿业公司、矿业金融机构、矿业技术服务公司实现联合，促使我国企业迅速融入国际矿业市场，努力建立海外矿业基地，争取战略主动权；另一方面，鼓励我国建筑卫生陶瓷企业在资源丰富的国家建立生产线，这样不仅可以利用当地资源、劳动力等优势条件，还可以直接进入当地消费市场。

六、建立数据信息化系统及评价体系

建立全国高岭土资源信息数据系统，对高岭土资源、技术、市场咨询、投资、企业生产经营状况、环保、生态、地质灾害等进行统计分析。制定主要开发利用的评价体系，确定相应的技术经济指标，包括资源利用率、采矿回收率、选矿回收率、贫化率、精矿最低品位、伴生矿物利用率等相关指标，为国家主管部门、地方管理部门制定行业发展规划、产业政策，为执法监督检查提供科学依据。

第五章 我国高纯石英矿产资源的现状与分析

《新材料产业"十二五"发展规划》明确提出将稀土、稀有金属、稀贵金属、萤石、石墨、石英砂、优质高岭土等矿种列为国家战略性矿产,同时在新材料领域要加快发展高纯石英粉、石英玻璃及制品,促进高纯石英管、光纤预制棒产业化。

高纯石英资源已经成为当今世界的关键战略性矿产。高纯石英广泛应用于半导体、通信、激光、军事、航天工业、微电子工程及新能源等高科技产业。硅质资源只有一部分在体积、质量及顺从性上都适合作为加工高纯石英的原料。

按照石英砂杂质含量,国际上常把石英砂分为超纯、超高纯、高纯、中高等纯度、中等纯度、低等纯度石英砂,详情见表5-1。

表5-1 国际常见石英砂等级分类表

序号	名称	杂质含量/(μg/g)	SiO_2含量(wt%)/%	应用	备注
01	超纯石英砂	0.1~1	>99.9999	—	
02	超高纯石英砂	1~8	>99.9992	半导体等	
03	高纯石英砂	8~50	99.995~99.9992	—	可分为3个级别。高纯石英没有详细的分类标准,以各企业产品杂质含量等级为准。
		8~20		光伏、光纤、航天光学玻璃、半导体等	
		20~50		光伏、光纤、电光源、半导体等	
04	中高等纯度石英砂	50~300	99.97~99.995	电光源、光学玻璃等	—
05	中等纯度石英砂	300~5000	99.5~99.97	电光源、集成电路等	
06	低等纯度石英砂	5000~10000	99~99.5	特种玻璃、集成电路等	

注:杂质含量为氧化物含量;wt%指质量分数。

目前,我国高纯石英产品还没有统一的国家标准。综合国内学者的研究成果及国内高纯石英企业的产品标准,常把SiO_2质量分数为99.9%~99.999%,Fe_2O_3含量<10μg/g的石英称为高纯石英,把SiO_2质量分数为99.9991%以上的石英称为超高纯石英。每个等级的高纯石英按粒度可分为40~70目、70~140目、>140目等几个等级,其中40~70目、70~140目的产品用途最广泛,是目前国内高纯石英市场上的主流产品。

我国高纯石英加工技术与国际先进水平仍有较大差距，所生产的石英制品大部分为中低端产品，主要用于电光源等行业，高端产品依赖进口。目前我国水晶资源已日渐枯竭，但我国可作为高纯石英原料的硅质资源及花岗岩储量丰富，如果提纯技术有所突破，那么高纯石英资源保障程度将提高。

第一节　我国高纯石英资源保障能力现状与分析

一、国内外高纯石英产业的现状

（一）高纯石英制品应用分类

世界石英制品的生产已有170多年的历史。1839年，法国人采用氢氧燃烧制造石英制品。1902年，英国人用石墨棒通电高温制造石英制品。20世纪50年代，随着半导体技术和新型电光源对石英制品用量的激增，石英制品行业得到迅速发展。

石英制品具有一系列优良的物理、化学性能，包括极低的热膨胀系数，优异的耐温性，良好的化学稳定性，优良的电绝缘性，低而稳定的超声延迟性，最佳紫外线、可见光及近红外光谱透过率及高于普通玻璃的机械性能等，利用这些优点可以制作成石英锭材、管材、棒材、板材、坩埚、各种器皿和器件及石英纤维和织物等产品，这些产品被广泛应用于航空航天、核能激光、半导体、光通信、冶金、化工、电光源等行业。

1. 电光源用石英制品

透明石英制品具有从紫外区到红外区优良的光透过性和耐热性，广泛应用于水银灯、超高压水银灯、氙灯、紫外线灯、碘钨灯、卤素灯、气体激光用灯、金属卤化物灯等电光源。

2. 半导体工业（电子工业）用石英制品

半导体的制造要求高纯、无污染、耐高温的石英制品，如石英法兰、石英舟架、石英扩散管、石英钟罩等。石英制品还可以制成不同规格的平板，经金属涂敷、腐蚀刻录后制成光掩膜基板，用于印刷液晶面板中的电子线路板。

石英制品的使用贯穿了半导体领域相关产品制造的关键过程。石英锭、石英筒是半导体制程扩散、氧化、沉积、蚀刻工艺中所用的石英法兰、石英扩散管、石英钟罩的材料；石英锭是平板显示技术中关键光掩膜基版的基材。

3. 太阳能用石英制品

石英玻璃具有洁净、同质、耐高温等性能，广泛用于太阳能领域提炼多晶（单晶）硅的生产工艺中。石英坩埚是太阳能单晶硅生产过程中的消耗品。另外，在太阳能电池片的生产过程中，各类石英玻璃材料及制品也是其主要的工艺耗材，如石英扩散炉管、石英法兰等。

4. 光通信及高新技术用石英制品

石英是光纤制造过程中不可或缺的材料。光纤预制棒中95%以上的组分为高纯度的石英制品，而在光纤制棒和拉丝等光纤生产过程本身又需要消耗大量的石英材料，包括 MCVD（modified chemical vapour deposition，改进的化学汽相沉积法）、PCVD (plasma activated chemical vapour deposition，等离子体化学气相沉积）工艺中的头管、尾管，OVD（outside chemical vapour deposition，棒外化学汽相沉积法）、VAD（vapour phase axial deposition，轴向汽相沉积法）工艺中使用的把持棒、石英玻璃烧结管，预制棒拉丝过程使用的把手棒、把手管、石英罩杯等。

5. 航空航天领域用石英纤维及制品

石英棒可熔融制成石英纤维丝和石英棉，石英纤维丝经过后期纺织工艺可织成各种规格的石英纱、石英布、石英套管、石英绳、石英带等。石英纤维由于具有强度高、介电常数和介电损耗小、耐高温、膨胀系数小、耐腐蚀、可设计性能好等一系列特点，是航空航天领域不可或缺的战略材料。石英纤维在高频和700℃以下工作区域内保持最低而稳定的介电常数和介电损耗。这些优异的性能使之成为多种航空、航天飞行器的关键材料。

6. 其他领域用石英玻璃材料及制品

石英玻璃还可广泛应用于光学材料（各种精密仪器或装置、望远镜的反射镜、透射镜、光学棱镜等）、各种耐酸容器（高温酸性气体的燃烧、冷却和引导装置等）、电绝缘材料（发电厂锅炉液位管、高压绝缘管类等）、冶金工业、各种理化仪器。此外，生物工程、原子能技术、激光技术等高技术领域均需要用石英制品。高纯石英应用领域如图 5-1 所示。

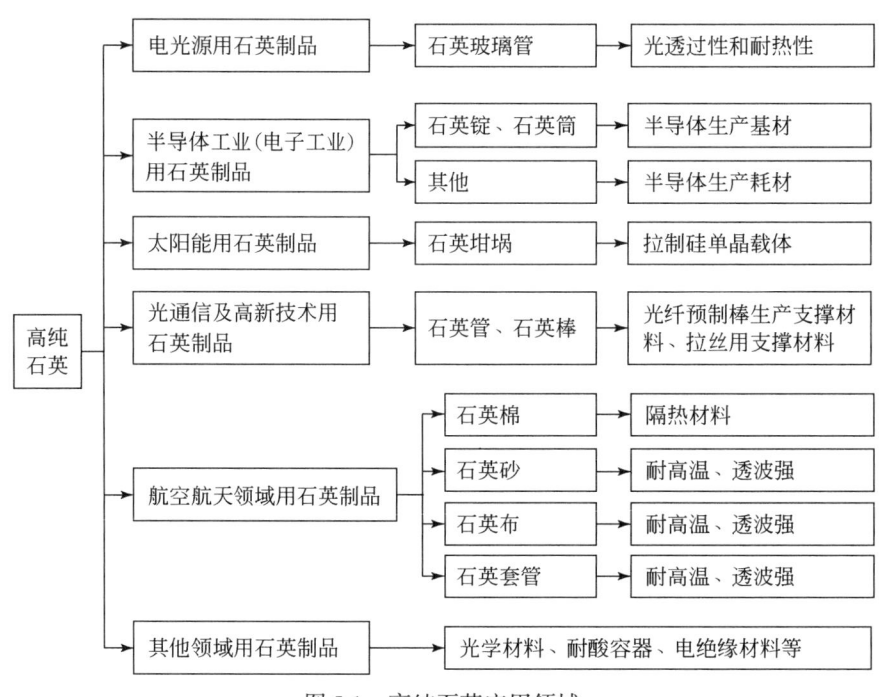

图 5-1　高纯石英应用领域

（二）国际高纯石英产业现状

目前，国际上高纯石英制品生产企业主要有日本东槽株式会社（简称东曹）、Heroeus Group（贺利氏集团简称贺利氏）、信越化学工业株式会社（简称信越）等，其中半导体石英坩埚主要被贺利氏、信越、迈图、Covalent、JSQ等企业垄断。高纯石英制品主要产地见表5-2、国际高纯石英制品主要生产企业及业务范围见表5-3、国际半导体石英坩埚主要企业产能占比如图5-2所示。

表5-2 高纯石英制品主要产地

应用领域	主要品种	主产地
电光源	石英管	中国
光通信	光纤外皮管	德国
	把手棒、管等辅助石英玻璃	中国
光伏	石英坩埚，拉单晶	中国
	前端工艺制程石英器件	中国、日本、韩国
半导体	石英基础材料（含坩埚）	美国、德国、日本
	光掩膜基板	日本、美国
	前端工序制程石英器件	美国、德国、日本、韩国、中国
光学	红外光学	美国、德国、日本、中国
	紫外光学	德国、日本、美国

表5-3 国际高纯石英制品主要生产企业及业务范围

国家	公司	主要产品	现状
美国	迈图	半导体石英管、石英棒、石英锭、光纤管、石英坩埚	—
	康宁	HPFS*系列产品：半导体、光学，光纤，ULE**	石英材料供应
德国	贺利氏	Fused quartz（熔融石英）全系列、电熔石英、光纤及其他用合成石英、半导体用石英坩埚；器件加工	收购圣戈班石英产业
	Qsil	石英筒、石英管、不透石英材料；器件加工	主要服务于半导体
日本	Material Corporation	石英陶瓷，T-1030石英材料，大规格LCDs光掩膜基板	—
	东曹	Tosoh N/NP石英锭，OP不透明石英锭；器件加工，器件修复	材料与加工
	信越化学	合成石英：光纤预制棒、光掩膜基板	—

* HPFS指高纯熔融石英玻璃，high purity fused silica glass

** ULE指超低膨胀玻璃，ultra-low expension glass

国际上石英制品的发展特点，一是石英制品市场保持每年3%~5%的低速增长；二是半导体硅工业市场将保持每年7%左右的增速，随着半导体芯片向大尺寸发展，配套的石英制品的尺寸也越来越大，氧化及扩散用的石英大管也由200mm直径发展到300mm、450mm；三是随着光伏产业的发展，石英坩埚将成为全球石英制品的重要增长点。

（三）国内高纯石英产业现状及市场需求预测

1. 高纯石英原料及其产品

我国高纯石英产品生产早期选用的原料主要为水晶。随着我国水晶资源的枯竭，我

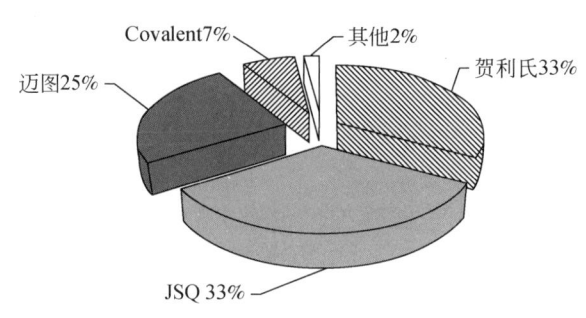

图 5-2 国际半导体石英坩埚主要企业产能占比

国开展了其他石英矿物原料替代天然水晶加工高纯石英的研究工作，取得了一定的成果。目前，我国高纯石英生产企业主要分布在江苏东海、湖北蕲春、浙江湖州等地，如江苏太平洋石英股份有限公司（简称石英股份）、江苏凯达石英有限公司（简称江苏凯达）、东海县金孚石英制品有限公司（简称东海金孚）、连云港福东石英制品有限公司（简称福东石英）等。

江苏凯达石英有限公司与武汉理工大学联合攻关，对江苏、安徽、湖北、四川等地的脉石英进行选矿提纯，可生产 SiO_2 含量为 99.998% 的高纯石英产品。石英股份利用东海脉石英矿，综合采用浮选、磁选、化学浸出、高温氯化等选矿提纯工艺，可生产 SiO_2 含量达 99.995% 的高纯石英产品。福东石英和中国地质调查局南京地质调查中心联合攻克了用普通石英砾石生产石英玻璃管的技术难题；东海金孚和苏州大学、南京工业大学联合攻克了高纯石英原料生产的关键技术。我国部分厂家生产的高纯石英产品指标见表 5-4。

表 5-4 我国部分厂家高纯石英产品指标　　　　（单位：10^{-6}）

公司	Al	B	Ca	Co	Cu	Fe	K	Li	Mg	Mn	Na	Ni	Ti	合计
石英股份	16	0.2	0.3	—	0.05	0.3	0.7	0.6	0.1	0.05	0.8	—	1.2	20.3
福东石英	15	—	0.7	—	0.01	0.7	1.7	0.7	—	0.01	2.8	—	5	26.6
东海金孚	12	0.1	0.6	0.02	0.02	0.3	0.3	0.5	0.08	0.03	0.5	0.02	1.2	15.6

我国高纯石英加工技术与国际先进水平仍有较大差距，所生产的石英制品大部分为中低端产品，主要用于电光源等行业。目前，我国的高纯石英高端产品还需从国外高价进口，以满足光伏、电子信息等行业的生产需要或直接进口由高纯石英高端产品制备的石英棒和石英锭，以满足高档石英玻璃制品和器件的需求。

2. 高纯石英制品产业现状

我国石英制品工业发展较晚。20 世纪 70 年代以后，我国从发达国家引进了一些先进技术和装备，石英制品行业得到长足发展。近年来，随着我国电子信息产业、电光源产业的迅速发展，特别是光伏产业的爆发式增长，我国石英制品行业产值一直保持较快增长。

从细分领域来看，我国高纯石英制品主要应用于半导体、光伏和电光源等领域，然而，我国大多数企业并未掌握高纯石英制品精细加工的核心工艺技术，生产的产品主要为中低端产品,高端电光源、半导体及光伏行业所需的高纯石英制品仍需从日本、美国、德国等国家进口。国内外石英制品总体水平对比见表5-5,高纯石英制品主要应用领域及其质量要求情况见表5-6。

表5-5 国内外石英制品总体水平对比

应用领域	国际石英企业	国内石英企业
电光源	逐步退出中低端市场	东海的光源管已占领全球主要市场,产品附加值较低
光通信	预制棒主产国在日本;高端光纤用石英材料主要由贺利氏、信越、康宁等生产	仅能提供多模光纤用石英管和支撑用石英棒、管,目前市场价格已接近成本
光伏	所占市场份额较少	占主导供应地位,从国外进口原料加工,价格大幅度下滑
半导体	主导材料和加工市场,材料和石英器件均需通过设备厂认证	国内少数企业通过认证,市场份额较小
光学	垄断高品质光学石英的市场,近年申请的专利多为光学合成石英	仅供应低端市场,产品品质较国外同行有较大差距

3. 我国高纯石英制品应用市场预测

(1) 光通信领域

近年来,我国光纤光缆行业发展迅速,产业规模全球最大,形成了完整的光棒、光纤、光缆产业链。根据英国商品研究所(CRU)统计数据,2015年全球光纤出货量达3.07亿芯千米,同比增长4.07%,其中我国市场出货量为1.64亿芯千米,占全球的53.42%。

根据国家工业和信息化部统计数据,2015年,全国新建光缆线路为441.3万km,光缆线路总长度达到2487.3万km,同比增长21.6%,比上年同期回落4.4个百分点,整体保持较快增长态势。2015年,我国的光纤需求量达到1.5亿芯千米,已连续多年成为世界最大的光纤光缆消费市场。我国2009~2015年光缆线路总长度、年净增长度及增长率统计如图5-3所示。

随着有线和无线接入带宽的不断提升,移动互联网、云计算、大数据等技术的飞速发展,全球带宽需求正爆炸式地增加。100G/400G已成为我国骨干网升级和新建的方向,100G市场步入"黄金十年"。

在光纤生产领域大量使用的石英材料主要有光纤预制棒、石英套管、石英支撑棒、石英把持棒和厚壁管等。预计在未来几年,国内外光纤行业对石英棒和石英管的需求将会以每年8%~10%的速度增长,由于光纤预制棒对纯度及尺寸要求非常严格,目前国外公司处于主导地位,国内只有个别企业可以生产光纤预制棒所需的石英套管和支撑棒。在光纤生产过程中的其他辅助石英材料,如石英把持棒和厚壁管等,我国国内的生产技术成熟,成本优势明显,目前生产方式有二步法和连熔二步法两种,连熔二步法是近年研制成功的新工艺,采用高纯石英直接熔炼拉制而成,成本相对较低,是石英光纤的新选择,也是未来的发展方向。

表 5-6 高纯石英制品主要应用领域及其质量要求情况

产品类别	应用领域	代表性产品	需求量/万 t	价格/(万元/t)	质量要求 SiO₂/%	质量要求 Wt（Fe）/ppm	质量要求 主要杂质总量 Wt/ppm	备注
石英玻璃	电光源	卤素灯、金卤灯、汽车灯、杀菌灯、滤紫外等用200mm以下的连熔拉管	2~3	0.3~0.5	≥99.95	<3	<100	东海主要产品，附加值低，供过于求
	光伏	单晶硅用电弧石英玻璃坩埚	2~3	4~6	≥99.995	<0.3	<50	少量进口、需求量大、价格随行业走低
		前端工序制程石英器件	0~1					
	半导体	低碱制品、大口径扩散管、大尺寸坩埚等基础材料	3~5	8~15	≥99.998	<0.2	<20	门槛较高，国内极少认证准入，大量依靠进口
		前端工序制程石英器件	5~6	6~8	≥99.995	<0.3	<50	
	光导纤维	光纤外皮管、石英支撑棒、石英把持棒等	1~2	4~6	≥99.995	<0.3	<50	国内可产，附加值低
		光纤预制棒	3~5	12~20	≥99.999	<0.15	<10	依靠进口
	航天光学	各种光学仪器的透镜和棱镜、照相机镜头、反射镜及天文望远镜、宇宙飞船防热罩和观察窗、激光特种光源等	较少	价格未知	>99.999	<0.1	<5	用量较少，主要依靠进口或化学合成
	化工	各种稀有金属的制胶器皿、高温腐蚀性物质的制备储存装置和其他物理化学实验用品等	较少	1~5	≥99.99	<1	<80	用量较少，国内可产
硅微粉	半导体	超大规模集成电路板基板封料、印刷电路板基板填料等用的高纯球形硅微粉	0~3	2~8	≥99.9	<5	—	国内可产，高端产品进口

注：本表仅统计 SiO_2 纯度大于 3N 的高纯石英类别。

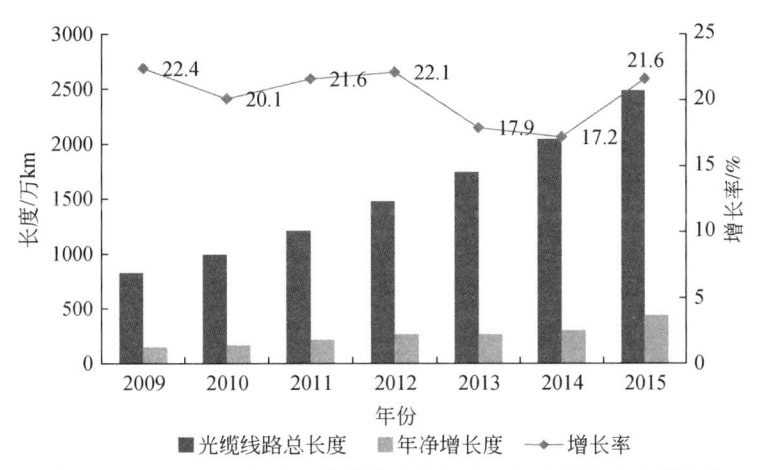

图 5-3 2009~2015 年我国光缆线路总长度、年净增长度及增长率

(2) 半导体领域

半导体的市场规模不断增长,已成为全球经济的重要支柱行业之一。美国市场研究公司 Gartner 报告称,2015 年全球半导体销售额为 3352 亿美元,较 2014 年的 3392 亿美元下降 1.2%。2015 年全球前十大半导体企业销售额统计见表 5-7。

表 5-7 2015 年全球前十大半导体企业销售额 (单位:10^6 美元)

名次	企业名称	总部所在地	销售额
1	英特尔	美国	50 305
2	三星	韩国	41 606
3	台积电①	中国台湾	26 562
4	海力士	韩国	16 917
5	高通②	美国	16 632
6	美科③	美国	14 816
7	德州仪器	美国	12 112
8	东芝④	日本	9 734
9	博通⑤	美国	8 421
10	安华高⑥	新加坡	6 961
11	其他	—	131 134
合计		—	335 200

①台积电为台湾积体电路制造股份有限公司的简称;
②高通为美国高通公司的简称;
③美科为美科集团的简称;
④东芝为东芝集团的简称;
⑤博通为博通公司的简称;
⑥安华高为安华高科技的简称。

据测算,每生产 1 亿美元的电子信息产品,平均需要消耗价值 50 万美元的石英玻璃材料。据美国电子材料研究机构 Techcet 统计,近年来全球每年 90% 的超高纯石英原料均用于生产电子信息产品用石英玻璃。

从半导体的发展方向来看，大尺寸高容量是未来的主要发展方向，18in[①]的芯片已经开始批量生产，10μm 光刻技术也逐步成熟，2015 年已在三星、英特尔等少数企业开始量产。国内企业在小尺寸石英玻璃产品方面具有竞争优势，主要服务于国内 4~6 吋的单晶硅生产企业，8 吋以上大尺寸的石英玻璃主要依靠进口。另外，国内石英加工企业通过 TEL 等国际认证的较少，进入半导体主流市场还需较长时间。随着半导体芯片向大尺寸发展，配套石英玻璃的尺寸也越来越大，氧化及扩散用石英大管也由 Φ200mm 发展到 Φ450mm，甚至 Φ750mm，其他石英产品的尺寸也同步扩大。

（3）太阳能领域

石英玻璃所制造的坩埚凭借其洁净、同质和耐高温的性能，广泛用于太阳能晶体提炼、电池片的硅片与硅棒的生产工艺中，是太阳能产业的重要消耗品和工艺耗材。未来数年，光伏行业的复合增长率高达 30% 以上，到 2020 年，全球光伏发电新增装机容量将达 150~200GW。

（4）航空航天领域

根据 Teal Group（蒂尔集团）数据显示，2006~2015 年全球发射了 1450 个航天器，在 2005 年统计数据的基础上增加了 10.5%。从航天器的重量来看，重型航天器的数量持续增加，所需的石英纤维价格也同比上涨。

近年来，我国航空航天产业发展迅猛，成为经济发展的强大推动力。航空航天产业已被列入国家战略性新兴产业和优先发展的高新技术产业，国内航空产业规模快速扩张，民用飞机的研制、生产、销售情况良好，外贸和转包生产取得长足进步。中国航天进入空间、利用空间和探索空间能力明显提高，航天科技工业综合实力不断增强，中国航天的国际地位和影响力不断提升。

从军费层面来看，我国军费投资占比仍处于世界较低水平。根据国家"补偿性军费发展战略"，我国军事投资将逐渐提高。2015 年，我国国防预算总额为 8869 亿元，较 2014 年提升 9.73%，近几年我国军费支出情况及增长率如图 5-4 所示。

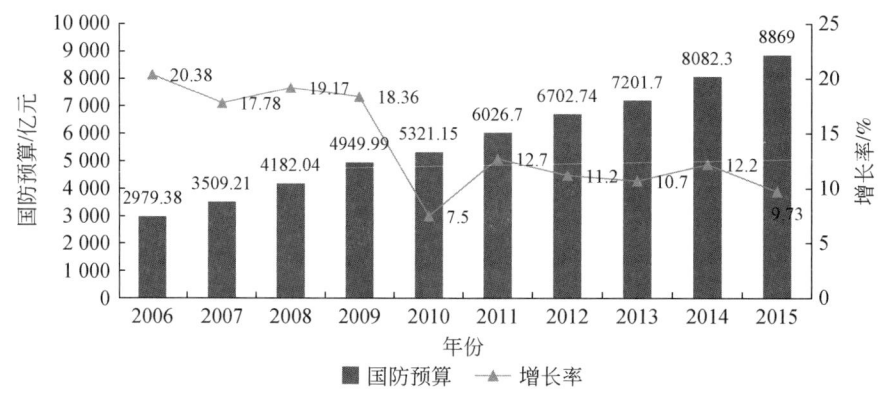

图 5-4　2006~2015 年我国军费支出情况及增长率

资料来源：历年《政府工作报告》

---

① 1in = 2.54cm。

另外，除了发展前景明朗的军用领域，未来民用航空业发展提速或将打开更加广阔的市场空间。

（5）电光源

在电光源领域应用的石英产品以石英玻璃管为主，近年来我国电光源用石英管发展迅速，以东海县为主要生产基地，不仅满足了国内用户的需要，还大量出口，已在世界上占主导地位。全国共有电光源石英玻璃生产企业40多家，年生产能力超过3万t，占世界总量的70%以上，呈现出供大于求、部分小企业出现停产的现象，急需行业转型升级。

随着电光源LED技术的进步及生产规模的不断扩大，将对电光源用石英玻璃的市场产生较大影响，未来电光源用石英玻璃的需求将基本保持平稳。

4. 高纯石英制品需求量预测

未来我国高纯石英制品预测增速为6.7%（表5-8），2018～2030年我国高纯石英制品需求量如图5-5所示。2020年高纯石英制品需求量将达到41.3万t，2030年将达到73.5万t。

表5-8　2018～2030年高纯石英制品需求增速一览表　　（单位:%）

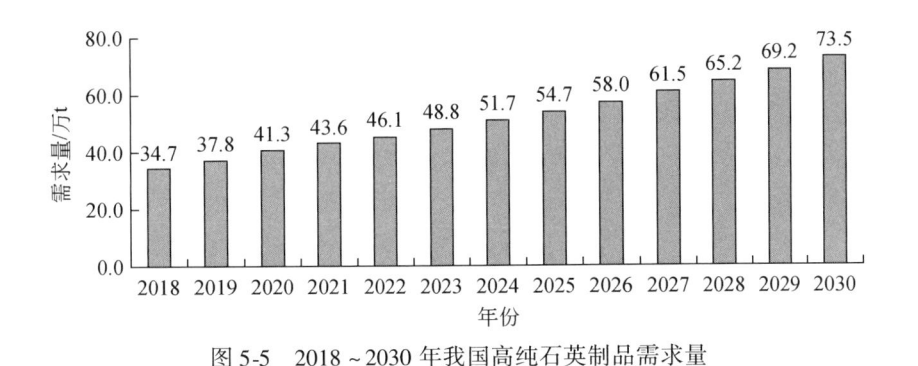

石英消费结构	消费比例	2018～2020年增速	2021～2030年增速
电光源	11	6	3
半导体	48	8	5
光伏	15	15	10
光通信	22	8	5
其他领域	4	5	3
预测增速	6.7		

图5-5　2018～2030年我国高纯石英制品需求量

二、高纯石英资源储量

我国高纯石英资源丰富，主要有石英岩、石英砂、石英砂岩、脉石英、水晶、花岗岩等。2015年全国石英岩资源储量见表3-12、石英砂资源储量见表3-13、石英砂岩资源储量见表3-14、脉石英资源储量见表3-15、粉石英资源储量见表5-9、工艺水晶资源储量见表5-10、压电水晶资源储量见表5-11、熔炼水晶资源储量见表5-12、光学水晶资源储量见表5-13。

表5-9 2015年全国粉石英资源储量

地区	矿区数/个	基础储量/万t	储量	资源量/万t	查明资源储量/万t
全国	27	1 191.93	346.06	5 122.90	6 314.83
福建	12	32.81	30.09	154.41	187.22
江西	9	937.60	116.54	1 027.97	1 965.57
广西	1	—	—	1 303.12	1 303.12
重庆	3	—	—	2 222.00	2 222.00
青海	2	221.52	199.43	415.40	636.92

资料来源：国土资源部，2016，全国矿产资源储量通报

表5-10 2015年全国工艺水晶资源储量（单位：kg）

地区	矿区数	基础储量	储量	资源量	查明资源储量
全国	3	85.05	—	13519.82	13604.87
辽宁	1	85.05	—	662.58	747.63
西藏	1	—	—	12818.00	12818.00
新疆	1	—	—	39.24	39.24

资料来源：国土资源部，2016，全国矿产资源储量通报

表5-11 2015年全国压电水晶资源储量

地区	矿区数/个	基础储量/kg	储量	资源量/kg	查明资源储量/kg
全国	97	119 199.00	5 581.00	60 073.00	179 272.00
山西	1	97.00	39.00	116.00	213.00
辽宁	1	—	—	789.00	789.00
吉林	2	1 088.00	—	—	1 088.00
黑龙江	2	7 366.00	4 420.00	1 161.00	8 527.00
安徽	1	—	—	176.00	176.00
福建	1	15 757.00	—	1 736.00	17 493.00
江西	1	5.00	—	—	5.00
河南	5	—	—	148.00	148.00
湖南	1	—	—	1 300.00	1 300.00
广东	19	2 863.00	—	6 185.00	9 048.00
广西	27	81 302.00	—	3 037.00	84 339.00
海南	6	56.00	39.00	2 627.00	2 683.00
四川	3	2 207.00	884.00	5 773.00	7 980.00
贵州	13	291.00	155.00	5 910.00	6 201.00

续表

地区	矿区数/个	基础储量/kg	储量	资源量/kg	查明资源储量/kg
云南	5	7 987.00	—	758.00	8 745.00
西藏	1	—	—	24.00	24.00
陕西	5	74.00	—	701.00	775.00
青海	1	—	—	29 382.00	29 382.00
新疆	2	106.00	44.00	250.00	356.00

资料来源：国土资源部，2016，全国矿产资源储量通报

表 5-12　2015 年全国熔炼水晶资源储量

地区	矿区数/个	基础储量/t	储量	资源量/t	查明资源储量/t
全国	92	1 820.00	316.00	5 320.00	7 140.00
山西	2	—	—	12.00	12.00
辽宁	1	—	—	71.00	71.00
吉林	2	138.00	—	—	138.00
黑龙江	5	354.00	212.00	417.00	771.00
安徽	3	—	—	44.00	44.00
福建	1	—	—	439.00	439.00
江西	2	2.00	—	87.00	89.00
河南	2	—	—	9.00	9.00
湖南	1	—	—	7.00	7.00
广东	18	84.00	—	239.00	323.00
广西	21	815.00	—	538.00	1 353.00
海南	7	—	—	228.00	228.00
四川	4	—	—	1 774.00	1 774.00
贵州	11	160.00	89.00	950.00	1 110.00
云南	3	230.00	—	30.00	260.00
西藏	1	—	—	10.00	10.00
陕西	5	7.00	—	80.00	87.00
青海	1	—	—	352.00	352.00
新疆	2	30.00	15.00	33.00	63.00

资料来源：国土资源部，2016，全国矿产资源储量通报

表 5-13　2015 年全国光学水晶资源储量

地区	矿区数/个	基础储量/kg	储量	资源量/kg	查明资源储量/kg
全国	3	3.00	—	172.00	175.00
贵州	3	3.00	—	172.00	175.00

资料来源：国土资源部，2016，全国矿产资源储量通报

三、国内外高纯石英开采加工现状

20世纪80年代以来，随着新材料、新能源产业的不断发展，高纯石英得到广泛应用。前期高纯石英是以一、二级天然水晶为原料经精选提纯加工而成，由于天然水晶储量小、矿物晶体化学成分不稳定等，难以满足高纯石英高端产品工业化生产的需要。国际上研究从其他石英矿物资源入手，旨在解决高纯石英的原料问题。目前，只有美、日、俄、德等少数发达国家有以非天然水晶为原料加工高纯石英的成果报道。

1. 美国尤尼明公司是全球石英开采加工的领导者

20世纪90年代开始，美国尤尼明公司对北卡罗来纳州 Spruce Pine（斯普鲁斯派恩）地区的伟晶花岗岩进行研究，开发出 IOTA（为尤尼明公司高纯系列产品商标）高纯石英系列产品，满足石英玻璃等各种高档材料或器件生产要求并成为国际标准，见表5-14。

表5-14 美国尤尼明公司高纯石英产品指标

化学元素	IOTA 标准	IOTA-4	IOTA-6	IOTA-8
B	0.08	0.04	0.04	0.035
K	0.6	0.35	0.07	<0.04
Na	0.9	0.9	0.08	0.03
Li	0.9	0.15	0.15	<0.02
Ca	0.5	0.6	0.6	0.5
Al	16.2	8	8	7
Mg	<0.05	<0.05	<0.05	<0.02
Cr	<0.05	<0.05	<0.05	<0.05
Cu	<0.05	<0.05	<0.05	<0.02
Fe	0.23	0.30	0.15	0.03
Un	<0.05	<0.05	<0.05	<0.02
Ni	<0.05	<0.05	<0.05	<0.02
总量	19.66	10.59	9.34	7.76

2. 巴西是世界主要的高纯石英原料水晶供应地

20世纪70年代早期，巴西是世界主要的高纯石英原料水晶的供应国。1974年，巴西年出口水晶超过1万t，后来巴西政府强制禁止水晶出口。随后，美国发明了以伟晶岩或者热液脉石英为原料加工高纯石英的新的加工工艺，对巴西的水晶原料需求量随之下降，并且随着巴西水晶原料质量的降低，需求进一步减少。据估计，巴西每年供应的水晶原料不足3500t。

3. 马达加斯加是国际重要的高纯石英原料脉石英供应地

马达加斯加是国际市场上另外一个知名的高纯石英原料供应地，主要是水晶及从热液脉石英矿和花岗岩矿中开采出来的脉石英。其产品含有相对较高的铝、钛、锂，具有较高的光传输性能，非常适合生产光学玻璃。据统计，该地年开采量约为2500t，开采和加工均是通过大量原始的人工方式完成,但最好的资源由法国和德国公司控制。

4. 挪威是国际重要的高纯石英加工市场

挪威在国际高纯石英市场具有一定的影响力,典型代表是挪威矿物晶体公司(The Quartg Corp, TQC)。1996 年,该公司从花岗岩中加工高纯石英,具有相当高的铝、钛和较低含量的铁、铀、钍,开发了 4 个等级的石英产品,粒度主要是 0~150μm、100~300μm,主要应用于光学工业。

目前全球主要地区(企业)高纯石英供应占比如图 5-6 所示。

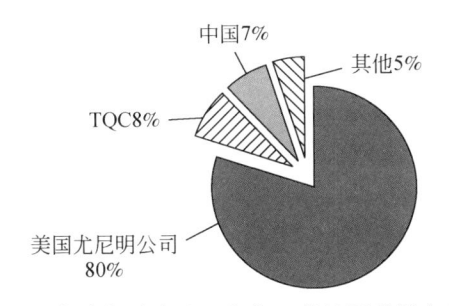

图 5-6 全球主要地区(企业)高纯石英供应占比

四、高纯石英资源保障性分析

根据地质经验系数分析,在已勘查的硅质资源储量中,可提纯为高纯石英资源的储量一般占 10% 左右。这一地质经验系数在高纯水晶矿床、花岗型和石英岩型高纯石英矿床中得到印证。

根据上述资料可知,我国硅质资源储量丰富,硅质原料储量为 13.02 亿 t,资源储量为 59.59 亿 t。目前,我国每年高纯石英用量(含电光源用)不到 30 万 t,按照硅质原料储量的 10% 可作为加工高纯石英原料计算,我国高纯石英资源保障程度高,按保有储量计算服务年限为 434 年,按资源储量计算服务年限为 1986 年。

第二节 高纯石英行业科技实力现状与分析

高纯石英技术包括高纯石英原料选择技术、加工工艺技术、加工装备技术和质量检测技术 4 个方面,是既相互独立又相互联系和相互制约的一个整体。

一、高纯石英原料选择技术

天然水晶通常是在一定地质条件下晶洞环境中形成的,成因的特殊性决定其存在两个先天不足:一是储量小,开采条件差,经过多年开发利用后,必然导致资源匮乏,价格昂贵,难以满足大规模工业生产的需要;二是受结晶环境变化的影响,矿物晶体化学成分不稳定,在大批量工业应用中存在原料化学成分波动较大、原料标准化困难,难以满足高纯石英高档产品生产的需要。因此,必须从其他石英矿物资源入手,根本上解决高纯石英的原料问题,这也正是当前国内外的基本技术思路。

目前,在国际上只有美、日、德等少数发达国家有以非天然水晶为原料加工高纯石英的成果报道。20 世纪 80 年代,美国 PPCC 公司采用英国西北海岸 Foxdale(福克斯代尔)地区花岗岩加工高纯石英,作为西欧石英玻璃的原料,其产品 SiO_2 纯度为 4N,Fe 含量为 $<1×10^{-6}$,其他杂质元素含量为 $<5×10^{-6}$。20 世纪 90 年代开始,美国尤尼明公司对北卡罗来纳州 Spruce Pine 地区的伟晶花岗岩开发利用,开发出 IOTA-标准(标准级)、IOTA-4、IOTA-6、IOTA-8 等高纯石英系列产品,SiO_2 纯度分别为 ≥4N8、≥5N、≥5N1、≥5N2[①],或者总杂质含量分别为 $≤20×10^{-6}$、$≤10×10^{-6}$、$≤9×10^{-6}$、$≤8×10^{-6}$,满足了透明石英玻璃等各种高档材料或器件生产的要求,特点是工业化产量大、制备专业化、自动化程度高、检测水平高、产品质量稳定,几乎垄断了国际市场,该系列产品正向总杂质含量 $≤6×10^{-6}$(5N4)方向发展,继续保持世界领先水平。90 年代,日本采用细粒伟晶岩为原料加工透明高纯石英。俄罗斯和德国则采用脉石英和变质石英岩为原料加工高纯石英。

根据国内外研究发现,除了花岗岩外,脉石英也可以生产出高纯石英,石英岩、石英砂岩等经过一定的加工手段也可以生产出高纯石英。

美国尤尼明公司高纯石英原料的选择标准较为严格,一是晶体结构中杂质少,如 IOTA-标准铝含量为 $14×10^{-6}$ ~ $18×10^{-6}$,IOTA-4 铝含量为 $8×10^{-6}$ ~ $10×10^{-6}$;二是气液包裹体少,如伟晶花岗岩和水晶。但是,我国很难把这种标准应用于原料选择,主要原因是缺乏检测晶体结构中杂质和气液包裹体含量的有效手段。实践表明,原料中杂质元素含量的高低与原料工艺矿物学特征所决定的杂质可选性有关,如美国 Spruce Pine 伟晶岩样品的杂质元素含量相当高,但却是 IOTA 高档产品的原料。

原料评价与选择技术是高纯石英技术的基础和前提,是我国高纯石英技术发展必须突破的技术瓶颈。目前,我国缺乏高纯石英原料评价与选择技术,导致高纯石英原料选择及其加工工艺存在较大的盲目性。

二、高纯石英加工工艺技术

目前,国内外高纯、超高纯石英的制备技术仍以物理、化学法为主。物理法包括传统破碎、磨矿、擦洗、重选、磁选、浮选等,这些方法处理石英的杂质能力有限,仅能作为制备高纯、超高纯石英材料的预处理方法。化学法包括常温湿法浸出、超声波强化及常温常压化学浸出等,能去除石英表面及已暴露在表面的矿物包裹体。随着科技的进步,近年来出现一些用于制备高纯、超高纯石英的新方法,如高压脉冲破碎方法,高温高压湿法浸出、高温气氛焙烧等方法,但相关研究报道极少。

(一)脉石英的加工工艺技术

脉石英是一种与花岗岩有关的岩浆热液矿脉,矿物成分单一,几乎全部为石英。我国脉石英资源较丰富,分布较广泛,尽管矿床规模一般不大,但由于 SiO_2 含量一般在 99% 以上,国内已开展了较多研究工作。例如,韩宪景(1987)采用 SiO_2 纯度为 99.60% 的脉石英加工 3N 高纯石英。张凌燕等(1996)采用浮选、酸处理方法,比较

---

① N 数目与"9"的个数相对应,N 之后的数表示不足"9"的数,如 4N8 为 99.998%、5N 为 99.999%、5N1 为 99.9991%、5N2 为 99.9992%。

了3个产地脉石英岩加工3N高纯石英微粉的可能性。刘理根等（1996）介绍了粒度为80~140目的4N高纯石英的加工情况，所用脉石英的SiO$_2$含量为99.76%。张明等（2004）公开了一种800~2500目的3~4N高纯石英粉的制备方法，脉石英的SiO$_2$含量为99.0%~99.6%。杜建中（2008）在磁选、浮选、酸浸等工艺基础上，通过进一步增加水淬工艺，降低脉石英中的羟基和气液包裹体，加工出杂质元素总量为<25×10^{-6}的4N高纯石英。茚令文等（2010）采用煅烧—水淬—水力分级和磁选—浮选—酸浸泡—超声清洗加工工艺获得杂质元素总含量为36.42×10^{-6}的石英精砂，再经高温氯化深度提纯及煅烧脱气等一系列选矿提纯手段，制备出杂质元素总含量为25.29×10^{-6}的高纯石英并在连熔炉上拉管成功。汪灵等（2012）公开了分别采用多种酸配方为酸浸试剂及二次水淬和酸浸优化工艺加工4N高纯石英的方法，获得了SiO$_2$纯度为4N5以上、粒度分别为>40目、40~70目、70~140目和<140目的高纯石英，并在实验室无氯化焙烧工艺条件下加工制备了SiO$_2$纯度为99.9985%或杂质元素总含量为15.285×10^{-6}的高纯石英。

（二）伟晶花岗岩的加工工艺技术

美国尤尼明TOTA系列高纯石英的原矿为花岗质伟晶岩。我国这方面的研究相当薄弱，目前还没有以伟晶花岗岩为原料加工高纯石英的成果报道。需要指出的是，张晔和陈培荣（2010）对美国Spruce Pine地区白岗岩、伟晶花岗岩和新疆阿尔泰白云母花岗岩、伟晶岩的岩石学特征进行了比较研究，认为新疆阿尔泰伟晶岩区具有产高纯石英的成矿前景，如库卫和青河地区的白云母花岗岩、伟晶岩，还提及了制备杂质元素总量<15×10^{-6}的高纯石英，但其原料是否为该区的伟晶岩有待进一步证实。

（三）石英岩的加工工艺技术

石英岩资源的储量丰富，分布较广泛，是我国硅质矿物原料的主要来源之一，因此国内在把石英岩作为高纯石英原料方面也给予了较多关注。例如，田金星（1999）介绍了以SiO$_2$含量为98.97%的石英岩加工高纯石英的试验情况，认为粒度大小起到关键作用并获得粒度<80目的4N高纯石英。李杨（1998）介绍了采用SiO$_2$含量为99.84%的石英岩加工60~100目和100~150目的4N高纯石英试验情况，认为混合酸和HF在保证样品的高纯方面具有关键作用。

（四）石英砂岩及其他矿物的加工工艺技术

石英砂岩是石英碎屑含量达95%以上的固结碎屑岩石。我国对石英砂岩在高纯石英的应用方面进行了有益探索。例如，牛福生等（2001）采用SiO$_2$含量为98.78%的石英砂岩加工3N高纯石英。张殿飞（2005）公开了一种加工4N高纯石英粉的方法，把"硅石"进行热酸浸，特点是把物料从-300~-200℃突然投入到400~550℃高温炉中进行冷爆炸处理等。杨圣闯等（2009）公开了一种加工粒度为5~50μm的4N高纯石英粉的方法，采用的主要技术是高梯度磁选及热酸浸等。

以上情况表明，20世纪80年代末以来，我国在高纯石英加工技术研究方面开展了较多的研发工作，初步具有4N高纯石英中端产品的批量生产能力，但与国际先进水平仍有很大差距,主要表现在:一是从产品等级或 SiO$_2$ 纯度上看,还没有 4N8 及以上高端产品的生产能力;二是从产品品种看,目前还没有满足各种纯度和粒度要求的系列化产品;三是从产业化情况看,连云港、东海等地的高纯石英相关企业的产生规模较小,一般都<1000t/a。因此,必须根据不同成因、不同产地、不同种类石英矿物原料的工艺矿物学特征,尤其是矿物原料杂质分布及其赋存状态,有针对性地开展加工工艺技术研究,从而尽快赶超国际先进水平。

三、高纯石英加工装备技术

高纯石英加工通常涉及煅烧—水淬—分级和磁选—浮选—酸浸—清洗及氯化焙烧等工艺过程。与一般矿物加工工艺相比,高纯石英的加工工艺具有试剂纯度高、试剂腐蚀强、材料标准严格、环境要求苛刻及安全要求高等特点。

(一) 试剂纯度高

酸浸和水洗是高纯石英加工工艺的重要环节。高纯石英对 SiO$_2$ 纯度要求极高,杂质元素含量很低,所用酸、水等试剂纯度必须达到相应要求。

(二) 试剂腐蚀强

热酸浸是高纯石英提纯加工的关键环节。石英的一个重要化学性能是耐酸侵蚀性能优良(HF 除外),而矿石中的其他金属杂质成分一般耐酸侵蚀性能差,在一定温度条件下这种作用更加明显。高纯石英加工所采用的酸浸工艺正是利用这个原理来实现化学提纯。研究表明,根据矿物原料特点,采用合适的酸配方,能较好去除原料中金属矿物、含铁矿物、碳酸盐矿物和石英颗粒间的薄膜铁等。若在酸配方组合加入一定量的 HF,对去除原料中微量云母和长石等杂质具有较好的效果,因此,经常采用热酸及 HF 等强腐蚀试剂。

(三) 材料标准严格

实践证明,在高纯石英提纯加工中,凡与原料相接触的容器材料对样品质量会产生明显影响。严格控制高纯石英各加工环节的材料标准是保证产品质量的关键。

(四) 环境要求苛刻

高纯石英 SiO$_2$ 的纯度特点决定了在生产过程中不能产生任何污染。由于高纯石英加工流程长,工艺复杂,难以实现生产过程全密封。为了防止空气中粉尘污染,必须对生产、包装、储存等空气环境提出严格要求。

(五) 安全要求高

强腐试剂、有毒气体(采用氯化焙烧)、高温等工艺组合所构成的生产线必须有更高的生产安全保障。

以上这些工艺条件的特殊性决定了对高纯石英加工生产装备的要求很高,研发安全、环保、节能、高效的生产装备是实现规模化、产业化的关键条件。由于高纯石英在新材料、新能源等战略性新兴产业中具有特殊的地位和作用,以及高档产品和技术被美国、德国等西方发达国家所垄断,因此,我国难以通过引进成套生产线解决这方面的技术瓶颈,加之我国原料的特殊性及其加工工艺的针对性,要实现高纯石英高档产品的国产化必须加强高纯石英加工技术装备的研发,从而形成自主知识产权。

四、高纯石英质量检测技术

美国尤尼明 IOTA-STD 产品的 Al、B、Li、K、Na、Ca、Mg、Ti、Fe、Mn、Cu、Cr、Ni 等杂质元素总含量通常为 $\leq 20\times10^{-6}$,最大值为 $<22\times10^{-6}$。这样高纯度的物质采用化学分析法和 X 射线荧光光谱法(X ray fluorescence,XRF)是难以满足其质量检测要求的。对于金属元素,尤其是微量金属元素的检测,电感耦合等离子体发射光谱法(inductively coupled plasmaoptical emission spect rometer,ICP-OES)最具优势。目前 ICP-OES 已经成为检测高纯物料微量化学成分的有效方法。

ICP-OES 检测技术是高纯石英技术的重要支撑和组成部分,对促进我国高纯石英技术发展不仅具有现实意义,而且具有重要理论意义。如表 5-15 所示,同样是美国尤尼明高纯石英样品,国内 ICP-OES 检测其杂质含量为 81.89×10^{-6},该公司文献公布结果最大为 31.1×10^{-6},差异较大,说明目前我国在低杂质检测技术上尚存在一些问题,与国际先进水平存在明显差距。

表 5-15 美国尤尼明高纯石英样品的 ICP 检测结果对比

数据来源	WB/10^{-6}									
	Al	Ca	Fe	Li	Na	K	B	Ti	Mg	合计
公司文献值	22	1.5	1.5	1.5	15	1.5	0.1	1.4	0.1	31.1
国内实测值	22.7	25.54	4.79	0.7	10.3	3.9	—	2.89	11.07	81.89

在高纯石英检测样品的消解和溶矿过程中,涉及的基本因素有试样重量、试剂组合、试剂用量、试剂纯度等。汪灵等(2009)采用四川脉石英为原矿加工成 4N 纯石英,系统研究了在检测样品消解和溶矿过程中上述各种基本因素与 ICP-OES 检测效果的关系,取得了几点理论认识。

1)高纯石英质量的 ICP-OES 检测技术包括试样制备和仪器检测两大部分,技术关键是试样的消解和溶矿制备。实验证明,在试样制备过程中,采用的试样重量、试剂组合、试剂用量、试剂纯度等与 ICP-OES 检测效果关系明显并对检测结果产生重要影响。

2)试样消解和溶矿制备的优化条件是高纯石英用量为 ≥ 2000mg、试剂纯度为高纯级[MOS 级:金属-氧化物-半导体(metd-oxide-semiconductor)或 BV-Ⅲ]、试剂组合为 HF+HNO$_3$;浓 HNO$_3$ 分 3 次使用,总用量 ≥ 5ml;HF 用量为 25ml。

3)为了避免铁质污染,在试样制备过程中不能采用钢筛。另外,在超净实验室条件下完成实验有利于避免空气杂质污染、减少检测误差。

汪灵等(2014)采用上述方法对美国尤尼明 IOTA-标准高纯石英产品进行 ICP-OES 检测,结果见表 5-16。从结果可以看出,杂质元素总含量为 12.895×10^{-6}(表 5-16 中 a),与该公司公布的数据($\leq 20\times10^{-6}$、表 5-16 中 b)基本吻合,检测结果较为理想。

表 5-16 美国尤尼明 IOTA-标准高纯石英产品质量的 ICP-OES 检测结果

样品	Wb/10⁻⁶													w(Si) /%
	Al	B	Li	Na	K	Ca	Mg	Ti	Fe	Mn	Cu	Cr	Ni	合计	
a	10.79	0	0.23	1.225	0	0	0	0.635	0	0	0.005	0	0.01	12.895	99.9987
b	16.2	0.08	0.9	0.9	0.6	0.5	<0.05	—	0.23	<0.05	<0.05	<0.05	<0.05	<19.66	99.9980

由此可见，高纯石英提纯技术是一个相互独立，又相互联系和相互制约的技术整体，主要包括高纯石英原料选择技术、加工工艺技术、加工装备技术和质量检测技术 4 个方面，发展高纯石英技术是一项系统工程。虽然我国高纯石英技术已经取得一定进展，但尚未形成生产 4N8 以上高端产品的能力，在高纯石英提纯系统方面与国际先进水平相比仍有较大差距。

综上所述，与国际先进水平相比，我国在高纯石英的原料选择技术、加工工艺技术、加工装备技术和质量检测技术等环节仍有较大差距，其阻碍了我国高纯石英产业的发展。我国高纯石英资源储量丰富，如果突破提纯技术，那么高纯石英资源保障程度将进一步提高。

第三节 高纯石英行业的企业实力与分析

本节重点介绍矽比科集团（Sibelco Group）、The Quartz Corp 公司和石英股份的情况。

一、矽比科集团

矽比科集团是全球领先的非金属矿业公司，成立于 1872 年，在全球运营着 214 个工厂和 26 个科研中心，拥有员工约 11 000 人。该公司利用全球资源和专业知识，为客户提供适合的解决方案。现已能提纯和加工多种非金属矿，高质量非金属矿物产品组合是矽比科集团公司的核心优势。该集团主要产品、应用领域及产地见表 5-17。

表 5-17 矽比科集团主要产品、应用领域及产地

矿种	产品	应用领域	产地
硅石	湿砂、干砂、方石英、石英粉、压裂砂、高纯石英、球型二氧化硅、覆膜砂	玻璃、陶瓷、铸造业、高分子聚合物、水过滤、运动休闲、电子、油气	欧洲、南美、北美、澳大利亚、亚洲
黏土矿物	块状黏土、红黏土、高岭土、硅藻土	瓷砖、卫生洁具、餐具、耐火材料、玻璃纤维、玻璃棉、铸造业、市政工程	欧洲、南美、北美、澳大利亚、亚洲
长石矿物	长石、霞石正长岩	玻璃、陶瓷、高分子聚合物	欧洲、南美、北美、澳大利亚、亚洲
橄榄石	砂状、粉状橄榄石	耐火材料、磨蚀材料	欧洲、北美
石灰	生石灰、熟石灰	烟气脱硫、水净化、建筑施工、农业	南美、北美、澳大利亚

续表

矿种	产品	应用领域	产地
碳酸钙	碳酸钙、白云石、泥灰岩、方解石	玻璃、陶瓷、塑料、牙膏	欧洲、北美、南美洲
矿砂	钛矿物：金红石、钛铁矿、锆英石	颜料防护涂料、钛金属和焊接电极、耐火材料、耐磨材料	澳大利亚
其他特殊矿物	重晶石、硬硼钙石、锰、硅灰石、铝土矿、铬合金、水菱镁矿	农业、建筑施工、阻燃剂、高分子聚合物、浇铸用的保护渣	澳大利亚

美国尤尼明公司是矽比科集团的子公司，是工业用砂、霞石正长岩、橄榄石、长石、高纯石英及特殊黏土等开采和加工的全球领导者。其主要产品单晶体石英支撑剂用于石油天然气的催化还原；低铁霞石正长岩用于玻璃、陶瓷、涂料及塑料制品的生产；高纯石英用于集成电路、太阳能光伏及高强度照明领域。美国尤尼明公司基本情况见表 5-18。

表 5-18 美国尤尼明公司基本情况表

项目	数量	备注
产量/万 t	2000	—
营业收入/亿美元	16	—
员工/人	2400	—
生产基地	44	分布于美国、加拿大、墨西哥
产品组合	工业用砂、高纯石英、长石、霞石正长岩、超细硅微粉、块状黏土、高岭石、碳酸钙、生石灰与熟石灰	

美国尤尼明公司在美国 Spruce Pine 地区拥有 2 个矿山、4 个加工厂和多个分析服务实验室。拥有世界最大的石英研发机构和一个独立的试验工厂，配置有模拟提纯加工过程的全套设备，实验室和中试生产线可用于工艺优化，生产定制产品，满足独特的客户需求并开发新产品。研发实验室配备了各种微分析和特殊应用的仪器，包括电子显微镜、能量色散 X 射线光谱仪（energy dispersive X-ray spectroscopy，ED）、X 射线衍射（X-ray diffraetion，XRD）、傅里叶变换红外光谱（fourier transforminfrared spectroscopy，FTIR）、电感耦合等离子体发射光谱、电感耦合等离子体质谱（inductively coupled plasma mass spectroscopy，ICP-MS）、激光剥蚀电感耦合等离子体质谱（laser ablation mductively coupled plasma mass spectrometry，LA-ICP-MS）和 X 射线荧光等。

二、The Quartz Corp 公司

The Quartz Corp 公司是高纯度石英砂的主要供应商，2011 年由挪威矿产公司（Norsk Minerals）和英格瓷公司（Imerys）合资成立。注册于法国巴黎，在挪威的奥斯陆和 Molde 及上海设有办事处。采用的矿石来自于美国 Spruce Pine 地区世界纯度最高的石英矿及挪威的德拉格。产自美国 Spruce Spine 地区的高纯石英产品主要用于半导体行业和光伏行业，产自挪威的高纯石英产品主要用于光学行业和照明行业。

三、石英股份

江苏太平洋石英股份有限公司（简称石英股份）是一家集科研、生产、销售为一体的高纯石英深加工企业。经过20多年的发展，成为我国石英材料行业中的龙头企业，是国内石英行业第一家上市企业（股票名称为石英股份；股票代码为603688），连续多年被评为江苏省高新技术企业。

该公司下设3个子公司，占地30多万平方米，产品远销二十几个国家和地区。公司从石英矿石开始，到加工、生产高纯石英、石英管棒、多晶硅石英坩埚等产品，主要服务于光源、光伏、光纤及半导体行业等，目前具有年产7500t高纯石英的生产能力，主要供电光源行业使用。

石英股份致力于石英产品的自主创新和发展，拥有国家实验室认可的检测中心，博士后科研工作站，配置了国际一流的实验检测设备。拥有有效授权专利技术31件，累计30余项产品被评为省级高新技术产品。其中高纯石英、半导体石英大管、高纯石英坩埚等均具有较强的市场竞争力。2009年，该公司成功开发高纯石英提纯技术，目前可以规模化生产杂质含量小于15ppm的高纯石英，是全球少数几家掌握高纯石英大规模生产技术的企业之一。近年来企业的财务经济指标见表5-19。

表5-19 石英股份财务报表

项目	2015年	2014年	2013年
营业收入/10^6美元	62	54	52
营业利润/10^6美元	13	11	13
研发投入/10^6美元	2	2	2
研发投入占比/%	3.24	3.55	3.24
总资产/10^6美元	182	191	126
所有者权益/10^6美元	172	179	119

第四节 实现我国高纯石英资源强国战略面临的问题、挑战与机遇

一、面临的问题

（一）技术力量薄弱

我国高纯石英加工技术与国际先进水平仍有较大差距，所生产的石英制品大部分为中低端产品，主要用于电光源等行业。高纯石英高端产品由于技术缺乏，严重依赖进口，目前高纯石英加工核心技术主要掌握在美国、澳大利亚、俄罗斯等国家手中，且对我国实施技术封锁。我国绝大部分高纯石英企业技术装备差，生产工艺落后、产品品种少，技术力量薄弱。

（二）优质资源保护力度不够，未建立战略性矿产资源储备制度

我国高纯石英主要以水晶、优质脉石英等为原料加工，由于对水晶等优质硅质原料

不加以保护、储备，我国最大的水晶产地江苏东海水晶资源已近枯竭。

高纯石英资源已经成为当今世界的关键战略性矿产，我国也已将高纯石英列为国家战略性矿产，但我国矿产品储备的相关设施建设滞后，国家围绕煤炭、稀土、钨矿、锑矿等开展了矿产地储备制度的谋划，对高纯石英还未开展相关储备计划。

二、面临的挑战与机遇

我国高纯石英产业面临的主要挑战是创新能力不强。国际高纯石英产业巨头凭借超强技术研发和创新能力，引领科技发展前沿，垄断技术与产品。我国高纯石英产业规模小，科技力量薄弱、人才资源匮乏，未形成具有自主知识产权的高端高纯石英产品加工提纯技术，限制了下游产业的发展。

面临的机遇，一是我国在高纯石英领域总体还处于初级阶段，开发高端高纯石英产品的加工技术、装备的发展空间巨大；二是需求稳步增长，随着我国电子信息、光伏、电光源等新兴产业的迅速发展，我国高纯石英制品行业仍将保持较快增速。

第五节　建设我国高纯石英资源强国的战略思想与总体目标

一、战略思想

以创新发展为动力，以高纯石英粉、石英玻璃及制品等为发展重点，培育具有核心竞争力的集高纯石英开采、加工、检测及装备制造为一体的国际化企业集团，加强资源勘查，完善创新体系，建立多层次人才培养体系，为我国实现制造业强国提供原材料支撑和保障。

二、总体目标

建立高纯石英资源战略储备制度，加强优质高纯石英资源战略储备；联合科研院所、企业等，建立国家级创新研发平台；建立1~3个高纯石英提纯及制品制造基地；培育具有核心竞争力国际化企业集团；建立高纯石英原料选择、加工技术、加工装备和质量检测等为一体的技术体系（表5-20）。

表5-20　高纯石英矿业强国指标体系

一级指标	二级指标	目标 2020年	目标 2030年
资源保障能力	资源数量优势 资源品质优势 资源生产能力 资源自给能力	初步建立高纯石英提纯技术体系，主要产品满足国民经济建设需要	对全球高纯石英资源控制能力大幅提升，形成良好的战略资源储备，矿产资源实现可持续发展

续表

一级指标	二级指标	目标 2020年	目标 2030年
科技实力	理论水平	可指导国内高纯石英行业发展	达到国际先进水平
	技术（勘探、采矿、深加工、生态环境、灾害等）水平	部分达到国际先进水平	达到国际先进水平
	装备水平	部分核心装备实现国产化	达到国际先进水平
	科技人才比例	5%	15%
	研发投入强度	3%	8%以上
企业实力	世界百强矿业公司占有率	—	—
	市场占有率	10%	25%
	国际技术地位	部分技术国际先进	整体国际先进，部分国际领先
	盈利能力	较强	强
全球经略能力	资源控制能力	进入全球布局	拥有定价权
	国际金融市场影响力	国内非金属矿金融市场健全	主导亚洲矿业金融市场
	权益保护能力	较强	强
	国际标准制定	参与国际标准制定	主导部分国际标准制定

第六节 建设高纯石英资源强国的重点任务

一、加强矿产资源保障程度

（一）加强高纯石英资源勘查力度

加强对水晶及高纯石英等资源找矿规律的研究，建立完善矿产资源勘查市场机制，搭建商业勘查资本投入风险平台，降低商业勘查投资的门槛，建立矿产商业勘查投资的风险共担机制、预期收益机制，探索商业勘查保险，化解找矿投资方的投资风险，全面掌握全国高纯石英原料储量和品位，科学合理地保护管理和开发高纯石英资源。

（二）建立高纯石英战略资源储备制度

建立国家战略性非金属矿产资源储备组织领导机构，制定与发布有关战略性非金属矿产资源储备的法律、法规、政策及实施细则，建立以产品储备为主、产能和产地储备为辅的储备体系，完善非金属矿产资源储备管理和协调机制，开展对水晶、优质高纯石英等资源储备工作。

二、提高科技创新能力

（一）强化企业技术创新主导能力

积极鼓励和引导企业加大研发投入，支持大企业牵头和参与国家科技重大专项、国家重点工程建设和科技计划，培育1~2家有国际影响力的企业集团。建立高等院校和科研院所创新成果向企业顺畅流动的新机制，进一步探索共建研发机构和委托研发、技术许可、技术转让、技术入股等多种产学研用合作模式，营造有利于产业技术创新联盟等新型产业组织发展的政策环境，发挥新型产业组织在产学研用合作中的重要作用，建立高效的协同创新网络。

（二）建立高纯石英原料评价与选择技术

加强高纯石英矿物资源的矿物学、岩石学及矿床学的研究，重点研究原料的化学成分、有用矿物（石英）、有害矿物、结构构造、石英包裹体等工艺矿物学特征，查明原料杂质分布及其赋存状态对高纯石英应用的影响与机理，建立符合国情的高纯石英原料评价与选择技术体系；实施国家科技重点专项，通过国家科技计划（专项、基金等）支持关键核心技术研发

三、提高企业整体竞争实力

（一）打造具有核心竞争力的国际型企业

发挥资源优势，促进资源向优势企业、优势产品、优势品牌集中，通过收购、兼并、改组、参股等方式，加大资产重组力度，培育具有核心竞争力的探、采、工、技、贸综合性企业或企业集团。支持有实力的矿业企业在境外开展并购和股权投资，建立矿业基地、研发中心、全球营销及服务体系；通过全球资源利用、产业链整合、资本市场运作等方式，加快培育一批具有国际领导力的跨国公司。

（二）推进重点产品发展

围绕国民经济和社会发展的需求，加快发展高纯石英、超高纯石英、石英玻璃、石英器件等紧缺产品，促进高纯石英管、光掩膜基板、光纤预制棒产业化。

第七节　建设高纯石英资源强国的保障措施

一、健全组织机构

成立高纯石英资源强国建设领导小组，领导小组主要职责是统筹协调高纯石英资源强国建设全局性工作，审议重大规划、重大政策、重大工程专项、重大问题和重要工作安排，加强战略谋划，指导部门、地方开展工作。设立高纯石英资源强国建设战略咨询委员会，研究高纯石英资源发展的前瞻性、战略性重大问题，对重大决策提供咨询评

估。建立监督考核机制，充分发挥行业协会的管理职能，建立健全产业统计监测体系，把握行业运行动态，并及时发布相关信息，避免盲目发展与重复建设，引导和规范产业有序发展。

二、推进体制机制改革

营造激励创新的公平竞争环境，发挥市场竞争激励创新的根本性作用，营造公平、开放、透明的市场环境，强化竞争政策和产业政策对创新的引导，促进优胜劣汰，增强市场主体创新动力。

建立技术创新市场导向机制，发挥市场对技术研发方向、路线选择和各类创新资源配置的导向作用，促进企业真正成为技术创新决策、研发投入、科研组织和成果转化的主体。

完善政产学研用协同创新机制，改革技术创新管理体制机制和项目经费分配、成果评价和转化机制，促进科技成果资本化、产业化。

加快生产要素价格市场化改革，完善主要由市场决定价格的机制，加快资源税从价计征，推动环境保护费改税进程。

三、完善财税金融政策

充分利用现有渠道，加强财政资金对高纯石英资源的支持，开展重大示范工程建设，重点支持填补国内空白、市场潜力巨大、有重大示范意义的高纯石英产品开发。充分落实、利用好现行促进高新技术产业发展的税收政策，完善高纯石英产业重点研发项目及示范工程相关进口税收优惠政策。创新财政资金支持方式，提高财政资金使用效益。健全研制、使用单位在产品创新、增值服务和示范应用等环节的激励约束机制。

四、强化科技标准体系

瞄准国际先进水平，立足自主技术，健全高纯石英产品标准体系、技术规范、检测方法和认证机制。鼓励政产学研用联合制定重要技术标准，积极参与国际高纯石英产品标准制定，加快国外先进标准向国内标准的转化；鼓励建立高纯石英战略资源专利联盟；加快建立高纯石英产品检测认证平台，加强产品质量监督。

第六章　我国石墨矿产资源的现状与分析

石墨是重要的非金属矿产资源，广泛应用于新能源、航空航天、钢铁、耐火材料等多个领域，具有十分重要的工业价值。近年来，世界各国对石墨重视程度越来越高，很多国家已把其列为重要战略资源。发达国家已经建立起完善的石墨资源战略储备体系，垄断先进的石墨加工技术，在提高石墨附加值和经济价值方面具有显著优势。石墨作为国家提出的战略性储备矿种，其资源储备工作已纳入第三轮全国矿产资源规划中统筹考虑。

我国石墨储量几十年来一直居世界首位，占世界70%以上。但近年来由于巴西、土耳其等国探明石墨储量的迅速增加，我国石墨储量占世界储量的比例降低，截至2015年底，我国石墨基础储量为5500万t，占世界石墨基础储量的23.91%，居世界第三位。

中国、墨西哥、加拿大、巴西及马达加斯加等是天然石墨的主要出口国，从这些国家进口的石墨约占全球石墨总进口量及总进口额的90%左右。

我国是世界最大的石墨生产国、消费国、出口国，2015年，我国石墨产量为78万t，占世界总产量的65.5%。我国石墨产业与国外相比，还有较大差距，表现为产业链短、产品技术含量低、高科技产品少，仍以原料生产及加工鳞片石墨为主，高档产品依赖进口。

石墨烯是一种二维碳材料，是单层石墨烯、双层石墨烯和少层石墨烯的统称。具有优异的电子学性能、突出的力学性能、优良的导热性能及良好的磁学性能等特性，成为各国争相研发的材料，未来应用前景广阔。

《新材料产业"十二五"发展规划》明确提出，积极发展高纯石墨，提高锂电池用石墨负极材料质量，加快研发核级石墨材料。石墨是国家进一步重点扶持的新材料产品，必然有着广阔的市场前景，经预测石墨需求量2020年将达到79.4万t，2030年将达到124.5万t。

我国石墨资源保障程度较高，按2015年数据计算，我国石墨储量服务年限为19.76年，资源储量服务年限为303.55年。

未来，我国石墨产业将紧紧围绕国民经济和社会发展重大需求，以打造非金属矿产资源强国为目标，以创新发展为动力，以提质增效为中心，以实现可持续发展为主线，以加快行业转型升级为主攻方向，从而加快推进石墨资源战略储备，以石墨深加工产品、石墨烯等为发展重点，培育一批有核心竞争力的国际化企业集团，强化资源保障，完善创新体系，健全矿业资本市场，建立多层次人才培养体系，为我国实现制造业强国提供原材料支撑和保障。

石墨分为天然石墨与合成石墨，本章重点介绍天然石墨。

第一节　石墨矿产资源的保障能力现状与分析

一、世界各国的石墨战略地位

（一）美国的石墨战略地位

目前，为了应对清洁能源、国家安全和人类福祉等方面的紧迫挑战，美国关注先进材料的发展，能源材料、高温超导材料、多功能复合材料等一直备受关注，其中，石墨材料及石墨烯是其发展的重点方向之一。

2011年12月，美国能源部发布了2011版《关键材料战略》（*Critical Materials Strategy*）。这份报告是2010年首次发布之后的更新版。《关键材料战略》把石墨材料、石墨烯作为重要内容进行了阐述。在清洁能源领域，镍氢材料-锂镍钴合金-石墨材料是电动汽车电池组的重点材料，其中石墨材料作为锂离子电池的阳极材料列入重点发展内容。

"未来工业材料"（industrial materials for the future，IMF）研究计划是美国能源部能效与可再生能源办公室（Office of Energy Efficiency & Renewable Energy，EERE）的"工业技术计划"（industrial technologies program，ITP）的一项子计划，于2000年由美国能源部工业技术办公室的"先进工业材料"（advanced industrial materials，AIM）和"连续纤维陶瓷复合材料"（continuous fiber ceramic composites，CFCC）两个计划合并而成。IMF的使命是引领美国研究、设计、开发、制造、测试新型材料和改良材料，同时积极探索对现有材料更为有效的利用方式，提升工业生产和制造过程的能源效率，满足未来美国工业对更强、更轻、抗高温疲劳、抗腐蚀、抗磨损等性能更加优良的材料的需求。IMF重点关注四个领域并优先开展相关研究：①抗衰退材料（材料开发与生产、涂层与表面改善、耐火材料）；②热物理学数据库与模型；③分离材料；④工程应用材料。关于拥有多种工业用途的新型超硬材料和纳米金刚石复合材料的研究，重点解决纳米尺度下碳扩散过程和金刚石石墨化过程的研究还不充分的问题。

美国2005年能源政策法案确定的"下一代核电计划"（next generation nuclear plant，NGNP）项目明确提出：2021年前后开发、建造和运行一个原型高温气冷堆（the high temperature gas-cooled reactor，HTGR）及相关的发电或制氢设施。此法案规定，NGNP项目由橡树岭国家实验室和爱达荷国家实验室主导，而且要有私营方分担费用的安排。为此，美国2009年建立了NGNP产业联盟，其中包括重要的反应堆供应商和潜在的终端用户。估算项目的全部费用约为40亿美元。

2007年，美国橡树岭国家实验室公布了"NGNP石墨选择和获取战略"（NGNP graphite selection and acquisition strategy），该战略提出，SGL Group（德国西格里集团）和Graf Tech International为两大石墨供应商，从上述两大石墨供应商购买PCEA和NBG-18产品，对上述两大产品的性能特征进行深入研究。

（二）欧洲的石墨战略地位

2010年，欧盟委员会发布题为《对欧盟生死攸关的原材料》的报告，提出欧盟稀有矿产原料短缺预警及对策。该报告在分析41种矿产资源对经济的影响和供应风险的基础上，把其中14种重要矿产原料列入"紧缺"名单。这14种矿产原料是锑、铍、钴、萤石、镓、锗、石墨、铟、镁、铌、铂族金属、稀土（包括钪、钇和镧系共17种稀有金属）、钽和钨。这些原料广泛应用于移动电话、锂电池、光纤光缆和太阳能电池等领域，成为许多高科技产品和日常消费品不可或缺的一部分。该报告指出，欧盟应积极制定相关政策确保这些紧缺资源的供应。一是加强对稀有矿产资源的勘探，建议对公司开展的资源勘探工作应当在科研活动方面给予支持。二是提高资源使用效率，研究稀有矿产原料的循环利用，建议"欧盟第七研发框架"计划为解决稀有矿产原料的循环利用问题提供经费支持。三是加强研发，寻找稀有矿产原料的替代品。

欧洲2020战略（简称EU 2020）的七大旗舰项目中的欧洲数字法案发展内容包括计算机、智能手机和电缆，关键材料包括稀土、石墨、碳素材料、锂、钴、光纤材料和塑料等，其中石墨和萤石被认为是关键的工业矿物。风力涡轮机领域的关键材料包括玻璃纤维材料、铸造材料和填料（硼、石墨和稀土）。

欧盟启动总投资10亿欧元的石墨烯半导体材料技术研究项目——石墨烯旗舰技术。该项目分为两个独立阶段，第一阶段为上升期，为期30个月（2013年10月1日~2016年3月31日），受"欧盟第七研发框架"计划支持；第二阶段为稳态期，从2016年4月1日开始，受欧盟EU 2020计划支持。

2011年，英国在《促进增长的创新与研究战略》中把石墨烯技术确定为今后重点发展的四项新兴技术之一，并宣布投入5000万英镑支持石墨烯研发和商业化应用研究，力图确保英国在石墨烯领域的领先地位，并使这种材料在未来几十年里从实验室进入工业生产并最终走向市场。

2012年12月，英国政府又追加2150万英镑资助石墨烯的商业化探索研究，这笔投资主要用于支持尖端研究项目以发现石墨烯的日常用途。项目参与机构包括帝国理工学院、剑桥大学、杜伦大学、埃克塞特大学、曼彻斯特大学和伦敦大学皇家霍洛威学院等。这些大学的工业合作伙伴包括芬兰诺基亚公司、英国BAE系统公司、美国宝洁公司、英国国防科技集团、英国罗罗公司、日本夏普公司和荷兰皇家飞利浦公司等。其中，剑桥学院开展石墨烯在柔性电子和光电子方面的应用研究，如触摸屏等；帝国理工学院开展石墨烯在多功能涂层、纤维复合材料方面的应用研究；剑桥大学和曼彻斯特大学合作探索石墨烯在能源存储方面的应用研究，如超级电容器和电池等；美国宝洁公司、英国戴森公司和杜伦大学合作探索石墨烯复合材料的潜在应用领域。

（三）日本的石墨战略地位

《资源综合保障战略》是日本实施海外矿产资源开发的主导战略，该战略是日本经济产业省2006年5月出台的《新国家能源战略》中提出的8项子战略之一。在该战略中，日本提出要在法律上制定一份确保资源安全稳定供应的指南，由政府及相关部门按照该指南的要求共同推进资源综合保障战略的实施。在资源综合保障战略上，日本鼓励私营企业开发海外矿产资源，政府联合相关部门在幕后进行全方位的支援，包括提高日本矿业企业在项目上游的股权、提高日本矿业企业的石油自主开发率，并设定了明确的定量目标。

（四）我国的石墨战略地位

我国出台了《新材料产业"十二五"发展规划》，其中把稀土、稀有金属、稀贵金属、萤石、石墨、石英砂、优质高岭土等矿种列为国家战略性矿产，高度重视优势的战略性资源保护，加强战略性资源储备，明确提出在新材料领域要积极发展高纯石墨、锂电池负极石墨、核级石墨、球状石墨、异形石墨、石墨烯等纳米材料研发的总体要求。

二、世界石墨矿产资源现状

工业上根据结晶程度将石墨分为晶质（鳞片状）石墨和隐晶质（土状）石墨两大类。晶质石墨结晶较好，晶体粒径大于1mm，一般为0.05~1.5mm，大的可达5~10mm，多呈集合体。隐晶质石墨一般呈微晶集合体，晶体粒径小于$1\mu m$，只有在电子显微镜下才能观察到其晶形。

全球石墨矿产相对集中分布于少数国家中。晶质石墨矿主要蕴藏在中国、巴西、乌克兰、斯里兰卡、马达加斯加等国，其中马达加斯加盛产大鳞片石墨，斯里兰卡盛产高品位的致密块状石墨；隐晶质石墨矿主要分布于印度、韩国、墨西哥和奥地利等国。多数国家只产一种石墨，矿床规模以中、小型居多，只有我国等四五个国家晶质石墨和隐晶质石墨都有产出，大型矿床较多。

美国地质调查局（United States Geological Survey，USGS）于2016年发布的 *Mineral Commodity Summaries* 2016 报告显示，截至2015年底，世界石墨基础储量为23 000万t（表6-1），中国石墨基础储量为5500万t，占世界石墨基础储量的23.91%，位居世界第三位。

表6-1 世界石墨基础储量统计

序号	国家	储量/万t	占比/%
1	土耳其	9 000	39.13
2	巴西	7 200	31.30
3	中国	5 500	23.91
4	印度	800	3.48
5	墨西哥	310	1.35
6	马达加斯加	94	0.41
7	其他国家	86	0.37
合计		23 000	100

资料来源：USGS, *Mineral Commodity Summaries* 2016

三、世界石墨产业现状

（一）石墨产量

美国地质调查局于2016年发布的 *Mineral Commodity Summaries* 2016 报告显示，2015年，全球天然石墨产量为1190×10^3t，其中中国产量为780×10^3t，占全世界总量的

65.5%。墨西哥、俄罗斯、土耳其及挪威等国家的天然石墨产量比 2014 年有所增加。2010~2015 年世界天然石墨产量统计见表 6-2，产量分布如图 6-1 所示。

表 6-2 2010~2015 年世界天然石墨产量　　　　　（单位：10^3 t）

国家	2010 年	2011 年	2012 年	2013 年	2014 年	2015 年
中国	600	800	800	750	780	780
印度	140	150	160	170	170	170
巴西	76	73	110	95	80	80
朝鲜	30	30	30	30	30	30
加拿大	25	25	25	20	30	30
土耳其	0	10	5	5	29	32
俄罗斯	—	14	14	14	15	15
墨西哥	7	7	8	7	22	22
乌克兰	6	6	6	6	5	5
津巴布韦	—	—	6	4	7	7
马达加斯加	5	4	4	4	5	5
挪威	2	2	2	2	8	8
斯里兰卡	8	4	4	4	4	4
其他国家	6	7	2	1	1	2
合计	925	1152	1176	1112	1186	1190

资料来源：USGS，*Mineral Commodity Summaries* 2011~2016

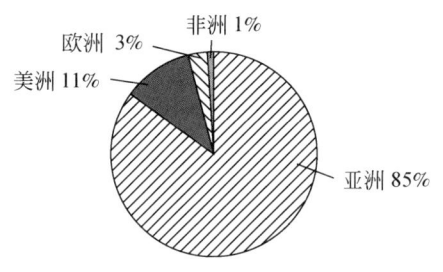

图 6-1　世界天然石墨产量的分布

（二）世界天然石墨消费状况

目前，世界各国主要把石墨应用于耐火材料、铸造、冶金、超硬合金、碳素制品、润滑剂、原子能工业、国防军工和航天工业等领域。

我国是世界最大的石墨消费国，约占世界石墨消费总量的 50%，其他主要石墨消费国包括日本、美国、德国、韩国、法国和英国等，约占世界石墨消费总量的 30%。

根据 Roskill 公司（英国伦敦罗斯基尔信息服务公司）数据，世界天然石墨的消费结构如图 6-2 所示。近两年来，世界石墨消费结构变化不大。预计未来石墨消费的主要增长领域是高技术产业，如光伏、半导体材料、锂电池、燃料电池等领域。

图 6-2 世界天然石墨消费结构

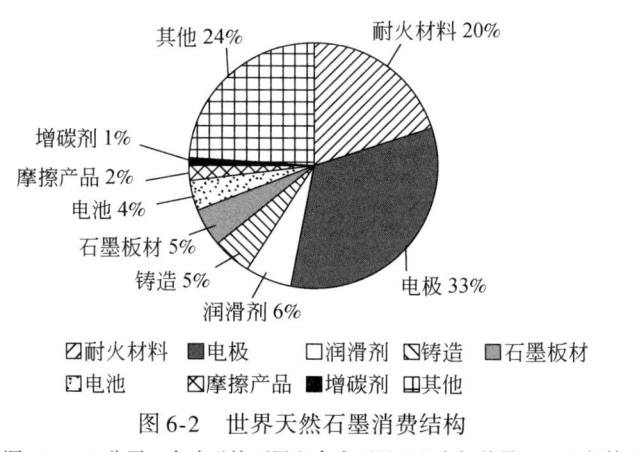

资料来源：Roskill 公司，全球天然石墨和合成石墨工业市场前景，2012 年第 8 期

由于各国工业经济发展水平不同，石墨消费结构也不尽相同。这里重点介绍美国的石墨消费情况。

美国天然石墨消费量从 2013 年的 52 100t 增长到 2014 年的 52 600t，增长了 1%，其中晶质石墨消费量从 2013 年的 35 100t 上涨到 2014 年的 35 600t。隐晶质石墨的消费量基本不变。合成石墨从 2013 年的 159 000t 增长到 2014 年的 163 000t，增长了 2.5%。美国按最终用途报告的天然石墨消费量从 2013 年的 48900t 下降到 2014 年的 44500t，降幅为 99%（表 6-3）。

美国的石墨主要用于电池、制动器和碳产品等，如轴承、刷子、坩埚、核反应堆燃料棒、喷嘴、反驱器、塞子和套管等；耐化学腐蚀材料，如钻井液添加剂、电导体、铸体、燃料电池、高强度复合材料、润滑剂、铅笔、金属粉末、耐火材料、橡胶、炼钢等。制造衬片和耐火材料占天然石墨消费量的 60%，铸造厂和润滑油占天然石墨消费量的 5%，耐火材料工业是石墨消费最大的领域，2014 年天然石墨消费占 56%，电池应用在 2014 年大约占 2%。

表 6-3 2013~2014 年美国天然石墨的消费量（最终用途方面）

	最终用途	晶质石墨		隐晶质石墨	
		总量/t	价值/10³ 美元	总量/t	价值/10³ 美元
2013 年	制动衬片	396	1 540	W	W
	碳素制品	337	1 090	583	W
	铸造业	W	420	1 140	W
	润滑油	699	2 740	W	W
	金属粉	339	(7)	—	—
	耐火材料	19 400	21 300	W	11 600
	橡胶	W	154	W	W
	其他	9 300	16 000	W	W
	合计	30 700	44 700	18 200	60 200

续表

最终用途		晶质石墨		隐晶质石墨	
		总量/t	价值/10³ 美元	总量/t	价值/10³ 美元
2014 年	制动衬片	396	1 540	W	W
	碳素制品	394	1 150	545	W
	铸造业	W	W	W	W
	润滑油	908	4 120	W	W
	金属粉	337	W	—	—
	耐火材料	19 000	20 500	W	11 400
	橡胶	W	W	374	1 280
	其他	6 560	13 700	W	W
	合计	27 600	42 500	16 800	60 200

注：W 表示准确数字保密；括号中数为估计数。

资料来源：USGS, 2014 *Minerals Yearbook*

（三）世界天然石墨贸易状况

近年来，美国并未进行天然石墨的开采，所需天然石墨完全依靠进口。受经济危机的影响，欧盟国家近年石墨产量也很小，大多是为满足国内需求，天然石墨进出口也呈现下降趋势。在亚洲地区，中国和印度仍然是天然石墨的主要输出国，未来应用于电池和电子行业的石墨产品将会继续增长。

美国、欧洲、中国是世界主要石墨消费国及地区，下面对美国、欧洲近年来石墨的进出口情况进行阐述。

1. 美国近年来石墨及产品进出口情况

美国有 90 多个石墨制品企业，天然石墨基本依赖进口。2014 年，美国天然石墨进口量为 64 200t（估计值），主要从中国、墨西哥、加拿大、巴西和马达加斯加等国进口晶质石墨，占进口总量的 97%，占进口总金额的 90%，价格呈缓慢上涨趋势。从斯里兰卡进口的大鳞片和晶质石墨基本保持稳定，从墨西哥进口的隐晶质石墨价格成上涨趋势。美国天然石墨的出口量相对较少且出口量基本保持稳定。据美国地质调查局统计，2008~2014 年美国天然石墨进出口统计、产量等分别见图 6-3 所示，见表 6-4~表 6-9。

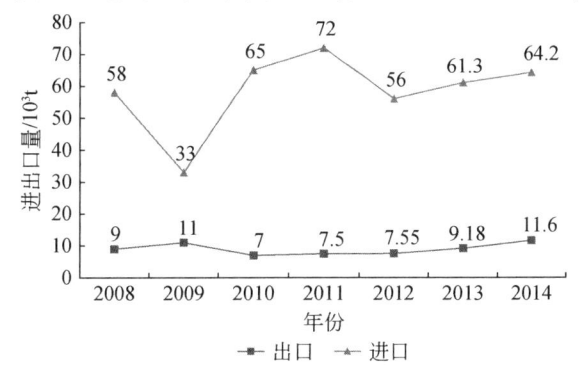

图 6-3　2008~2014 年美国天然石墨进出口趋势图

资料来源：USGS, 2009~2014 *Minerals Yearbook*

表6-4　2013~2014年美国天然石墨出口情况统计表

国家	2013年 总量/t	2013年 价值/万美元	2014年 总量/t	2014年 价值/万美元
加拿大	3 200	265	6 360	516
中国	251	86.2	292	98.3
法国	17	6.6	149	26.2
德国	320	57.9	210	41.6
意大利	38	34.6	31	26
日本	1 000	297	959	281
韩国	102	43	53	22.1
墨西哥	1 290	243	1 230	200
荷兰	6	4	5	1.7
英国	39	13.5	197	20.8
其他	2 850	573	2 070	494
合计	9 180	1 650	11 600	1 760

资料来源：USGS，2014 *Minerals Yearbook*

表6-5　2013~2014年美国天然石墨进口情况统计表

国家	2013年 总量/t	2013年 价值/万美元	2014年 总量/t	2014年 价值/万美元
澳大利亚	16	4.4	7	1.4
巴西	4 490	990	4 270	872
加拿大	10 500	1 430	11 100	1 630
中国	20 500	2 780	23 900	2 860
德国	173	95.9	212	68.1
印度	(1)	1.7	1	0.6
日本	747	510	766	726
马达加斯加	2 450	245	1 290	127
墨西哥	21 200	794	22 000	792
斯里兰卡	524	90.1	549	103
英国	38	25.6	18	15.8
其他	716	80.2	130	31.8
总计	61 300	7 050	64 200	7 230

注：括号中数为估计数

资料来源：USGS，2014 *Minerals Yearbook*

表6-6 2013~2014年美国进口晶质石墨统计情况表

国家	2013年		2014年	
	总量/t	价值/万美元	总量/t	价值/万美元
加拿大	10 500	1 430	11 100	1 630
中国	20 500	2 780	23 900	2 860
马达加斯加	2 450	245	1 290	127
其他	614	64.8	66	8.6
总计	34 000	4 520	36 300	4 620

资料来源：USGS，2014 Minerals Yearbook

表6-7 2013~2014年美国进口大鳞片的晶质石墨统计表

国家	2013年		2014年	
	总量/t	价值/万美元	总量/t	价值/万美元
斯里兰卡	524	90.1	549	103

资料来源：USGS，2014 Minerals Yearbook

表6-8 2013~2014年美国进口隐晶质石墨统计表

国家	2013年		2014年	
	总量/t	价值/万美元	总量/t	价值/万美元
墨西哥	21 200	794	22 000	792

资料来源：USGS，2014 Minerals Yearbook

表6-9 2013~2014年美国进口其他天然石墨统计情表

国家	2013年		2014年	
	总量/t	价值/万美元	总量/t	价值/万美元
澳大利亚	16	4.4	—	—
巴西	4 490	990	4 270	872
德国	173	95.9	212	68.1
印度	(1)	1.7	1	0.6
日本	747	510	766	726
英国	38	25.6	18	15.8
其他	102	15.4	64	23.2
总计	5 560	1 640	5 330	1 710

资料来源：USGS，2014 Minerals Yearbook
注：括号中数为估计数。

2. 欧洲近年来石墨及产品的进出口情况

近几年，受经济危机的影响，欧洲国家天然石墨产量呈下降趋势。2014年，欧洲石墨产量为38 000t。欧洲各国天然石墨产量统计见表6-10、图6-4。

表 6-10　欧洲天然石墨产量统计　　　　　　　　　（单位：t）

国家	2009 年	2010 年	2011 年	2012 年	2013 年	2014 年
奥地利	750	420	925	219	500	500
捷克	3 000	—	—	—	—	—
德国	—	—	—	109	269	517
挪威	4 562	6 270	7 789	6 992	6 207	8 308
罗马尼亚	24 352	6 633	—	—	—	—
土耳其	2 400	—	5 250	31 500	28 740	28 500
"EU36" 总计	35 000	13 000	14 000	39 000	36 000	38 000

注："EU36" 为欧洲 36 国。

资料来源：QBGS，European Mineral Statistics 2010~2014；英国自然环境研究委员会

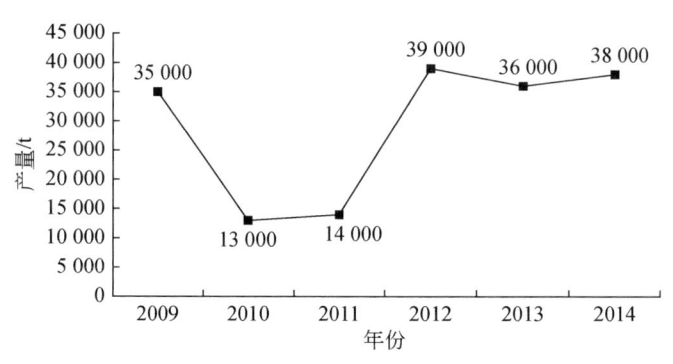

图 6-4　2009~2014 年欧洲天然石墨产量

在欧洲国家，电极工业使用石墨的量最大，其次是耐火材料和石墨板材工业。2009~2014 年欧洲石墨产品出口量、进口量统计分别见表 6-11 和表 6-12。2014 年 "EU36" 石墨产品进出口情况对比如图 6-5 所示。

表 6-11　2009~2014 年欧洲石墨产品出口量统计　　　　　　（单位：t）

国家	2009 年	2010 年	2011 年	2012 年	2013 年	2014 年
奥地利	6 260	9 518	9 936	5 562	5 216	4 744
比利时	2 634	993	1 316	1 716	1 366	1 658
捷克	2 150	3 154	3 417	3 108	2 673	2 980
法国	226	361	321	166	222	265
德国	12 722	20 583	15 600	12 721	13 601	16 994
意大利	820	798	512	310	233	281
荷兰	1 974	2 967	10 651	11 201	8 019	9 535
波兰	80	233	505	977	796	600
斯洛文尼亚	15	14	661	252	79	402
西班牙	8 160	5 369	6 142	5 184	1 620	446
瑞典	159	254	129	129	114	192

续表

国家	2009年	2010年	2011年	2012年	2013年	2014年
瑞士	355	326	100	96	85	100
土耳其	257	220	761	766	836	663
英国	2 271	2 981	3 660	2 196	2 011	1 608
合计	38 083	47 771	53 711	44 384	36 871	42 482

注：此表不包括合成石墨。

资料来源：BGS，*European Mineral Statistics 2009~2013*；*European Mineral Statistics 2010~2014*

表6-12　2009~2014年欧洲石墨产品进口量统计　　（单位：t）

国家	2009年	2010年	2011年	2012年	2013年	2014年
奥地利	4 622	18 501	21 867	9 272	10 843	17 738
比利时	5 048	7 243	7 473	6 109	6 321	6 779
捷克	2 554	3 605	5 149	4 757	5 588	4 965
丹麦	269	303	405	424	335	256
法国	10 376	9 981	11 725	8 201	7 799	11 150
德国	33 293	56 333	57 411	43 349	46 829	53 380
希腊	918	219	92	68	64	103
冰岛	2 132	18	18	33	—	7 703
意大利	5 995	8 308	12 559	6 411	6 274	3
拉脱维亚	—	1	1	3 813	4	678
马其顿	761	875	911	648	764	13 371
荷兰	2 487	16 692	14 266	13 498	11 342	28
挪威	508	400	129	124	45	7 742
波兰	3 078	6 933	10 267	6 833	7 317	210
罗马尼亚	144	204	742	601	182	2 402
斯洛伐克	962	1 899	1 688	1 847	1 741	2 402
斯洛文尼亚	89	295	844	440	258	219
西班牙	15 669	34 268	10 765	5 579	476	4 828
瑞典	835	1 315	1 129	779	893	844
瑞士	306	848	823	454	841	854
土耳其	6 788	11 191	13 138	8 171	11 776	8 796
英国	7 850	6 989	6 869	4 114	4 951	5 277
合计	104 816	186 487	178 336	125 581	124 697	151 742

注：此表不包括合成石墨。

BGS：英国地质调查局，*European Mineral Statistics 2009~2013*；*European Mineral Statistics 2010~2014*

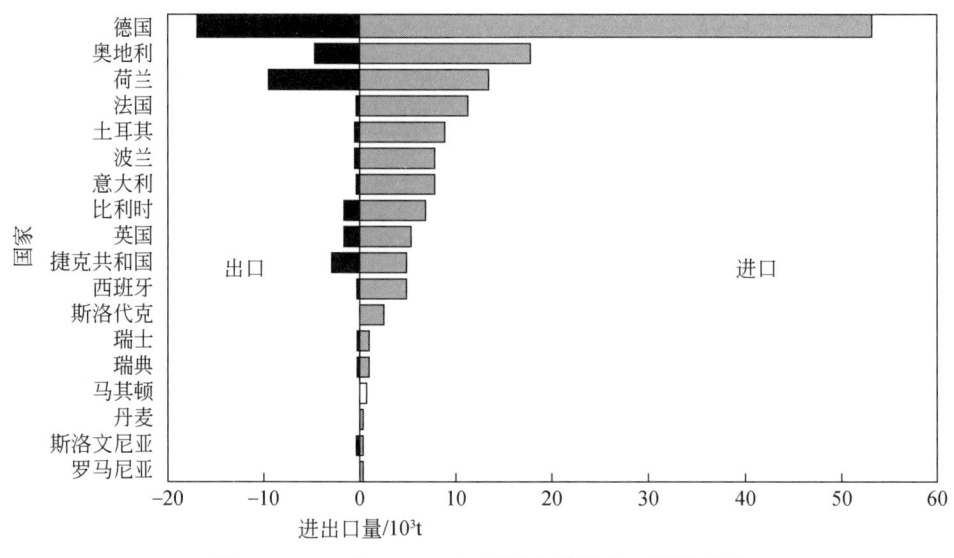

图 6-5　2014年"EU36"石墨产品进出口情况对比

资料来源：BGS, European Mineral Statistics 2014

四、发达国家在石墨工业发展中的战略举措

从世界石墨产品的生产、消费、贸易及供需情况可以看出，发展中国家和发达国家在石墨工业发展中采取的战略具有较大差异。发展中国家为了经济发展，不断扩大产能，加大开采力度，过度开发对环境造成了严重影响，而发达国家更重视对战略资源进行保护，国内只是进行少量开采，工业应用主要通过进口他国石墨资源。这里介绍发达国家在石墨工业发展中采取的部分战略举措。

（一）限制开采，"以购代采"

发达国家把石墨资源作为战略资源进行储备，限制开采，并实行"以购代采"的方式，从石墨资源储量丰富的发展中国家以每吨价格 2000~4000 元低价进口石墨初级产品，然后把经过提纯加工的石墨产品返销发展中国家，每吨价格高达 10 万~20 万元。

（二）重视产品研发和技术创新

美、日等少数发达国家和地区十分重视石墨产品的研发与技术创新，投入大量资金和人力，获得了一系列的研究成果，掌握并垄断着石墨深加工的核心技术。

1985 年，英国化学家 Kroto、美国科学家 Smalley 和 Curl 在莱斯大学制备出了第一种富勒烯。1985 年，"足球"结构的 C_{60} 一经发现即吸引了全世界的目光，三位科学家因共同发现 C_{60} 并确认和证实其结构而获得 1996 年的诺贝尔化学奖。在富勒烯研究的推动下，1991 年一种更加奇特的碳结构——碳纳米管被日本电气股份有限公司的饭岛博士发现。2004 年，英国曼彻斯特大学的两位科学家在实验中发现石墨烯而获得 2010 年诺贝尔物理学奖。

(三) 投资和开采国外资源

世界上主要的石墨生产商都十分注重海外资源的投资和开采，通过收购、兼并、联营或直接投资对海外资源进行开采。2013年6月，Imerys集团（法国英格瓷公司）收购全球石墨生产商Timcal公司（特密高石墨有限公司），开采其在加拿大魁北克省的Lacdeslles石墨矿。

(四) 在资源地设置加工厂以降低生产成本

国外石墨集团纷纷在我国建厂，一是可以利用我国的石墨资源；二是我国生产高档产品受到技术限制，国外企业可以形成垄断性供应；三是我国是亚洲最大的石墨产品潜在需求市场，产品需求量大；四是我国人力资源成本和原材料成本低廉。国外大集团生产石墨产品后一部分用于我国国内的消费，一部分出口至国外，以获取高额利润。

1994年，日本东洋碳素株式会社在上海市松江工业区成立了上海东洋碳素有限公司，主要生产、加工、销售各种特种石墨制品。

20世纪70年代，美尔森集团进入我国市场，2015年底已在我国4个省份拥有8家生产基地，经营范围涉及集团所有业务。为了加强在我国工业领域的影响力，美尔森集团不仅相继收购了我国的贤达公司（上海贤达罗兰压力容器制造有限公司）、浙江茗熔电器保护系统有限公司和烟台市芝罘石墨制品厂，还投入大量资金在重庆建造了现代化的石墨生产基地。另外，新成立的贤达美尔森公司（上海贤达美尔森过程设备有限公司）在上海近郊拥有集团最大的生产工厂，我国已成为美尔森集团重点市场之一。

西格里集团是全球领先的碳素石墨材料及相关产品的制造商之一，自1998年9月进入中国石墨市场后，已先后在我国成立了上海西格里东海碳素有限公司、西格里特种石墨（上海）有限公司、西格里石墨技术（上海）有限公司、宁波西格里信远石墨有限公司、西格里泉海碳素（山西）有限公司等数家合资及独资企业。

五、我国石墨产业现状与发展

(一) 我国石墨矿产资源现状

我国的石墨矿产有晶质石墨和隐晶质石墨两种类型。截至2015年底，我国共查明石墨矿产地172处，查明资源储量为3.0亿t。其中，晶质石墨矿140处，查明资源储量为2.65亿t，占88.33%；隐晶质石墨矿32处，查明资源储量为0.35亿t，占11.67%。

晶质石墨矿主要分布在黑龙江、山西、四川、山东、内蒙古、河南、湖北、陕西等20个省份，其中黑龙江、山西、四川、山东、内蒙古5省份的晶质石墨查明资源储量占总晶质石墨查明资源储量的87.57%，黑龙江晶质石墨查明资源储量为1.24亿t，占全国46.79%。2015年我国晶质石墨查明资源储量（矿物量）统计见表6-13。

表 6-13　中国晶质石墨储量分布

地区	矿区数/个	基础储量/万 t	储量	资源量/万 t	查明资源储量/万 t
全国	140	5 516.40	1 009.39	20 936.49	26 452.89
河北	7	7.66	—	38.66	46.32
山西	8	97.50	39.00	1 858.72	1 956.22
内蒙古	17	2 343.78	157.60	2 750.46	5 094.24
辽宁	3	28.00	4.30	39.30	67.30
吉林	7	89.09	77.15	147.53	236.62
黑龙江	24	1 960.52	353.40	10 446.92	12 407.44
安徽	1	—		17.10	17.10
福建	3	32.20	19.30	104.55	136.75
江西	2	—	—	272.10	272.10
山东	20	142.88	127.06	1 467.68	1 610.56
河南	11	318.50	—	569.20	887.70
湖北	7	61.64	5.60	245.32	306.96
广东	1	17.10	—	18.40	35.50
海南	3	8.00	6.40	45.20	53.20
四川	5	274.40	199.28	1 821.03	2 095.43
云南	2	44.40	—	199.30	243.70
陕西	10	—	—	677.51	677.51
甘肃	4	67.13	20.30	35.38	102.51
青海	3	—	—	180.06	180.06
新疆	2	23.60	—	2.07	25.67

资料来源：国土资源部，2016，全国矿产资源储量通报

隐晶质石墨主要分布在内蒙古、湖南、广东、吉林、陕西等 10 个省份，其中，内蒙古和湖南 2 个省份占全国隐晶质石墨查明资源储量的 66.69%，详见表 6-14。

表 6-14　中国隐晶质石墨储量分布

地区	矿区数/个	基础储量/万 t	储量	资源量/万 t	查明资源储量/万 t
全国	32	807.40	531.75	2 740.71	3 548.11
北京	2	—	—	10.20	10.20
内蒙古	3	114.68	—	1 298.46	1 413.14
辽宁	1	0.15	—	0.36	0.51
吉林	4	131.04	104.79	161.36	292.40
安徽	1	0.40	—	8.80	9.20
福建	9	36.5	24.18	104.05	140.55
山东	1	—	—	155.16	155.16
湖南	5	364.63	282.63	588.45	953.08
广东	4	—	—	383.85	383.85
陕西	2	160.00	120.15	30.02	190.02

资料来源：国土资源部，2016，全国矿产资源储量通报

(二) 石墨产业现状

我国是世界上最大的石墨生产国,以生产初级原料和低档产品为主。2015 年,我国石墨产量为 78 万 t,其中晶质石墨约为 50 万 t,隐晶质石墨约为 28 万 t。

经过几十年的发展,我国已形成五大石墨生产加工基地,一是以山东青岛石墨股份公司为代表的山东莱西、平度晶质石墨生产加工基地;二是以黑龙江鸡西柳毛石墨矿为代表的鸡西晶质石墨生产加工基地;三是以黑龙江省萝北县为主的云山地区晶质石墨矿生产加工基地;四是以内蒙古兴和为主的兴和晶质石墨生产加工基地;五是以湖南鲁塘为主的隐晶质石墨矿生产加工基地。我国石墨主要产地情况见表 6-15、主要石墨生产厂家产品及产能见表 6-16。

表 6-15 我国现有石墨主要产地情况介绍

名称	山东青岛	黑龙江鸡西	黑龙江鹤岗	内蒙古	湖南郴州
主要分布地区	平度市、莱西市	恒山区、麻山区等	萝北县	兴和县、乌拉特中旗县	鲁塘镇
石墨类型	晶质	晶质	晶质	晶质	隐晶质
结晶程度	大、中鳞片	大、中鳞片	大、中鳞片	大、中鳞片	土状
查明资源储量/万 t	1612	4117	6487	1829	953
开采加工现状	山东石墨资源经过几十年的开采,低成本开采期已经结束 现有石墨生产加工企业 40 多家,石墨产品种类齐全,山东部分石墨企业已基本完成产品结构的初次调整,山东形成了从生产加工到国内外销售的完整产业体系,特别是青岛已成为中国石墨内销及出口的重要集散地,也是我国北方唯一的国家石墨烯产业创新示范基地	鸡西市石墨资源最高品位为 22%,平均品位为 7.97%。主要分布在恒山区和麻山区,这两区占全市总量的 89.78% 截至 2013 年,鸡西市石墨采矿、选矿及制品企业共 28 家,其中深加工制品企业 6 户,采选企业共 22 家(单一采矿企业为 3 户,选矿企业为 19 户),中高碳石墨精矿粉产量为 18.2 万 t,同比增长 2%,深加工产品为 3.6 万 t,同比增长 6%。石墨初加工产品结构为高碳石墨约占 40%、中碳石墨约占 50%、低碳石墨约占 10%	萝北县的石墨资源主要分布于云山石墨矿区,目前,在 9km² 范围内共发现 25 条矿体,属特大型石墨矿床。经黑龙江省地矿局第三地质大队勘查,已探明的资源量达 6.36 亿 t,平均品位为 10.2%,入选品位可达 16%~18% 目前,萝北云山矿区有 2 家矿山开采企业,年开采矿石约 300 万吨,选矿企业为 15 家,年产石墨精粉为 23 万 t	兴和县石墨资源品位为 2.5%~5%。2009 年兴和县引入盛瑞对当地石墨矿权、产业进行整合,投资 51.7 亿元建设瑞盛石墨应用产业园,一期高纯石墨、锂离子动力电池等 9 个项目全部投产,二期石墨烯、核石墨等 8 个项目正在建设中。全部投产后,预计年实现销售收入 100 亿元以上,上缴税金 15 亿元以上	湖南郴州隐晶质石墨资源量全国第一,占全国隐晶质石墨经济可采储量的 74.7%,质量好,固定碳含量高 2012 年,中国建材集团有限公司投巨资建立南方石墨有限公司,对郴州市隐晶质石墨矿资源进行整合,整合后共有石墨矿 51 个,隐晶质石墨加工企业 16 个,年加工量为 30 多万 t,其中出口为 10 多万吨。郴州绝大部分加工企业不进行提纯加工,主要产品以石墨粉、石墨球、石墨粒产品加工为主

表 6-16 我国主要石墨生产厂家产品及产能统计表

序号	企业名称	产品类型	产能/万 t	产区
1	青岛石墨股份有限公司	鳞片石墨、土状石墨、石墨制品	3.00	山东青岛
2	青岛海达石墨有限公司	鳞片石墨、可膨胀石墨及土状石墨	1.50	山东青岛
3	青岛黑龙石墨有限公司	鳞片石墨、石墨板材	1.00	山东平度市
4	青岛高而富石墨有限公司	鳞片石墨	1.00	山东平度市刘戈庄
5	青岛闫鑫石墨制品有限公司	鳞片石墨	0.90	山东平度市
6	洛阳冠奇工贸有限责任公司	高纯石墨、土状石墨	1.10	河南洛阳
7	赤城县晶舰石墨有限责任公司	鳞片石墨	2.00	河北省赤城县
8	福建邵武科踏高纯石墨有限公司	鳞片石墨	2.00	福建邵武
9	攀枝花市攀西石墨股份有限公司	鳞片石墨	2.00	四川攀枝花
10	青海西部石墨开发有限公司	鳞片石墨	1.00	青海
11	中科恒达石墨股份有限公司	鳞片石墨	2.00	湖北宜昌市
12	宜昌新成石墨有限责任公司	鳞片石墨、膨胀石墨	1.50	湖北宜昌市
13	内蒙古瑞盛石墨新材料有限公司	鳞片石墨	0.55	内蒙古兴和县
14	兴和县黄土夭晶宇石墨有限责任公司	高碳鳞片石墨	1.2	内蒙古兴和县
15	穆棱光义石墨有限公司	鳞片石墨	1.20	黑龙江穆棱市
16	黑龙江奥宇石墨集团有限公司	鳞片石墨	8.00	黑龙江鸡西市
17	鸡西柳毛石墨矿资源有限公司	鳞片石墨	6.00	黑龙江鸡西市
18	鸡西市普晨石墨有限责任公司	鳞片石墨	4.00	黑龙江鸡西市
19	鸡西市贝特瑞石墨产业园有限公司	高纯石墨、锂电负极材料	1.00	黑龙江鸡西市
20	萝北北方石墨有限公司	鳞片石墨	2.00	黑龙江萝北县
21	萝北县云山石墨采矿有限责任公司	鳞片石墨	2.00	黑龙江萝北县
22	密山市双泰石墨有限公司	石墨精粉	8.60	黑龙江萝北县
23	南方石墨有限公司	土状石墨	100	湖南郴州
24	吉林石墨工业公司	土状石墨	4.5	吉林磐石
25	陕西省眉县石墨矿	土状石墨	1.0	陕西眉县

(三) 石墨消费现状

2015 年，我国石墨消费量约为 63.4 万 t，用于钢铁冶金和耐火材料工业占总量的 40%，用于铸造业占总量的 20%，其他类别占 40%，包含铅笔、导电材料、密封材料、电池、其他等（图6-6）。

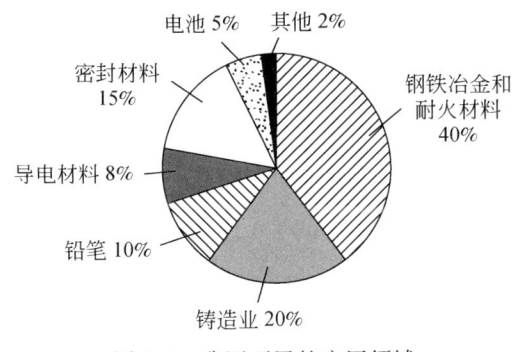

图 6-6 我国石墨的应用领域

2002～2015年，我国天然石墨消费量由43.3万t增加到63.4万t，总体处于增长态势（表6-17）。

表 6-17 2002～2015年我国天然石墨消费量统计表 （单位：万t）

年份	2002	2003	2004	2005	2006	2007	2008	2009	2010	2011	2012	2013	2014	2015
使用量/万t	43.3	52.7	48.2	52.8	70.3	47.6	61.4	63	64.1	78.6	66.9	66.3	61.3	63.4

（四）天然石墨进出口现状

据我国海关总署信息中心统计，2015年我国天然石墨出口量与2014年持平，较前几年大幅度降低，主要原因是我国政府限制石墨开采、对石墨实行临时出口管制。这对提高我国石墨产品质量和引导我国石墨企业走精细加工的道路是有利的。但我国天然石墨制品的进口量仍然很大，主要是因为我国石墨深加工能力有限，造成高端石墨产量还依赖于进口。2012～2015年我国天然石墨进出口情况见表6-18。

表 6-18 2012～2015年我国天然石墨进出口数据

年份	产品名称		出口 数量/万t	出口 金额/万美元	进口 数量/万t	进口 金额/万美元
2012	粉末或粉片天然石墨	晶质天然石墨	11.34	11 815.18	0.19	168.39
		球化石墨	2.04	12 078.14	0.11	1 312.07
		其他	3.35	1 332.59	2.15	799.82
	天然石墨（粉末或粉片除外）		9.05	3 529.60	3.27	390.73
	总计		25.78	28 755.51	5.73	2 671.01
2013	粉末或粉片天然石墨	晶质天然石墨	12.37	10 798.82	0.33	195.91
		球化石墨	2.30	12 833.18	0.08	1 204.24
		其他	2.50	1 093.89	0.66	594.68
	天然石墨（粉末或粉片除外）		8.14	2 947.51	5.99	782.13
	总计		25.31	27 673.40	7.06	2 776.96

续表

年份	产品名称		出口		进口	
			数量/万 t	金额/万美元	数量/万 t	金额/万美元
2014	粉末或粉片天然石墨	晶质天然石墨	13.70	1 160.76	0.07	88.93
		球化石墨	2.93	14 141.90	0.09	1 109.54
		其他	2.52	1 062.57	1.15	607.47
	天然石墨（粉末或粉片除外）		9.57	3 158.56	4.98	645.08
	总计		28.72	19 523.79	6.29	2 451.02
2015	粉末或粉片天然石墨	晶质天然石墨	10.68	859.51	0.02	33.45
		球化石墨	2.86	12 527.71	0.05	519.45
		其他	2.23	987.90	3.08	793.65
	天然石墨（粉末或粉片除外）		9.29	2 525.88	5.30	705.17
	总计		25.06	16 901.00	8.45	2 051.72

资料来源：海关信息网

目前，我国致力于对国内石墨工业混乱现状进行治理整合，在污染物排放和开采工艺技术上进行改造提升，同时推动产品结构从出口低价值的产品向生产高附加值产品转变，减少石墨精矿出口，加强下游产品的生产，提高深加工水平。

（五）石墨资源需求量预测

《新材料产业"十二五"发展规划》明确提出，积极发展高纯石墨，提高锂离子电池用石墨负极材料质量，加快研发核级石墨材料。石墨是国家鼓励发展的新材料产品，市场前景广阔。

预测 2018～2030 年，我国石墨需求年增速为 4.6%。其中，耐火材料（镁碳砖）、炼钢（增碳剂）增速呈下降趋势；铸造，密闭材料和导热材料，摩擦材料及润滑材料，铅笔、油墨呈平稳增长趋势；锂离子电池、燃料电池等领域保持高速增长，为 20%，其他石墨烯、军工、新材料等增速为 5%（表6-19）。

表6-19 2018～2030年我国石墨年需求增速一览表 （单位:%）

石墨消费结构	消费比例	2018～2020年预测增速	2021～2030年预测增速
耐火材料（镁碳砖）、炼钢（增碳剂）	42	-3	-1
铸造	12	3	2
锂离子电池、燃料电池等领域	15	20	10
摩擦材料及润滑材料	10	3	1
密封材料和导热材料	5	2	1
铅笔、油墨	6	1	0
其他石墨烯、军工、新材料等	10	5	5
预测增速（2018～2030年）		4.6	

2018~2030年，石墨需求量及预测需求趋势如图6-7所示。2020年石墨需求量将达到79.4万t，2030年将达到124.5万t，尤其对晶质石墨的需求量将会大幅度提高。未来核反应堆、锂离子电池、石墨烯都需要消耗大量的晶质石墨。其中，锂离子电池负极材料用天然石墨将有大幅度提升。

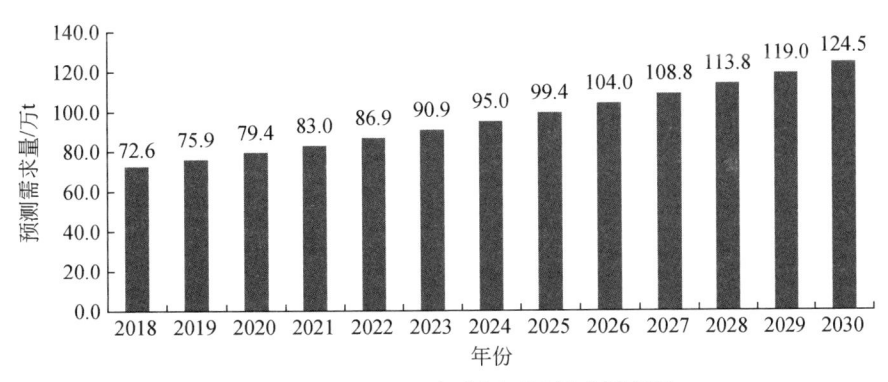

图6-7 2018~2030年我国石墨需求量预测

六、我国石墨资源保障性分析

（一）查明石墨资源储量保持增长

我国石墨矿产资源丰富，资源有保障，2006~2015年查明晶质石墨资源储量保持3.76%的增长。2006~2015年全国晶质石墨查明资源储量变化情况见表6-20。

表6-20 2006~2015年全国晶质石墨查明资源储量变化

年份	资源储量/亿t	增长率/%
2006	1.64	—
2007	1.84	12.20
2008	1.96	6.52
2009	1.85	-5.61
2010	1.85	0.00
2011	1.90	2.70
2012	1.90	0.00
2013	2.20	15.79
2014	2.20	0.00
2015	2.37	7.73
年均增长率		3.76

（二）人造石墨应用广泛

人造石墨具有纯度高、性能稳定的特点，被用作高温热结构材料，在航空航天等领域得到广泛应用。我国合成石墨应用广泛。据统计，我国合成石墨主要用于石墨电极

(61%)、纤维编织物（6%）、未加工的石墨制件（5%），其余28%分别用于坩埚、石墨容器、电动机碳电刷、石墨加工部件、石墨器件、润滑材料、耐火材料、炼钢增碳剂、冶金添加剂等。合成石墨还可以用来制作人工心脏瓣膜、碳支架、刹车制动衬垫等。

2014年，美国人造石墨消费量为163 000t，占石墨消费总量的75%以上。2009～2014年美国合成石墨统计见表6-21。

表6-21 2009～2014年美国合成石墨统计

分类		2009年	2010年	2011年	2012年	2013年	2014年
产量	总量/t	118 000	134 000	149 000	141 000	129 000	135 000
	价值/万美元	99 800	107 000	109 000	94 600	97 600	93 900
出口	总量/t	35 000	40 000	53 900	48 600	29 000	32 000
	价值/万美元	7 940	11 900	17 600	19 100	13 000	22 000
进口	总量/t	33 800	44 000	79 700	122 000	59 100	60 700
	价值/万美元	7 940	11 900	17 600	19 100	13 000	13 400
表面消费	总量/t	116 000	138 000	174 000	214 000	159 000	163 000
	价值/万美元	96 900	105 000	108 000	96 700	89 900	85 400

资料来源：USGS, *Minerals Yearbook* 2010～2014

（三）资源利用效率稳步提升

2012年，国家工业和信息化部发布了《石墨行业准入条件》，对石墨项目的规模、选矿回收率、环保等指标做出明确的要求。2015年1月，国土资源部公布了《国土资源部关于锰、铬、铝土矿、钨、钼、硫铁矿、石墨和石棉等矿产资源合理开发利用"三率"最低指标要求（试行）的公告》，其中石墨"三率"指标如下。

1）开采回采率：①露天开采，石墨矿露天矿山开采回采率不低于92%；②地下开采，石墨矿地下矿山开采回采率不低于75%。

2）选矿回收率：①晶质石墨矿，入选原矿品位≥5%，选矿回收率不低于85%；入选原矿品位<5%（高于工业品位3%），选矿回收率不低于80%。②隐晶质石墨目前无须选矿即可利用，选矿回收率指标暂不作要求。

3）综合利用率：晶质石墨矿常共伴生有云母、石英、透闪石、透辉石、石榴子石、方解石、金红石，以及铀、钒、钛、黄铁矿、磷灰石、铝土矿、稀有元素等有用矿物，隐晶质石墨矿中可能共伴生石英和高岭土，应加强综合评价与回收利用。

这一系列政策颁布实施，有利于改善目前国内石墨行业鱼目混珠的乱象，有利于提升我国石墨行业资源利用效率。

（四）资源保障程度

2015年，我国石墨产量为78万t，实际消耗石墨储量约为92万t（选矿回收率按85%考虑）。按2015年数据计算，我国石墨保有储量服务年限为16.75年左右，资源储量服务年限为326.1年，资源保障程度较高。

第二节　我国石墨行业的科技实力现状与分析

一、石墨加工行业科技现状

20 世纪 80 年代前，我国石墨产业只有采矿、选矿和少量的提纯工艺，技术水平比国外落后近 40 年。80 年代末 90 年代初，为了出口创汇，我国石墨市场出现了"黑色风暴"，以资源浪费和环境污染为代价，占领了世界大部分石墨原料市场，但石墨企业恶性竞争严重，开采技术停滞不前。90 年代末开始，在锂离子电池产业的带动下，我国开始注重石墨深加工，发展球形石墨、负极材料产品。

2011 年 7 月，王淀佐等 9 位院士联名上书国务院，提交了《关于黑龙江省建立国家高新石墨产品开发产业化与交易基地（国际石墨谷）的建议》，得到了时任国务院总理温家宝的批示。科学技术部研究决定由黑龙江省牵头研究国家石墨新材料产业发展规划及实施方案，并启动了总预算约为 1.5 亿元的国家科技支撑计划，批准建立黑龙江石墨产业技术创新服务平台，认定黑龙江省火炬计划科技特色产业基地。与此同时，成立了我国石墨产业技术创新战略联盟。

目前，我国初步拥有石墨加工表面处理技术，金属、塑料与石墨的复合技术，超细纳米石墨、石墨合金粉末、液体石墨、石墨溶胶制备技术等。这些技术可应用于锂离子电池电极、燃烧电池极板、导电过滤石墨纸、导电橡胶、水域油污吸附材料、电磁屏蔽材料、石墨导电乳胶漆、石墨泡沫材料、催化剂载体、石墨合金轴承等方面产品的制造。

但与发达国家相比，我国石墨深加工产业仍有较大差距，表现为产业链短、产品技术含量低、高科技产品少，仍以原料生产及加工晶质石墨为主。德国、法国、美国、瑞士、日本等国家基本垄断了石墨深加工的先进技术和知识产权，利用我国廉价的原料，加工先进石墨材料，以极高的价格占领国际市场并返销我国。

目前，美国、日本等国的柔性石墨产业居世界领先地位。日本生产核能级的低硫（S<500ppm）和超低硫（S<50ppm）产品的技术全球领先。美国、日本的锂离子电池采用改性石墨作阳极材料已形成规模产业。浸硅石墨目前仅德国、美国、俄罗斯三国能够生产。

二、我国石墨技术发展趋势

（一）石墨采选矿技术

从 20 世纪 60 年代以来，我国石墨采选矿技术及设备基本没有进步，在能耗和矿物回收率方面大大落后于其他矿种。相对其他矿种，石墨的采选矿设备比较简单。由于产业长期效益低，资金缺乏，没有更新换代。应采取引进吸收消化再创新的方式，设计建设先进的石墨采选矿生产线，降低能耗，提高回收率、大鳞片保护、水资源节约利用、尾矿处理等技术经济指标，在行业内大力推广应用，并把先进技术指标作为行业准入和淘汰落后技术装备的指标。

（二）石墨提纯技术

石墨提纯是拓展和应用石墨材料的前提和基础，随着石墨应用水平的提高必将扩大对高纯石墨的需求。石墨的提纯生产应因地制宜，向资源节约与环境友好方向发展，其技术趋势有以下几点。

1）天然石墨的品位较低，在生产中须先通过浮选方法来进行第一阶段的富集，使石墨达到中碳水平，但需要发展保护大鳞片的综合磨浮技术；为得到更高纯度的石墨，必须和其他提纯方法相结合。

2）碱酸法和高温法是目前相对较好的后续提纯方法，但在选择石墨提纯方法的过程中要结合石墨矿所在的地理位置、石墨的应用来考虑。碱酸法着重研究流程短、耗水量少的新工艺；高温法宜重点考虑设备投入与电耗、成本高的问题。同时加强石墨提纯废水的综合利用。

3）虽然氢氟酸提纯石墨效果好，但氢氟酸有剧毒，对环境污染严重，因此在未来的生产过程中将寻求少氟与无氟提纯的替代技术。氯化焙烧法提纯石墨理论可行，效果有限，如无突破，将应用很少。

4）石墨提纯技术的研究应结合数学模型，摸索石墨或杂质的气固传输机理，优化升华、萃取过程与反应动力学等物化参数，以指导生产。

综上所述，石墨提纯工艺技术以浮选法提纯为技术基础，根据其石墨制品应用领域和应用途径的要求，以碱酸法、氢氟酸法、高温法等提纯技术为深化。其提纯技术的发展趋势将随着保护大鳞片的综合磨浮技术、少氟与无氟提纯的酸碱替代技术和实现优越性价比的高温提纯技术方向发展。

（三）发展氟化石墨

自 2002 年以来，随着氟化石墨在固体润滑剂、高能密锂氟电池原料、核反应堆中子减速剂及反射材料等领域应用的不断推广，氟化石墨的产量和需求量稳定增长，目前工业化技术只是被美国、日本等少数几个公司掌握，我国氟化石墨产业刚刚起步。

氟化石墨合成方法归纳如下：①直接合成法，即固体碳和气体氟在一定的范围内加热反应；这一工艺其原料只涉及固体碳和气体氟两种，外界条件只有温度，反应效果的好坏，只和反应物本身及反应条件有关，这是最早的合成方法，也是最成熟的工业生产方法。②催化合成法，在石墨和氟气的反应系统中如果有微量的金属氟化物存在时，则在低于正常条件下也能实现氟化，金属氟化物在这里起到了催化作用。制得的氟化石墨中，含有微量的金属氟化物，虽然量微，却改变了氟化石墨的性质，特别是导电率提高了一个数量级。③固-固合成法，该法利用固体含氟聚合物和石墨混合，在惰性气体中加热至 260℃ 制得氟化石墨。这一合成方法在安全性上得到改善，但氟化程度较低，产品不均匀。④电解法，将碳素或石墨材料在无水氢氟酸中电解，就可生成新的氟化石墨，即在阳极和阴极之间使氢氟酸循环，这样可以连续地合成氟化石墨。该方法通过控制反应液的浓度、电解温度和导电剂添加量等实现的，但氟化程度较低，产物氟、碳不均匀，该法的工艺仍在进一步完善之中。

（四）发展锂离子电池天然石墨负极材料

我国已有企业从事鳞片石墨球形化后制备负极材料；清华大学等成功开发了微晶石墨制备负极材料技术，但规模及产品质量还不能满足锂离子电池快速发展的需求。因此建议依托资源，加快锂离子电池天然石墨负极材料的规模化生产；针对不同档次电池需求研发不同品质负极材料，使产品系列化；研发安全、长寿命的天然石墨动力型、储能型电池负极材料。

（五）发展各向同性石墨

各向同性石墨广泛应用于核能、硅晶制备、电火花加工、连续铸钢、航空航天等领域，是石墨材料的高端产品和战略物资。目前，我国所需的各向同性石墨 2/3 依靠进口。传统技术制备各向同性石墨技术复杂、成本高。隐晶石墨矿物颗粒本身具有各向同性，是制备各向同性石墨的最佳选择，而且工艺简单、成本较低，已制备出工业尺寸的样品，各向同性参数达到 1.04（要求最高的核石墨为 1.05）。鳞片石墨球形化后也具有制备各向同性石墨的潜在可能。清华大学等已经拥有自主研发的专利技术，正与企业合作实施产业化。

（六）发展天然基石墨高导热材料

电子设备的小型化要求电子器件的集成度越来越高，使散热成为 IT 产业的一个关键技术，对轻质高导热材料需求越来越大。利用天然石墨的优良导热性，可制备出导热性与铜相当或更高而密度只有铜 1/4 的高导热材料。天然基石墨高导热材料已广泛用于 LED 显示器及许多电子产品。武汉科技大学、中国科学院山西煤炭化学研究所、清华大学等已开发出相关技术，建议加快实现产业化。

（七）发展柔性石墨

我国柔性石墨的生产已经具有一定规模且与国外先进企业有多项合作，但多为中低档产品，与日本、德国、美国相比还是存在较大差距，主要是因为生产水平较低，产品质量与发达国家差距较大。例如，柔性石墨制品的抗拉强度比国外同类产品低近 20%，而摩擦系数则要比国外产品高 20%。此外，柔性石墨制品在品种规格上也显得单薄，西方一些发达国家和日本根据不同的使用条件，研制了抗氧化型、防腐型等 1600 多种柔性石墨制品，几乎达到了应有尽有的程度；在柔性石墨制品复合材料方面，日本已研制成功了 6 种，而我国只有 3 种，其中还有一种尚处于试用阶段。因此建议针对使用要求研发高档产品，完善品种规格，使之系列化、标准化。

（八）发展膨胀石墨

膨胀石墨比表面积较大、表面能高、吸附力强，具有耐高温、耐高压、密封性好、耐多种介质腐蚀等众多优点，被广泛用作吸附剂、密封材料、阻燃材料、电极复合材料、生物医学材料等。传统的膨胀石墨生产工艺中采用浓硝酸作为氧化剂，它与浓硫酸作用后，容易造成对人体有害的二氧化氮等气体，亦带来环境污染。未来对膨胀石墨的研究主要集中在两个方面：一是探索影响膨胀石墨性能的因素，开发环保型的生产工艺，降低成本；二是对膨胀石墨微观结构进行描述和分析，建立膨胀石墨微观结构的模型，利用对膨胀石墨微观结构的认识来指导工业生产。

三、石墨烯的现状与发展

（一）石墨烯的结构和特性

石墨烯是一种二维碳材料，是单层石墨烯、双层石墨烯和少层石墨烯的统称。

单层石墨烯是指由一层以苯环结构（即六角形蜂巢结构）周期性紧密堆积的碳原子构成的一种二维碳材料。

双层石墨烯是指由两层以苯环结构（即六角形蜂巢结构）周期性紧密堆积的碳原子层以不同堆垛方式（包括 AB 堆垛，AA 堆垛，AA′堆垛等）堆垛构成的一种二维碳材料。

少层石墨烯是指由 3~10 层以苯环结构（即六角形蜂巢结构）周期性紧密堆积的碳原子层以不同堆垛方式（包括 ABC 堆垛、ABA 堆垛等）构成的一种二维碳材料。

石墨烯具有优异的电子学性能、突出的力学性能、优良的导热性能及良好的磁学性能 4 个特性。

1. 优异的电子学性能

组成石墨烯的每个晶胞由两个原子组成，产生两个锥顶点 K 和 K0，相对应的每个布里渊区均有可能带交叉的发生，在这些交叉点附近，电子能 E 取决于波矢量。单层石墨烯的电荷输运可以模仿无质量的相对论性粒子，其蜂窝状结构可以用 2+1 维的狄拉克方程描述。此外，石墨烯是零带隙半导体，具有独特的载流子特性，并具有特殊的线性光谱特征，故单层石墨烯被认为其电子结构与传统的金属和半导体不同，表现出非约束抛物线电子式分散关系。在石墨烯上连接两个电极，可观察到有超电流经过，说明石墨烯还具有良好的超导特性。

2. 突出的力学性能

石墨烯以 sp2 杂化轨道排列，具有极高的力学性能，碳纤维及碳纳米管极高的力学性能正是来自于其基本组成单元石墨烯所具有的高强度、高模量的特征。通过测量得出石墨烯的本征强度和模量分别达到 125GPa 和 1100GPa。

3. 优良的导热性能

利用共焦显微拉曼光谱中 G 峰频率与激光能量的对应关系，可测得硅、二氧化硅基板上的单层石墨烯的室温热导率为 $(4.54\pm0.44) \times 10^3$ ~ $(5.30\pm0.48) \times 10^3 W/(m \cdot K)$，与单壁碳纳米管、多壁碳纳米管相比有明显提高，表明石墨烯作为良好的导热材料具有巨大潜力。

4. 良好的磁学性能

石墨烯锯齿形边缘拥有孤对电子，从而使石墨烯具有包括铁磁性及磁开关等潜在的磁性能，单氢化及双氢化锯齿状边的石墨烯具有铁磁性；使用纳米金刚石转化法得到的石墨烯的泡利顺磁磁化率或Ⅱ电子所具有的自旋顺磁磁化率与石墨相比要高 1~2 个数量级。此外，通过对石墨烯不同方向的裁剪及化学改性可以对其磁性能进行调控，分子在石墨烯表面的物理吸附也可改变其磁性能，石墨烯的磁学性能应用具有良好的适应性。石墨烯的主要性能见表 6-22。

表 6-22 石墨烯的主要性能

项目	性能和性质	介绍及备注
超强性能	最薄最轻	厚 0.34nm，比表面积为 2630m²/g
	最高的载流子迁移率	室温下为 0.2×10⁶cm²/（V·s）（硅的 100 倍）；理论值为 10⁶cm²/（V·s）以上
	最大的电流密度耐性	有望达到 0.2×10⁹A/cm²（Cu 的 100 倍）
	强度最大最坚硬	破坏强度：42N/m；杨氏模量与金刚石相当
独特性质	导热率最高	3000～5000W/（m·K）（与 CNT 相当）
	高性能传感器功能	可检测出单个有机分子
	类似"催化剂"的功能	添加少量至树脂材料等，可强化电子输送功能
	吸氢功能	已在低温下确认具有一定效果
	双极半导体	无须添加剂即可实现 CMOS 构造半导体元件
	常温下可实现无散射传输	英特尔等公司正在着力研究
	只需变形即可获得施加强磁场的电子能量效果	或可应用于应变传感器

注：CNT 为 carbon nanotube，即碳纳米管；CMOS 为 complementary metal oxide semiconductor，即互补金属氧化物半导体。

（二）石墨烯的制备

石墨烯的制备方法可分为物理法和化学法。物理法包括微机剥离法、碳纳米管横向切割法、取向附生法、外延生长法等，化学法包括化学氧化还原法、化学溶剂直接剥离法、SiC 高温分解法、液相剥离膨胀石墨法、碳化法、有机合成法、化学气相沉积法（chemical vapor deposition，CVD）等（图 6-8）。

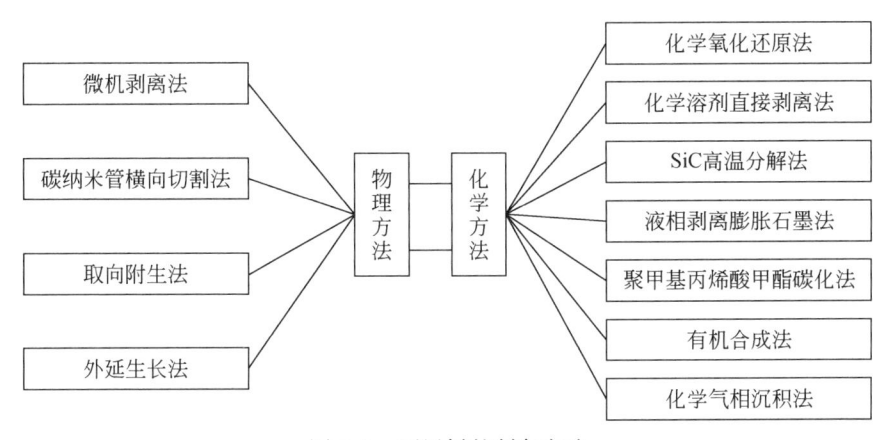

图 6-8 石墨烯的制备方法

目前，石墨烯最主要的制备方法有4种，即微机剥离法、化学氧化还原法、外延生长法及化学气相沉积法，其中最有可能率先突破产业化瓶颈的是化学气相沉积法。各种制备方法的优缺点及产品适用范围见表6-23。

表6-23 石墨烯各种制备方法的优缺点及产品适用范围

项目	微机剥离法	外延生长法	化学氧化还原法	化学气相沉积法
优点	产品品质高、工艺简单、成本低	可以制备出1~2碳原子层的石墨烯	成本低容易实现	简单易行，可以大面积制备，制备出的石墨烯结构完整
缺点	制备出的石墨烯尺寸无法控制，不适合量产	制备出的石墨烯厚度不均匀，成本高，难以从基底分离	制备出的石墨烯结构易被破坏	需要高温环境，从基底分离时，石墨烯会有缺陷
适用范围	实验研究	电子芯片、集成电路	涂布型晶体管	柔性屏、可穿戴设备

（三）世界各国研究现状分析

这里重点介绍中国、美国、英国、韩国及日本的情况。

1. 中国石墨烯研究概况

2015年5月18日，国家金融信息中心指数研究院在江苏省常州市发布了《新华（常州）石墨烯指数报告》（简称《报告》），该指数为全球首个石墨烯指数。

《报告》从竞争潜力、竞争行为和竞争绩效3个维度综合评价了全球10个石墨烯产业发展较强的国家。评价结果显示，美国在全球石墨烯产业综合实力处于相对领先的位置；日本、中国得分较接近；韩国、英国、德国和新加坡处在第二梯队；加拿大、澳大利亚和巴西位于第三梯队。全球石墨烯产业综合实力指数如图6-9所示。

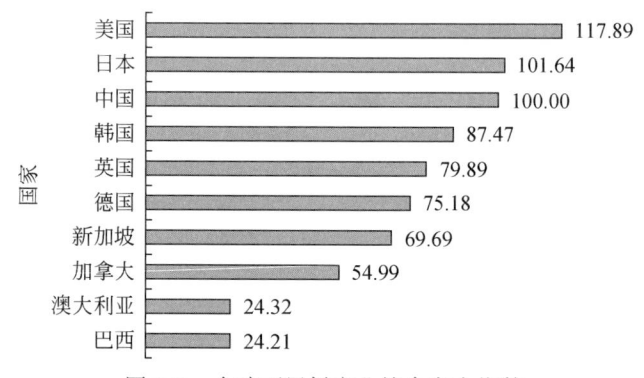

国家	指数
美国	117.89
日本	101.64
中国	100.00
韩国	87.47
英国	79.89
德国	75.18
新加坡	69.69
加拿大	54.99
澳大利亚	24.32
巴西	24.21

图6-9 全球石墨烯产业综合实力指数

目前，我国石墨烯产业主要集中于研发方面，全国共有164家科研机构从事石墨烯研究开发，研发机构数量居全球首位。我国石墨烯方面专利申请数稳居全球首位，处于技术原创国的首位，其专利受理数量大幅度领先于随后其他各国、地区，占据了全球总数量的46%；韩国、美国、日本紧随其后，也是该项技术的主要技术原创国。但韩国、美国和日本等的专利申请数量与我国有较大的差距，这是因为该领域目前处于产业化前夕，需要政府的大力支持，我国政府在石墨烯技术领域的诸多专项支持，极大地推动了我国在石墨烯技术领域的研发速度，为未来在行业内领先地位奠定了坚实的基础。全球石墨烯专利申请量及分布国家（地区）情况分别如图6-10、表6-24所示。

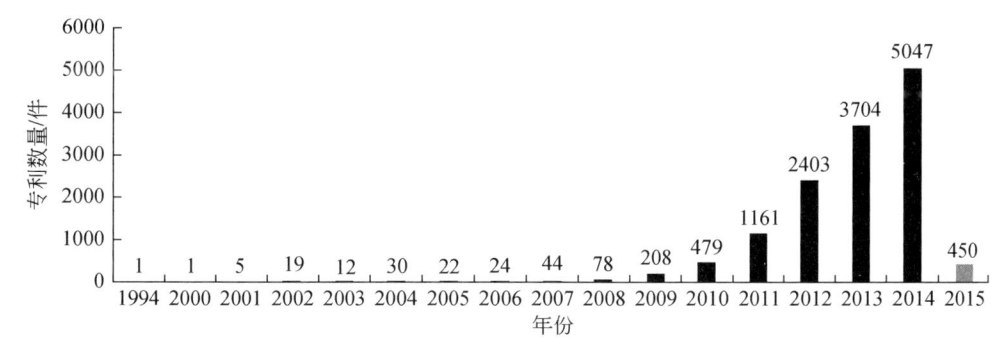

图6-10　全球石墨烯专利申请量（截至2015年2月）

表6-24　2015年全球石墨烯专利申请国家（机构）分布

国家（机构）	专利申请数量/件	国家（机构）	专利申请数量/件
中国	6714	欧专局	202
韩国	2892	德国	175
美国	2632	英国	128
日本	938	法国	86
加拿大	229		

注：欧专局为欧洲专利局的简称

在短短几年内，我国石墨烯产业取得了迅速发展。2010年，江苏常州市政府决定投资5000万元成立江南石墨烯科技产业园。2011年开始，连续3年举办石墨烯发展高层论坛，建设产学研用一体化的石墨烯研究中心和新型创新产业集群，力争成为国际化的石墨烯产业发展先导区。2013年7月13日，中国石墨烯产业技术创新战略联盟成立并陆续在全国布局五大石墨烯产业创新基地。常州二维碳素科技股份有限公司、无锡格菲电子薄膜科技有限公司、深圳力合光电传感股份有限公司、宁波墨西科技有限公司等公司都在石墨烯产业化道路上取得了重大突破。同时，包括中国科学院、清华大学等在内的科研单位在石墨烯研发与产业化之间做了大量的研发，力求取得突破性的进展。我国石墨烯产业的大事记如图6-11所示。

实验已经证实，石墨烯具备优秀的电学性能、机械性能、光学性能和高比表面积，包括我国在内的许多国家地区的政府科研机构及跨国企业已经积极投身石墨烯制备和应用研究。石墨烯的应用前景广阔，目前已知的应用领域包括电子器件领域、能源领域、环保领域及金属制品的电磁防护、防腐涂料、油墨等。

但石墨烯的产业化还有一段路程，大面积高质量石墨烯薄膜、高纯度石墨烯粉体的生产方法尚不成熟，石墨烯转移、石墨烯带隙问题，透明导电膜良率问题，添加、改性、催化等实际性能与理论差异问题等一系列问题需要解决。

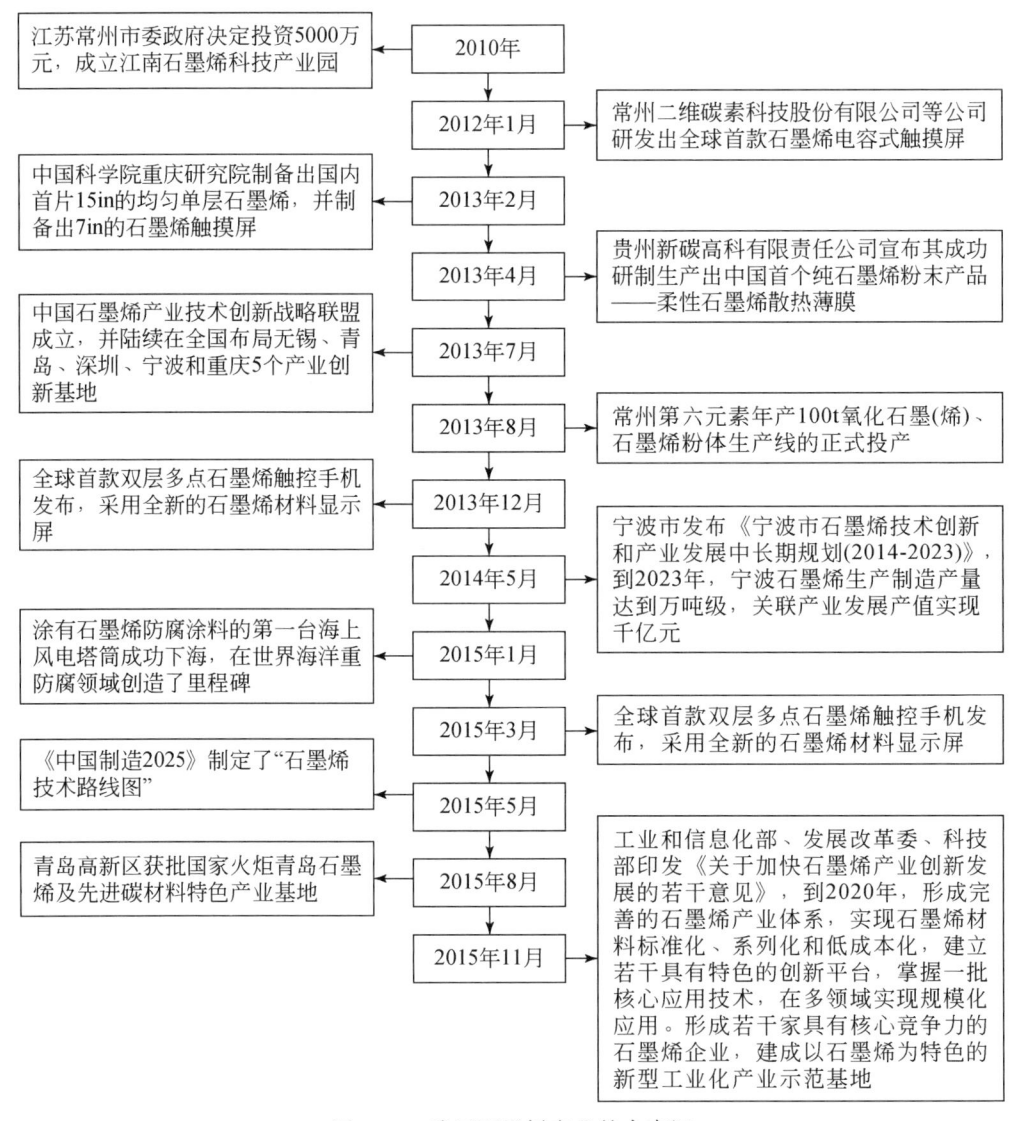

```
┌─────────────────────────────┐     ┌──────────┐
│江苏常州市委政府决定投资5000万│◄────│  2010年  │
│元，成立江南石墨烯科技产业园  │     └──────────┘
└─────────────────────────────┘          │
                                    ┌──────────┐     ┌─────────────────────────────┐
                                    │ 2012年1月│────►│常州二维碳素科技股份有限公司等公司│
                                    └──────────┘     │研发出全球首款石墨烯电容式触摸屏│
                                         │           └─────────────────────────────┘
┌─────────────────────────────┐     ┌──────────┐
│中国科学院重庆研究院制备出国内│◄────│ 2013年2月│
│首片15in的均匀单层石墨烯，并制│     └──────────┘
│备出7in的石墨烯触摸屏         │          │
└─────────────────────────────┘     ┌──────────┐     ┌─────────────────────────────┐
                                    │ 2013年4月│────►│贵州新碳高科有限责任公司宣布其成功│
                                    └──────────┘     │研制生产出中国首个纯石墨烯粉末产品│
                                         │           │——柔性石墨烯散热薄膜            │
┌─────────────────────────────┐     ┌──────────┐     └─────────────────────────────┘
│中国石墨烯产业技术创新战略联盟│◄────│ 2013年7月│
│成立，并陆续在全国布局无锡、青│     └──────────┘
│岛、深圳、宁波和重庆5个产业创│          │
│新基地                        │     ┌──────────┐     ┌─────────────────────────────┐
└─────────────────────────────┘     │ 2013年8月│────►│常州第六元素年产100t氧化石墨(烯)、│
                                    └──────────┘     │石墨烯粉体生产线的正式投产    │
                                         │           └─────────────────────────────┘
┌─────────────────────────────┐     ┌──────────┐
│全球首款双层多点石墨烯触控手机│◄────│2013年12月│
│发布，采用全新的石墨烯材料显示│     └──────────┘
│屏                            │          │
└─────────────────────────────┘     ┌──────────┐     ┌─────────────────────────────┐
                                    │ 2014年5月│────►│宁波市发布《宁波市石墨烯技术创新│
                                    └──────────┘     │和产业发展中长期规划(2014-2023)》，│
                                         │           │到2023年，宁波石墨烯生产制造产量│
┌─────────────────────────────┐     ┌──────────┐     │达到万吨级，关联产业发展产值实现│
│涂有石墨烯防腐涂料的第一台海上│◄────│ 2015年1月│     │千亿元                        │
│风电塔筒成功下海，在世界海洋重│     └──────────┘     └─────────────────────────────┘
│防腐领域创造了里程碑          │          │
└─────────────────────────────┘     ┌──────────┐     ┌─────────────────────────────┐
                                    │ 2015年3月│────►│全球首款双层多点石墨烯触控手机发│
                                    └──────────┘     │布，采用全新的石墨烯材料显示屏│
                                         │           └─────────────────────────────┘
┌─────────────────────────────┐     ┌──────────┐
│《中国制造2025》制定了"石墨烯│◄────│ 2015年5月│
│技术路线图"                   │     └──────────┘
└─────────────────────────────┘          │
                                    ┌──────────┐     ┌─────────────────────────────┐
                                    │ 2015年8月│────►│工业和信息化部、发展改革委、科技│
                                    └──────────┘     │部印发《关于加快石墨烯产业创新发│
┌─────────────────────────────┐          │           │展的若干意见》，到2020年，形成完│
│青岛高新区获批国家火炬青岛石墨│◄────┐             │善的石墨烯产业体系，实现石墨烯材│
│烯及先进碳材料特色产业基地    │     │             │料标准化、系列化和低成本化，建立│
└─────────────────────────────┘     │             │若干具有特色的创新平台，掌握一批│
                                    ┌──────────┐     │核心应用技术，在多领域实现规模化│
                                    │2015年11月│     │应用。形成若干家具有核心竞争力的│
                                    └──────────┘     │石墨烯企业，建成以石墨烯为特色的│
                                                     │新型工业化产业示范基地        │
                                                     └─────────────────────────────┘
```

图 6-11 我国石墨烯产业的大事记

2. 美国石墨烯研究概况

2008 年 7 月，美国国防部高级研究计划署发布碳电子射频应用项目，总投资 2200 万美元。2014 年，美国国家自然科学基金会和美国空军研究实验室投入 2800 万美元对石墨烯等二维材料开展基础研究。IBM 是石墨烯晶体管领域的领先企业，全球最大的信息技术和业务解决方案公司。IBM 公司已成功研制出首款由石墨烯圆片制成的集成电路，计划未来 5 年内投入 30 亿美元研究下一代芯片技术。利用石墨烯的高载流子迁移率及高迁移速度制作的 THz 频率的晶体管，理论上估计其工作频率可达到 10THz（$1THz = 10^{12} Hz$）。IBM 石墨烯晶体管运行速度进展如图 6-12 所示。

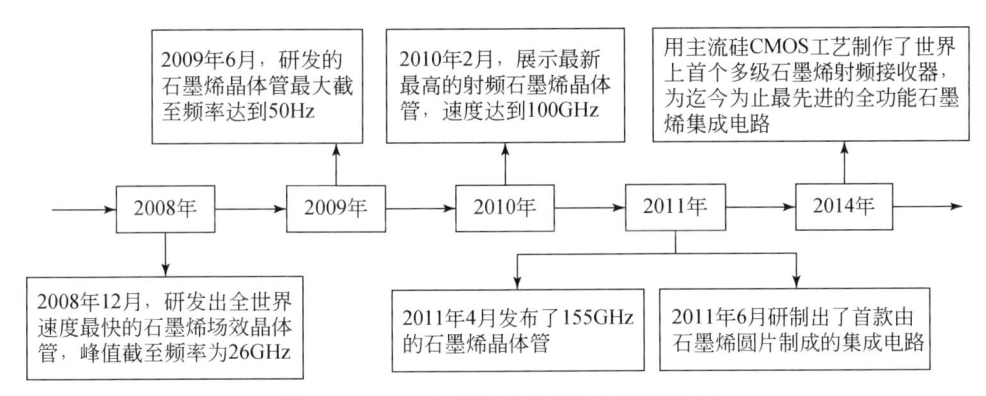

图 6-12　IBM 石墨烯晶体管运行速度进展

3. 英国石墨烯研究概况

2011 年，英国政府宣布投入 7150 万英镑支持石墨烯研究，包括建立国家石墨烯研究院。2014 年，英国政府联合马斯达尔公司宣布继续投资 6000 万英镑在曼彻斯特大学成立石墨烯工程创新中心，作为国家石墨烯研究院的补充。

4. 韩国石墨烯研究概况

2012~2018 年，韩国预计向石墨烯领域提供总额为 2.5 亿美元的资助，其中 1.24 亿美元用于石墨烯技术研发，1.26 亿美元用于石墨烯商业化应用研究。韩国石墨烯专利量居全球第三，仅次于美国和中国，远高于欧洲其他国家。三星电子是世界最大的 IT 企业，其对石墨烯研究应用十分重视，是世界上石墨烯专利申请数最多的企业，截至 2014 年底达到 503 件。2010 年 6 月，三星电子与韩国成均馆大学利用化学气相沉积法开发出了 30in 单层石墨烯膜，创造石墨烯膜尺寸记录。2012 年 5 月，三星电子开发出了新的石墨烯晶体管，通过结合硅和石墨烯，在不改变石墨烯本身的前提下实现了对电流的关闭，满足了逻辑电路的要求，并大幅度提升了石墨烯晶体管的运算能力。2014 年 4 月，三星电子宣布发现一种突破性的合成方法，可以将大面积石墨烯加工成半导体的单一晶体，仍旧能够保持电力和机械属性，这在全球范围内尚属首次，有助于可折叠显示屏、可穿戴设备和其他下一代电子设备的发展。2014 年 11 月，韩国宣布发明最新的石墨烯超级手机电池，可存储与传统电池等量的电量，但充电时间只需 16s。三星电子石墨烯研发及产业化进展如图 6-13 所示。

5. 日本石墨烯研究概况

从 2007 年开始，日本科学技术振兴机构就对石墨烯材料和器件的技术开发项目进行资助。日本经济产业省 2011 年实施的"低碳社会实现之超轻、高轻度创新融合材料"项目重点支持了碳纳米管和石墨烯的批量合成技术。日立、索尼、东芝等众多企业投入了大量资金和人力从事石墨烯的基础研究及应用开发并取得了显著进展。2012 年，日本索尼研发出可以生成长度达 120m 的石墨烯的透明薄膜化学气相生长技术。

（四）石墨烯发展趋势

实验证实，石墨烯具备优异的电学性能、机械性能、光学性能和高比表面积，应用前景广阔。包括我国在内的许多国家地区的科研机构及跨国企业积极投身石墨烯研究与

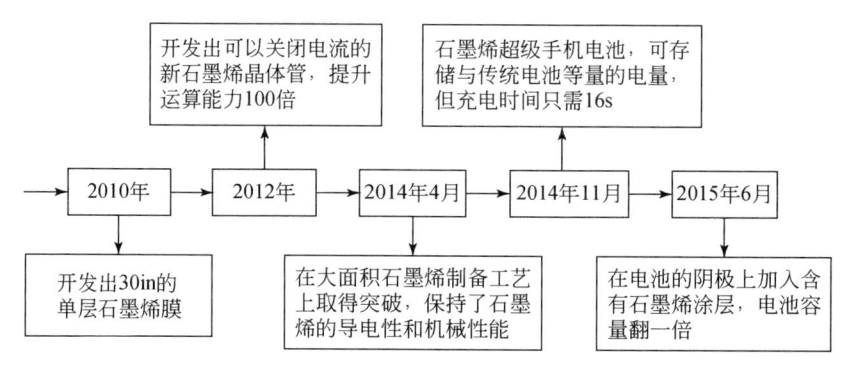

```
开发出可以关闭电流的                石墨烯超级手机电池，可存
新石墨烯晶体管，提升                储与传统电池等量的电量，
运算能力100倍                      但充电时间只需16s
        ↑                                ↑
  →  2010年 → 2012年 → 2014年4月 → 2014年11月 → 2015年6月
        ↓                  ↓              ↓
   开发出30in的      在大面积石墨烯制备工艺    在电池的阴极上加入含
   单层石墨烯膜      上取得突破，保持了石墨    有石墨烯涂层，电池容
                    烯的导电性和机械性能      量翻一倍
```

图 6-13 三星电子石墨烯研发及产业化进展

应用，制定了石墨烯未来产业技术路线，其中欧盟石墨烯技术路线见表 6-25，中国石墨烯技术有限路线如图 6-14 所示。

表 6-25 欧盟石墨烯技术路线

科技领域		3 年	5 年	7~10 年
基础研究		2~3 年，了解基础动力学过程和缺陷的影响	4~7 年，了解石墨烯与不同二维晶体的混合材料的电子、光学和热力学特征，并确立它们的基础限制	7~10 年，集成垂直混合器件及开发石墨烯计量学系统和高端电子设备
健康和环境		2~3 年，研究和了解 GRM（graphene and related materials，石墨烯及其相关材料）对不同细胞的影响并确定可能的危害	4~7 年，制定 GRM 监管	7~10 年，评估 GRM 的影响，验证技术开发的安全问题
生产		2~3 年，配制 GRM 油墨，CVD 法生长出高载流子迁移率的石墨烯薄膜，在 SiC 上生长出均质石墨烯薄膜；3~5 年，用液相剥落和 CVD 法生产出指定电子特性的异质结构	5~7 年，用分子束外延和原子层积淀方法生产出二维晶体，配制具有可调形态和可控流变特性的高浓度油墨	7~10 年，通过液相剥落方法生产大面积的二维晶体、大面积单晶、能带隙可设计的纳米带和量子点
电子器件	数字逻辑门	—	5~10 年，超快集成数字逻辑门取代发射极耦合逻辑门；在柔性衬底或透明衬底上实现简单数字逻辑门	15~20 年，多用途低功耗石墨烯纳米带数字逻辑门取代硅 CMOS
	集成电路中的互连线	—	5~8 年，实现石墨烯集成电路上的互连线	5~10 年实现功率集成电路和多用途集成电路中的互连线
模拟电压放大器		3~4 年，低噪放大器	4~5 年，音频和射频电压放大器；5~6 年，谐波振荡器	5~10 年，功率放大器
自旋电子学		3~4 年，全面理解室温下石墨烯的自旋弛豫机制，这是控制材料结构缺陷和环境扰动对自旋输运不利影响的基础	5~9 年，验证自旋门控功能，以证明自旋可通过一些途径来操控	10 年以上，器件导向的集成，包括研究全自旋架构及利用晶圆大小的石墨烯来共同集成计算和数据存储，以实现室温运算
光子学和光电子学		3 年，可调谐超材料，太赫兹平面波探测，电吸收和等离子体光开光，可见光和近红外石墨烯光电探测器，超宽频可调谐激光器和长波长光电探测器	3~7 年，光路由和交换网络，超快和宽频锁模激光器的集成，近红外和太赫兹相机，太赫兹光谱仪，概念验证系统的实现	7~10 年，石墨烯集成光电系统和集成电路

续表

科技领域	3 年	5 年	7~10 年
传感器	3 年，单层膜，气体传感器，10pm 共振振幅的位移检测，520zN/（Hz）0.5 的力灵敏度，直径为 600μm、灵度为 1nm/Pa 的麦克风，单分子测序技术	3~7 年，质量、化学和压力传感器	7~10 年，磁场传感器，芯片上的可扩展 GRM 传感器
柔性电子	3 年，用于柔性电子的 GRM 油墨，柔性衬底上可靠的 CVD 石墨烯工艺，柔性触摸屏，柔性天线	3~7 年，柔性用户界面、柔性无线连接、柔性传感器、柔性储能和能量获取解决方案，异构集成	7~10 年，柔性智能器件
能量转换和储存	3 年，用于复合材料和插层化合物的原始和功能化的 GRM，用于光伏水处理技术的 GRM	3~7 年，高电容 GRM 介孔电极，光伏电极和吸收器	7~10 年，柔性光伏电池，轻型电存储和储氢系统
复合材料	3 年，包装用的功能复合材料，混合复合材料	3~7 年，石墨烯纳米片的大规模生产	7~10 年，可用于机械、光电子学和能源领域的 GRM 功能复合材料
生物医学设备	—	5~7 年，GRM 的生物兼容性，场效应管和电化学传感器	7~10 年，动物和人体体内柔性器件测试，输送系统，成像平台，生物传感器、诊疗用的 GRM 多功能系统

2014 年 2 月初，欧盟未来新兴技术（Future and Emerging Technologies，FET）石墨烯旗舰计划发布了首份招标公告和科技路线图，明确了石墨烯旗舰研究项目。

我国在《<中国制造 2025>技术路线图》中提出了石墨烯技术路线图。

从全球来看，未来石墨烯发展的趋势主要有以下几方面。

1. 标号石墨烯

建立石墨烯行业的产品标准化，为具有核心自主知识产权的石墨烯产品设立标号，开发不同应用领域的标号石墨烯薄膜批量制备技术，研发基于化学气相沉积技术的大尺寸单晶石墨烯薄膜的连续化稳定生产工艺。同时，从石墨烯材料的制备原理和方法层面设计开发不同标号、工艺稳定的石墨烯制备装备，进一步完善、放大石墨烯薄膜卷对卷批量制备设备。

2. 石墨烯粉体

研究开发石墨烯粉体的质量控制方法与技术、石墨烯粉体的标准化技术、石墨烯粉体成型技术、石墨烯粉体原位复合技术等；研究开发石墨烯粉体的综合利用技术。

3. 高端石墨烯装备

重点开发工艺稳定的全自动大型石墨烯薄膜规模生产及转移装备，研发不同类型的石墨烯生长装备，包括卷对卷石墨烯连续生长设备、静态石墨烯晶圆生长设备等，同时开发石墨烯生长的前处理装备及石墨烯生长后的高效、无损，批量转移装备。

4. 石墨烯的应用开发

围绕石墨烯在防腐涂料、光伏、信息显示、半导体照明、智能交通、储能等领域，开展应用研究开发。

项目	2020年	2025年
目标	规模制备及电化学储能,印刷电子航空航天用轻质高强复合材料,海洋工程防腐等应用领域的技术水平达到国际领先,大幅提升相关产品性能,形成百亿元产业规模	高质量石墨烯粉体年产达万吨级以上,薄膜年产达上亿平方米,实现8in石墨烯芯片批量生产,突破石墨烯在电子信息领域应用的技术瓶颈,整体产业规模突破千亿
	电动汽车锂电池用石墨烯基电极材料产业规模达万吨级	
	海洋工程等用石墨烯基防腐涂料产业规模达十万吨级	
	柔性电子用石墨烯薄膜产业规模达上亿平方米	
重点产品	电动汽车锂电池用石墨烯基电极材料	较现有材料充电时间缩短1倍以上,续航里程提高1倍以上	石墨烯基电极材料电动汽车用动力锂电池等领域上的到规模化应用
	海洋工程等用石墨烯基防腐蚀涂料	较传统的防腐涂料寿命增1倍以上	石墨烯基防腐性涂料实现产业化并在海洋工程等领域得到规模化应用
	柔性电子用石墨烯薄膜	性价比超过ITO (indium tin oxide 氧化铟锡),且具有优异柔性	石墨烯薄膜实现产业化并在柔性电子等领域得到规模化应用
	光电领域用石墨烯基高性能热界面	石墨烯基散热材料较现有产品性能提高2倍以上	石墨烯基高性能热界面材料在光电领域得到应用
关键技术和设备	石墨烯的规模制备技术,石墨烯粉体分散技术,石墨烯基电子材料的复合技术	石墨烯基电极材料在动力电池等领域得到规模化应用

图 6-14 中国石墨烯技术路线

第三节 国内外石墨行业主要企业介绍

一、美国 GTI 公司

GTI 公司总部位于美国,是一家拥有超过 120 多年的石墨行业经验,世界上最大的高品质天然、合成石墨和碳基产品制造服务提供商之一,也是世界上最大的石墨电极生产者,年产能为 19.5 万 t。目前在四大洲有 18 个工厂,在中国的北京和上海设有办事处。

GTI 公司始建于 1886 年,于 1996 年在纽约交易所上市。2015 年 7 月成为加拿大布鲁克菲尔德资产管理公司间接全资子公司。其产品包括超高功率石墨电极、核石墨、石墨精粉、可膨胀石墨、密封材料等。采取独立自主和联合开发的模式,2015 年 2 月,在俄亥俄州公司总部附近建设了一个技术研发中心,重点开发下一代碳和石墨材料产业化生产工艺技术。2013~2015 年 GTI 公司的财务经济指标见表 6-26。

表 6-26 2013～2015 年 GTI 公司的财务经济指标

名称	2015 年	2014 年	2013 年
营业收入/10^6 美元	687	1085	1166
营业利润/10^6 美元	57	92	139
研发投入/10^6 美元	5.5	14.8	10.4
研发投入占比/%	0.6	1.4	0.9
总资产/10^6 美元	1422	1834	2218
所有者权益/10^6 美元	810	1005	1321

二、德国西格里集团

西格里集团是全球领先的碳素石墨材料及相关产品制造商之一，拥有从碳石墨产品到碳纤维及复合材料在内的完整产业链，具有 100 多年的发展历史。

西格里集团致力于石墨电极、细颗粒石墨、天然膨胀石墨的研发与制造，在全球拥有 42 个生产基地。其中，欧洲有 23 个，北美洲有 11 个，亚洲有 8 个。

西格里集团建有技术与创新中心，配套有试验工厂及实验室，与慕尼黑工业大学共同成立了碳素复合材料研究中心，并与波兰克拉科夫 AGH 科技大学、新加坡南洋理工学院等全球知名大学和研究机构建立产学研用协作网络。研究重点是石墨电极、电池用石墨、碳纤维等产品。每年投入的研发费用占销售收入 2.8% 以上。西格里集团财务经济指标见表 6-27。

表 6-27 西格里集团财务经济指标

名称	2015 年	2014 年	2013 年
营业收入/10^6 美元	1446	1460	1555
营业利润/10^6 美元	-199	92	111
研发投入/10^6 美元	—	42	49
研发投入占比/%	—	2.85	3.12
总资产/10^6 美元	2029	2372	2250
所有者权益/10^6 美元	316.2	621	664

三、日本碳素有限公司

日本碳素有限公司成立于 1915 年，是一家专业从事高纯石墨、超高纯各向同性石墨、石墨电极、负性材料等产品的企业。总部位于东京。发展历程为 1915 年成立，生产天然石墨电极；1927 年首次生产合成石墨电极；1938 年开始生产高档碳素产品；1957 年开始生产核级石墨；1962 年开始生产碳纤维；1970 年开始生产高强高弹性碳纤维；1974 年开始生产柔性石墨产品；1983 年开始生产碳化硅产品；2003 年成立日本碳素有限公司，致力于特种碳素产品。

其主要业务板块包括碳纤维、石墨电极、碳化硅、电池负性材料等。在大阪、名古屋、福冈、韩国首尔、德国杜塞尔多夫设有办事处，在富山市、白河县、滋贺县、山梨县建有生产线。该公司财务经济指标见表6-28。

表6-28 日本碳素有限公司财务指标 （单位：10^6美元）

项目	2015年	2014年	2013年
销售额	243	249	256
营业利润	17.4	12	6
总资产	497	481	475
所有者权益	308	309	304

四、方大炭素新材料科技股份有限公司

方大炭素新材料科技股份有限公司（简称方大炭素）是世界领先的石墨电极及碳素制品专业化生产基地，上海证券交易所上市公司（沪A：600516）。其是亚洲最大的碳素制品生产供应基地，碳素制品综合生产能力达到23万t，其中石墨电极为20万t，炭砖为3万t；可提供四大系列、38个品种、126种规格产品；主导产品石墨电极的年产量为16万t，40%出口海外市场。

方大炭素拥有抚顺炭素有限责任公司（简称抚顺炭素）、成都蓉光炭素股份有限公司（简称成都蓉光）、合肥炭素有限责任公司（简称合肥炭素）、北京方大炭素科技有限公司、抚顺莱河矿业有限公司等子公司，已成为我国最大的民营碳素企业，是亚洲第一、世界前列的优质碳素制品生产供应基地，国内唯一新型炭砖生产基地。其主要业务板块包括石墨电极等静压石墨、炭砖、特种石墨碳素制品、负极材料、电热膜及其他综合类产品。方大炭素主要产能分布见表6-29。

表6-29 方大炭素主要产能分布 （单位：t）

产品产量	方大炭素	抚顺炭素	成都蓉光	合肥炭素
石墨电极	110 000	35 000	15 000	20 000
炭砖	30 000	—	—	—

2015年方大炭素研发支出占营业收入比例2.3%。方大炭素财务指标见表6-30。

表6-30 方大炭素财务指标

项目	2015年	2014年	2013年
营业收入/10^6美元	355	525	514
营业利润/10^6美元	7	43	36
研发投入/10^6美元	8	3	4
研发投入占比/%	2.3	0.64	0.83
总资产/10^6美元	1374	1460	1562
所有者权益/10^6美元	918	875	844

五、深圳市贝特瑞新能源材料股份有限公司

深圳市贝特瑞新能源材料股份有限公司（简称深圳市贝特瑞）是由中国宝安集团控股的一家锂离子二次电池用新能源材料专业化生产厂家，其专注于锂离子二次电池用材料的研究与开发，是全球最大的锂离子电池负极材料供应商，全球唯一拥有负极材料完整产业链的企业。在深圳市光明新区建有贝特瑞新能源材料工业园，惠州建有贝特瑞工业园，在天津拥有中间相碳微球加工基地，在黑龙江鸡西拥有鸡西石墨工业园。深圳市贝特瑞产能分布表见6-31。

表6-31 深圳市贝特瑞产能分布表

名称	产品及产能
深圳市贝特瑞纳米科技有限公司	纳米钛酸锂、纳米碳管/纤维、石墨烯
山西贝特瑞新能源科技有限公司	年产石墨化产品5000t
天津贝特瑞新能源科技有限公司	年产中间相炭微球5000t
鸡西贝特瑞石墨产业园有限公司	球形石墨10 500t；高纯石墨1500t，锂电池负极材料2000t，微粉石墨10000t
鸡西长源矿业有限公司	年产高碳石墨10万t
惠州贝特瑞新能源新材料股份有限公司	年产锂离子电池负极材料18 000t等静压石墨材料9000t，高导热石墨材料3000t

深圳市贝特瑞成立了国内首家新能源技术产业化研究院——贝特瑞新能源技术研究院。该公司每年将销售总额4%的资金用于贝特瑞新能源技术研究院研发规模持续稳定地扩大。2015年，全院设有六大中心：基础研究中心、新能源材料与器件开发中心、新型负极材料开发中心、新型正极材料开发中心、新产品中试量产开发中心和分析测试中心。拥有70余项国家发明专利，在常规负极材料开发上，深圳市贝特瑞研制的钛酸锂、磷酸铁锂、层状锰酸锂、硬碳、软碳、石墨烯、纳米导电剂等均已具备产业化能力，并具有国际领先水平，引领行业发展，该公司财务经济指标见表6-32。

表6-32 深圳市贝特瑞公司财务经济指标

项目	2015年	2014年	2013年
营业收入/10^6美元	229	193	142
营业利润/10^6美元	28	20	13
研发投入/10^6美元	11	7	5
研发投入占比/%	2.0	3.87	3.87
总资产/10^6美元	428	355	321
所有者权益/10^6美元	232	181	130

第四节　实现我国石墨资源强国的战略面临的问题、挑战与机遇

一、面临的问题

（一）无序开采现象严重

我国约有近千家石墨开采和加工企业，是世界最大石墨生产国、出口国和消费国，开采和加工呈现无序化状态，采用资源高消耗、环境高污染的发展模式，采富弃贫、盲目扩张，生产及出口的主要是低端产品，高端产品依赖进口，与发达国家的差距较大。

政府对石墨资源重视不够，出台的相关政策未收到预期成效，产业结构调整、转型升级步伐缓慢。而发达国家通过购买我国的廉价石墨，建立起完备的战略储备体系，牢牢掌握着石墨核心技术领域的主导权。随着石墨烯技术的突破，石墨矿产的重要性进一步加大。

（二）开发利用总体水平不高

主要表现为四个方面，具体如下。

（1）行业集中度低

在全国12万个矿山中，小矿占90%以上，而小矿中的90%都是非金属矿。非金属矿基本上还是"一企一矿"的模式，企业分散且规模小，行业集中度低。

（2）产业结构不合理

我国是石墨生产、消费大国，石墨产量占全球产量的70%以上。近年来国内下游应用市场耐火材料、冶金等行业产能过剩现象严重，导致我国石墨的初加工产品出现产能过剩，而高端石墨深加工产品由于技术缺乏，严重依赖进口，石墨产业结构不合理。

（3）自主创新能力弱

大部分石墨矿产资源企业不重视研发投入，自主创新能力弱，关键核心技术与高端装备对外依存度高；以企业为主体的创新体系不完善；行业技术研究力量分散，未能形成强大的研发团队。

（4）环境污染严重

目前石墨生产过程的水污染、石墨粉尘的空气污染和尾矿坝溃坝是石墨行业面临的重大环境问题。大部分企业选矿依然沿用成本较低的氢氟酸法。氢氟酸本身有剧毒，而且会产生含氟的废水，废水处理不当会对水源和环境造成极大破坏。我国大部分中小石墨矿没有严格的安全防护和废水处理系统，采用此法将对环境造成巨大威胁。

（三）国际竞争力弱

（1）没有价格主导权，"低出高进"问题仍较突出

我国出口的石墨产品大多为粗加工产品，没有价格主导权，石墨出口价格长期保持

在每吨 3000~4000 元，经国外加工提纯再进口至我国价格为每吨 10 万~20 万元。

（2）全球资源市场控制能力力弱

我国企业在海外控参股矿业上市公司的矿品种主要是金、铜、铁、铅锌、钻石、煤、镍及铀等，我国非金属矿业还未开展全球布局，全球资源市场控制力弱。法国 Imerys 集团是当今世界上非金属矿业加工的巨商，活跃在 36 个国家，有 280 个商业机构遍布世界各地。

（3）矿业资本对国际矿业资本市场的影响力低下

国际上已经形成美国、加拿大、澳大利亚和南非四大国际矿业资本市场的格局，亚洲各国还没有形成较为成熟的矿业资本市场，国内矿业资本市场起步晚。

二、面临的挑战

（一）石墨储量逐年降低

我国石墨储量几十年来一直居世界首位，占世界 70% 以上，但随着国内掠夺式滥采乱掘，国内石墨储量逐年下降。同时近年来由于巴西、土耳其印度等国石墨储量的迅速增加，我国石墨储量占比降低。2015 年全球石墨储量为 23 000 万 t。其中，土耳其石墨经济可采储量为 9000 万 t，占比为 39.13%，居全球第一；我国石墨储量为 5500 万 t，占比为 23.91%，若不提前加以规划和保护，继续维持无序开采，我国或许会由石墨大国变成石墨贫国。

（二）科技创新形势严峻

我国石墨企业普遍存在科技力量薄弱、人才资源匮乏，国际巨头凭借超强技术研发和创新能力，引领科技发展的前沿，促使石墨产业升级的步伐日趋加快，我国面临科技创新的形势日益严峻。

三、面临的机遇

（一）国家对石墨资源越来越重视

石墨作为国家提出的战略性储备矿种，其资源储备工作已纳入第三轮全国矿产资源规划中统筹考虑。同时对石墨的采选，国家出台了《石墨行业准入条件》、"三率"指标等政策文件，进一步提高资源的综合利用效率，并大力鼓励发展核石墨、膨胀石墨等精深加工产品。

（二）石墨产业发展空间巨大

随着航空航天、新能源、电子信息技术、节能环保等新兴产业的快速发展，氟化石墨、高纯石墨等精深加工产品市场需求快速增长。而目前我国石墨领域总体还处于初级阶段，上述石墨精深加工产品大量依赖进口。开发高效、节能、环保的石墨选矿工艺，高端石墨产品及装备的空间巨大。

(三) 石墨烯的快速发展

随着我国电子信息、新能源汽车、光伏、核工业等产业的迅速发展，我国石墨行业将保持较快增速，特别是石墨烯的出现，其优异的电子学、力学、导热及磁学等特性，应用前景极其广阔，为石墨行业创造了广阔市场空间。

第五节　实现我国石墨资源强国的战略思路与总体目标

一、战略思路

以创新发展为动力，以提质增效为中心，以实现可持续发展为主线，以加快行业转型升级为主攻方向，以加快建立国家级大鳞片石墨资源储备库为基础，以石墨深加工产品、石墨烯等为发展重点，培育一批有核心竞争力的国际化企业集团，强化资源保障，完善创新体系，健全矿业资本市场，建立多层次人才培养体系，为我国实现制造业强国提供原材料支撑和保障。

二、总体目标

加快建立国家级大鳞片石墨储备库，将1~3个查明储量大、质量较好的矿产地或成矿条件好、有重大资源潜力矿产地划定为资源储备区；联合科研院所、企业等，建立国家级创新研发平台；建立2~4个石墨提纯及制品制造基地；培育2~5家具有核心竞争力国际化企业集团，并建立我国石墨矿业强国指标及评价体系（表6-33）。

表6-33　石墨矿业强国指标体系

一级指标	二级指标	目标 2020年	目标 2030年
资源保障能力	资源数量优势	主要品种能够满足国民经济和国防建设的需要，石墨深加工等关键品种产业化、规模化	对全球资源控制能力大幅提升，形成良好的战略资源储备，矿产资源实现可持续发展
资源保障能力	资源品质优势		
资源保障能力	资源生产能力		
资源保障能力	资源自给能力		
科技实力	理论水平	可指导国内石墨产业发展	达到国际先进水平
科技实力	技术（勘探、采矿、深加工、生态环境、灾害等）水平	部分达到国际先进水平	达到国际先进水平
科技实力	装备水平	部分核心装备实现国产化	达到国际先进水平
科技实力	科技人才比例	5%	20%
科技实力	研发投入强度	3%	8%以上
企业实力	世界百强矿业公司占有率	—	1%~3%
企业实力	市场占有率	15%	30%
企业实力	国际技术地位	部分技术国际领先	整体国际先进
企业实力	盈利能力	较强	强

续表

一级指标	二级指标	目标	
		2020 年	2030 年
全球经略能力	资源控制能力	进入全球布局	拥有定价权
	国际金融市场影响力	国内非金属矿金融市场健全	主导亚洲矿业金融市场
	权益保护能力	较强	强
	国际标准制定	参与国际标准制定	主导部分国际标准制定

第六节　建设石墨资源强国的重点任务

一、矿产资源保障

（一）加强石墨矿勘查力度

加强对石墨等资源找矿规律的研究，建立完善矿产资源勘查市场机制，搭建商业勘查资本投入风险平台，降低商业风险勘查投资的门槛，建立矿产商业勘查投资的风险共担机制、预期收益机制，探索商业勘查保险，化解找矿投资方的投资风险。

（二）加快推进石墨资源储备制度

建立国家石墨资源储备组织领导机构，制定与发布有关石墨资源储备的法律、法规、政策及实施细则，加快推进石墨资源储备。

（三）淘汰落后产能，提高资源综合利用效率

建立起规范有序的资源开发和市场流通秩序，有效遏制资源无序开采、生态环境恶化、生产盲目扩张等状况。引导企业走环境友好型和资源节约型发展道路，建立规范的矿产资源开发秩序，按照大型矿床科学开采、不同品位分级利用原则，优化开采规模结构，调整产品比例结构。提高矿产资源综合利用效率，淘汰落后产能，推进绿色矿山、数字矿山建设，实现粗放式向集约高效开发升级。提高产品的技术含量和附加值，严格控制中低端加工产品出口产量，以稳定的资源供应保障我国工业的可持续发展。

（四）实施全球资源布局

紧抓"一带一路"倡议机遇，鼓励国内大型矿业企业"走出去"，加大在外找矿力度，到国外投资建厂，实施石墨全球布局，提升我国的全球矿业资源控制力，提高我国矿产资源安全。

二、加强关键技术研发攻关

围绕国民经济和社会发展的需求，按照"发展一批、储备一批、攻关一批"的思

路,加快推进高纯石墨、锂离子电池负极石墨、膨胀石墨等产品的发展,加强核石墨、超高纯石墨等技术储备和装备开发,积极开展石墨烯及其应用研究。

三、打造具有核心竞争力的国际型企业

发挥资源优势,促进资源向优势企业、优势产品、优势品牌集中,加大行业结构调整,通过收购、兼并、改组、参股等方式,加大资产重组力度,充分发挥优势企业和优势产品的效应,盘活存量,发展增量,建立国家、地区区域性的以石墨开采和深加工为主的、有核心竞争力的综合性企业或企业集团。支持国内有实力的矿业企业在境外开展并购和股权投资、创业投资,建立矿业基地、研发中心、全球营销及服务体系;通过全球资源利用、产业链整合、资本市场运作等方式,加快培育一批具有国际领导力的跨国公司。

四、提高全球经略能力

紧抓国家"一带一路"倡议机遇,构建资源丝绸之路和资源海上丝绸之路,率先建立"一带一路"的矿业资本市场中心,并逐步发展成为全球矿业资本市场中心。

(一)建立贯穿产业链的矿业要素资本市场

通过发挥资本市场资金融通、产权中介、资源配置的功能,将探矿成果、地质信息资料、矿业权、矿产品等矿业要素资本进行交易,提高地勘单位和地勘科技人员的市场化收益水平,提升矿业企业的市场选择空间和风险应对能力,推动矿业资本的自由流动,优化矿业资产的配置,全方位提升矿业资本的生产力。

(二)建立矿业市场投资环境监督机制

矿业地方保护主义是发展商业勘查和矿业多元投资的最大障碍,要建立稳定的矿业投资环境,通过法律制度消除地方保护主义,加大社会舆论和公众力量对矿业市场的监督,鼓励民间资本和国际资本在全国矿产市场的自由投资,确实保护投资者利益,提高矿业市场竞争水平,提升矿业企业竞争力。

(三)发展完善矿业金融资本市场

当前,深圳证券交易所、上海证券交易所共有29家煤炭开采选洗、39家石油石化和83家有色金属行业上市企业;同时,上海、大连、郑州的期货市场开展矿产资源期货的交易;中国(上海)自由贸易试验区(简称上海自贸区)已批准建立铁矿石、金属和能源等大宗商品交易平台;天津渤海商品交易所将推出铁矿石现货交易,香港期货交易所将推出基本金属及能源等商品期货合同,这些均为建立我国矿业金融市场奠定了一定的基础。我国应该充分利用资源生产消费、进出口的体量和规模,以及和资本流动性,逐步提高矿业交易规模,不断与国际接轨,完善交易规则,构建全球矿业资本中心。

（四）建立矿业海外投资激励协调机制

建立矿业海外投资协调制度，加强海外矿业投资风险研究，构建矿业海外投资环境信息交流平台，加快国际矿业人才培养和人才引进，鼓励矿业企业到海外投资，获取海外矿产资源储备，布局海外生产中心，投资或置换国外优质矿业企业产权，到国外资本市场上市，多层次提高矿业企业国际竞争力，从而达到争夺国际矿业市场话语权，保障矿产资源国家战略实现，提升我国矿业资本海外市场的增值能力。

五、提高可持续发展潜力

加快推进石墨资源战略储备制度，建立国家级大鳞片石墨资源储备库，严格调控石墨产能及低端石墨出口量，推广使用先进技术，优化矿山开采，提高选矿成品率，实施清洁生产，推行清洁生产认证，开展废弃物资源化应用开发。加强尾矿治理，加大选矿尾矿的综合利用与产业化开发，开发生态环保节能新产品，发展循环经济，推动以资源节约型、环境友好型为特征的绿色矿山建设。

推广使用先进技术，对矿山开采进行科学设计开采，科学治理矿区废石、废水、塌陷区，修复损坏严重的矿山生态，新开发项目同步推进资源开发与环境保护、生态修复。采用先进选矿工艺和技术，提高产品纯度和品级，提高选矿回收率。鼓励采用先进技术，提高共伴生矿物的回收利用水平，加大尾矿治理，鼓励从尾矿中分离、回收有效矿物或成分，支持以尾矿为原料的下游产品开发。加强生产全过程管理，建立能源计量管理制度，减少能源消耗和废弃物排放，鼓励石墨加工基地和产业聚集区发展循环经济或生态工业园区，推行清洁生产，开展废弃物资源化研究与应用开发。

第七节 建设石墨资源强国的保障措施

一、健全组织机构

（一）成立领导小组

成立石墨资源强国建设领导小组，其主要职责是统筹协调石墨资源强国建设全局性工作，审议重大规划、重大政策、重大工程专项、重大问题和重要工作安排，加强战略谋划，指导部门、地方开展工作。

（二）设立战略咨询委员会

设立石墨源强国建设战略咨询委员会，研究石墨资源发展的前瞻性、战略性重大问题，对石墨资源重大决策提供咨询评估。

（三）成立技术创新联盟

发起成立由高校、科研院所、企业等参加的技术创新联盟，加强产业信息交流，制定产业技术标准，协调知识产权共享，加速技术成果产业化，开展国际技术合作。

（四）加强行业管理

充分发挥行业协会的管理职能，建立健全产业统计监测体系，把握行业运行动态，及时发布相关信息，避免盲目发展与重复建设，引导和规范产业有序发展。

二、改革体制机制

加强石墨资源法律法规、发展战略、规划、政策、标准等制定和实施，强化行业自律和公共服务能力建设，提高产业治理水平。营造激励创新的公平竞争环境，发挥市场竞争激励创新的根本性作用，营造公平、开放、透明的市场环境，强化竞争政策和产业政策对创新的引导，促进优胜劣汰，增强市场主体创新动力。建立技术创新市场导向机制，发挥市场对技术研发方向、路线选择和各类创新资源配置的导向作用，促进企业真正成为技术创新决策、研发投入、科研组织和成果转化的主体。完善政产学研用协同创新机制，改革技术创新管理体制机制和项目经费分配、成果评价和转化机制，促进科技成果资本化、产业化。加快生产要素价格市场化改革，完善主要由市场决定价格的机制，加快资源税从价计征，推动环境保护费改税。

三、完善财税金融政策

充分利用现有渠道，加强财政资金对石墨资源的支持，开展重大示范工程建设，重点支持填补国内空白、市场潜力巨大、有重大示范意义的石墨产品开发和推广应用。充分落实、利用好现行促进高新技术产业发展的税收政策，开展石墨产品企业及产品认证，完善石墨产业重点研发项目及示范工程相关进口税收优惠政策。积极研究石墨产品"首批次"应用示范支持政策。创新财政资金支持方式，逐步从"补建设"向"补运营"转变，提高财政资金使用效益。健全研制、使用单位在产品创新、增值服务和示范应用等环节的激励约束机制。

加强政府、企业、科研院所和金融机构合作，逐步形成政产学研支撑推动体系。研究建立石墨产业投资基金，发展创业投资和股权投资基金，支持创新型和成长型企业，加大对符合政策导向和市场前景的项目支持力度。鼓励国家开发银行增加对石墨企业的贷款投放，引导金融机构创新符合石墨企业特点的产品和业务。健全多层次资本市场，支持符合条件的企业在境内外上市融资、发行各类债务融资工具。引导风险投资、私募股权投资等支持石墨企业创新发展。探索开发适合石墨发展的保险产品和服务，支持中国进出口银行在业务范围内加大对石墨企业"走出去"的服务力度，在风险可控和商业可持续的前提下，通过内保外贷、外汇及人民币贷款、债权融资、股权融资等方式，加大对石墨企业在境外开展资源勘探开发、设立研发中心和高技术企业及收购兼并等的支持力度。

四、完善标准体系

瞄准国际先进水平，立足自主技术，健全石墨产品标准体系、技术规范、检测方法和认证机制；鼓励产学研用联合制定重要技术标准，积极参与国际石墨产品标准制定，加快国外先进标准向国内标准的转化；鼓励建立石墨资源专利联盟；加快建立石墨产品检测认证平台，加强产品质量监督。

五、强化人才培养

组织实施人才培养计划，加大专业技术人才、经营管理人才和技能人才的培养力度，完善从研发、孵化、生产、管理、金融、国际化等方面的人才培养体系。加大石墨矿产业引智力度，引进领军人才和紧缺人才。加强国际化人才队伍建设，采取多种途径选拔各类优秀人才，探索建立国际培训基地，建立起一支懂技术、懂管理、懂金融、懂国际法的高质量人才队伍。逐步完善以企业为主体、院校为基础，学校教育与企业培养紧密联系，政府推动与社会支持相结合的高技能人才培养体系。在大中型企业中择优建立一批培训基地，开展高技能人才培训工作，建立完善的高技能人才培养体系。改革我国地学教育，促进各学科间平衡发展，大力加强地学科学普及。

第七章 建设建材非金属矿产资源强国面临的问题、战略思路与保障措施

今后一段时间内，我国经济发展的特点主要表现为三个特点。一是经济发展出现"L"转折，发展速度从高速增长转变为稳步增长。"十三五"时期将是我国经济发展步入"新常态"的重要阶段，在"三期叠加""三性叠加"和"三转换"的发展逻辑下，经济增速将实现平稳增长，走入经济换挡增质，创新驱动发展的格局。新型工业化、信息化、城镇化、农业现代化的加速发展阶段及居民消费需求的持续增长，将成为国内经济新的驱动。"十三五"期间，GDP预计可保持年均6%~7%的增长速度。二是《中国制造2025》国家战略持续推进。在创新驱动、智能转型、强化基础、绿色发展的发展原则下，政府顺应"互联网+"的发展趋势，促进工业化和信息化深度融合，开发利用网络化、数字化、智能化等技术，推动产业结构迈向中高端。三是高度重视资源节约与环境保护。我国人口多、人均矿产资源相对不足，矿产资源禀赋条件较差，即贫矿多、中小型矿床多、共伴生矿床多、富矿少、大型超大型矿床少。未来矿山开采企业不能再以牺牲环境为代价，粗放式发展，需要以实现矿产资源充分利用为核心，重视环境保护，发展绿色矿业。

建材工业是重要的原材料产业。近年来，建材工业规模不断扩大，结构逐步优化，创新、绿色和可持续发展能力明显增强，对经济社会发展和民生改善发挥了积极作用。受经济增速回落、市场需求不足等因素影响，建材工业增速放缓、效益下降、分化加剧，水泥、平板玻璃等行业产能严重过剩，但部分新兴产业（高纯石英、石墨、石墨烯等）及适应生产消费升级需要的产品缺乏、技术落后，一些长期积累的结构性矛盾日益凸显。推动建材工业转型升级、健康发展，推进供给侧结构性改革、促进工业稳增长和建设制造强国是今后发展的重要决策部署。

建设建材非金属矿产资源强国面临的机遇主要体现在如下七个方面。

1）我国经济发展进入新常态。我国经济正在向形态更高级、分工更复杂、结构更合理的阶段演化，经济发展进入新常态，从高速增长转向中高速增长，经济发展方式正从规模速度型粗放增长转向质量效率型集约增长，投资拉动型转向创新驱动型，经济结构正从增量扩能为主转向调整存量、做优增量并存的深度调整，经济发展动力正从传统增长点转向新的增长点。

2）《中国制造2025》的实施。全球产业竞争格局正在发生重大调整，我国在新一轮发展中面临巨大挑战。国际金融危机发生后，发达国家纷纷实施"再工业化"战略，重塑制造业竞争新优势，加速推进新一轮全球贸易投资新格局。一些发展中国家也在加快谋划和布局，积极参与全球产业再分工，承接产业及资本转移，拓展国际市场空间。我国紧紧抓住这一重大历史机遇，按照"四个全面"战略布局要求，实施制造强国战

略,加强统筹规划和前瞻部署,力争通过3个10年的努力,到中华人民共和国成立100年时,把我国建设成为引领世界制造业发展的制造强国。

3)"一带一路"新机遇。"一带一路"是我国与丝路沿线国家及与我国有优势互补、愿意参与中国经济转型成长的国家和地区,在全球经济一体化、贸易自由化的大格局下,探寻经济增长之道,开创地区新型合作,实现共同发展、共同繁荣、促进世界和平的重大倡议。其基本内容包括了分享优质产能、共商项目投资、共建基础设施、共享合作成果,促进实现道路联通、贸易畅通、货币流通、政策沟通、人心相通的"五通"。

4)京津冀协同发展。《京津冀协同发展规划纲要》已经印发实施,远期到2030年,首都核心功能更加优化,京津冀区域一体化格局基本形成,区域经济结构更加合理,生态环境质量总体良好,公共服务水平趋于均衡,成为具有较强国际竞争力和影响力的重要区域,在引领和支撑全国经济社会发展中发挥更大作用。

5)建设长江经济带。长江经济带覆盖上海、江苏、浙江、安徽、江西、湖北、湖南、重庆、四川、云南、贵州11个省份,面积约为205万km^2,人口和地区生产总值均超过全国的40%,是我国综合实力最强、战略支撑作用最大的区域之一。2014年9月12日,国务院印发《关于依托黄金水道推动长江经济带发展的指导意见》,提出"以改革激发活力、以创新增强动力、以开放提升竞争力,依托长江黄金水道,高起点高水平建设综合交通运输体系,推动上中下游地区协调发展、沿海沿江沿边全面开放,构建横贯东西、辐射南北、通江达海、经济高效、生态良好的长江经济带。"

6)促进"两化"融合。在发达国家纷纷"再工业化"的背景下,以制造业的信息化为核心的第三次工业革命方兴未艾,核心特征是制造的网络化、数字化、智能化和个性化。正如第一次工业革命成就了美国和德国的经济崛起,第二次工业革命实现了日本的制造业赶超,第三次工业革命也将改变产业国际竞争的关键资源基础,从而重塑全球产业竞争格局。这对我国工业发展而言既是机遇又是挑战。要抓住制造业信息化的机遇,积极应对新工业革命的挑战,坚持新型工业化道路,借鉴世界先进生产技术和生产模式,将物联网、服务网及信息物理系统融入制造环境,打造"智慧工厂",完善工业和信息化的深度融合机制,提升工业化的"新度",争取在世界制造业生产方式的变革中赢得先机。

7)发展新型城镇化。要坚持走中国特色新型工业化、信息化、城镇化、农业现代化道路。2015年我国城镇化率仅为40%,不仅低于发达国家近80%的平均水平,而且低于一些与我国发展阶段相近的发展中国家60%左右的平均水平,我国城镇化从现在到2030年还会保持一个较快的速度,届时城镇化率将提高到65%~70%。

根据以上的分析与讨论,提出建设建材非金属矿产资源强国面临的问题与挑战、战略思路与目标及重点任务与保障措施。

第一节 建设建材非金属矿产资源强国面临的问题与挑战

一、建设建材非金属矿产资源强国面临的问题

1)主要矿产资源的可保障年限缩短,储量结构失衡,资源开发不均衡。

2）勘探、开采及开发利用总体技术装备水平不高。

3）资源消耗高、环境污染严重、开采无序的发展模式没有根本改变，资源综合利用效率低下，矿山环境破坏严重。

4）行业集中度和劳动生产率低，产业结构不合理，竞争力较弱。

5）对优质资源的保护不力，未建立战略型资源的储备制度。

二、建设建材非金属矿产资源强国面临的挑战

1）矿山开采比较"粗放"，重产量、轻视资源搭配利用问题严重，矿山规模结构非常不合理。

2）创新能力不强，未形成具有自主知识产权的高端产品加工提纯技术，下游产业的发展需求受制于人。

第二节 建设建材非金属矿产资源强国的战略思路与目标

一、建设建材非金属矿产资源强国的战略思路

紧紧围绕国民经济和社会发展重大需求，以打造非金属矿产资源强国为目标，以创新发展为动力，以提质增效为中心，以实现可持续发展为主线，以加快非金属矿行业转型升级为主攻方向，以水泥用灰岩、玻璃用硅质原料、建筑卫生陶瓷用黏土矿原料（高岭土）、高纯石英、石墨矿及其深加工产品为发展重点，强化资源保障，完善创新体系，健全矿业资本市场，建立多层次人才培养体系，为我国实现制造业强国提供原材料支撑和保障。

二、建设建材非金属矿产资源强国的战略目标

到2020年，建立具备较强自主创新能力和可持续发展能力、产学研用紧密结合的非金属矿产资源产业体系，形成一批具有较强国际竞争力的跨国公司和产业集群，在全球产业分工和价值链中的地位明显提升，主要品种能够满足国民经济和国防建设的需要，部分领域达到世界领先水平，矿业资本市场基本形成，战略性矿产资源储备制度基本建成，非金属矿业转型升级取得显著成效，初步实现矿业大国向矿业强国的战略转变。

到2030年，整体达到世界矿业强国中等水平。全球资源控制能力大幅度提升，重点领域发展取得重大突破，整体竞争力明显增强，形成全球非金属矿业创新引领能力，全球影响力显著增强。

到2050年，引领全球建材非金属矿业的发展，成为世界建材非金属矿业强国。

第三节 建设建材非金属矿产资源强国的重点任务与保障措施

一、建设建材非金属矿产资源强国的重点任务

1. 建设绿色矿山

开展重点地区地质调查和勘探工作，加强矿区规划与保护，加强矿山整合，建设绿

色矿山，提高矿产资源保障程度，提高矿业整体竞争能力。

2. 提高矿业整体科技实力

建设矿产资源开采、加工、专业化供应示范基地和标准原料基地，打造具有核心竞争力的国际型企业，提高全球经略能力。

3. 提高战略性矿产资源保障程度

加快推进战略性资源储备制度，实施战略性资源全球布局，提升我国的全球矿业资源的控制力和资源安全。

水泥用灰岩、玻璃用硅质原料、建筑卫生陶瓷用黏土矿原料（高岭土）、高纯石英、石墨5个矿种的强国重点任务如下。

1）水泥用灰岩：开展重点地区地质调查和勘探工作，加强矿区规划与保护；强化科技创新，挖掘智力资源，大力发展利用水泥生产先进技术；大力推进原料标准化基地建设，加强矿山整合，提高企业实力；提高替代资源和二次能源的使用比例，扩大地方性原料、低品位原料、工业废渣、二次原料等替代原料、燃料的利用，提高可持续发展潜力。

2）玻璃用硅质原料：提高矿产资源保障程度；提高整体科技实力；提高企业实力，打造具有核心竞争力的国际型企业；提高全球经略能力，成为全球矿业资本市场中心，提高可持续发展潜力等。

3）建筑卫生陶瓷用黏土矿原料（高岭土）：加强建筑卫生陶瓷用黏土矿原料（高岭土）资源勘探，提高优质建筑卫生陶瓷用黏土矿原料（高岭土）资源勘察程度；在陶瓷产区规划建设矿产资源开采、加工、专业化供应示范基地和标准原料基地；推进集约化开发与科技创新，提高资源利用率利用水平；充分利用国外资源和产品市场；加强中低品位高岭土资源利用。

4）高纯石英：提高高纯石英矿产资源保障程度，加快推进高纯石英资源储备制度；提高整体科技实力；提高企业实力，打造具有核心竞争力的国际型企业；提高全球经略能力，成为全球矿业资本市场中心；提高高纯石英产业的可持续发展能力。

5）石墨：提高石墨矿产资源保障程度，加快推进石墨资源储备制度；实施石墨全球布局，提升我国的全球矿业资源控制力和资源安全；完善制造业创新体系；提高企业实力，打造具有核心竞争力的国际型企业；提高全球经略能力，发展成为全球矿业资本市场中心；发展循环经济，提高可持续发展潜力。

二、建设建材非金属矿产资源强国的保障措施

1）设立战略性矿产资源领导机构。设立矿产资源强国建设领导小组、战略咨询委员会、技术创新联盟，加强行业管理。

2）完善矿产资源原料产品标准体系、技术规范、检测方法和认证机制。

3）强化科技创新能力。加强人才培养，完善以企业为主体、院校为基础，学校教育与企业培养紧密联系，政府推动与社会支持相结合的高技能人才培养体系；设立研发中心和高技术企业。

4）完善财税金融政策。加强矿产资源法律法规、发展战略、规划、政策等制定和实施；加大战略性原料企业在境外开展资源勘探开发、收购的支持力度。

水泥用灰岩、玻璃用硅质原料、建筑卫生陶瓷用黏土矿原料（高岭土）、高纯石英、石墨 5 个矿种的强国具体保障措施如下。

1）水泥用灰岩：成立水泥用灰岩绿色矿山建设委员会；关停非水泥企业以石灰石为原料生产骨料的企业；鼓励水泥窑协同处置城市生活垃圾；完善财税制度及水泥企业建设审批制度；加强人才培养，提升科技创新能力。

2）玻璃用硅质原料：设立玻璃用硅质原料矿产资源强国建设领导小组、玻璃用硅质原料矿产资源战略咨询委员会、玻璃用硅质原料矿产资源技术创新联盟；加强玻璃及玻璃用硅质原料行业管理；完善玻璃用硅质原料产品标准体系、技术规范、检测方法和认证机制；加强人才培养，强化科技创新能力，组织实施人才培养计划、完善以企业为主体的高技能人才培养体系；完善财税金融政策，加强玻璃用硅质原料矿产资源法律法规、发展战略、规划、政策、标准等制定和实施；完善财税金融政策，加强财政资金对玻璃用硅质原料资源的支持，加大玻璃用硅质原料企业在境外开展资源勘探开发。

3）建筑卫生陶瓷用黏土矿原料（高岭土）：推进绿色矿山建设，坚持生态和发展两条底线编制绿色建筑卫生陶瓷用黏土矿原料（高岭土）矿山评价体系；加快高效工艺技术和大型化装备的研发应用；推进矿业产品、产业结构调整，提高资源利用率；加强规划引导，建立行业准入制度；实施走出去战略，立足全球配置资源；建立数据信息化系统及评价体系；推进建筑卫生陶瓷工业转型升级。

4）高纯石英：设立高纯石英矿产资源强国建设领导小组、高纯石英矿产资源战略咨询委员会、高纯石英矿产资源技术创新联盟；加强石英产品及高纯石英原料行业管理；完善高纯石英原料产品标准体系、技术规范、检测方法和认证机制；加强人才培养，强化科技创新能力，组织实施人才培养计划、完善以企业为主体的高技能人才培养体系；完善财税金融政策，加强高纯石英矿产资源法律法规、发展战略、规划、政策、标准等制定和实施；加大高纯石英原料企业在境外开展资源勘探开发。

5）石墨：健全石墨矿产资源组织机构，设立石墨矿产资源强国建设领导小组、石墨矿产资源战略咨询委员会、石墨矿产资源技术创新联盟；加强石墨产品及石墨原料行业管理；完善石墨原料产品标准体系、技术规范、检测方法和认证机制；加强人才培养，强化科技创新能力，组织实施人才培养计划、逐步完善以企业为主体的高技能人才培养体系；完善财税金融政策；加强石墨矿产资源法律法规、发展战略、规划、政策、标准等制定和实施；加强财政资金对石墨资源的支持，加大石墨原料企业在境外开展资源勘探开发、设立研发中心和高技术企业及收购兼并等的支持力度。

参 考 文 献

曹阳. 2015. GB/T4100-2015《陶瓷砖》新国标解读. 佛山陶瓷, (9): 1-4.
陈栋. 2011. 浅谈石灰石资源的研究现状及发展前景. 科技资讯, (9): 96-97.
陈凌瑾. 2009. 我国玻璃硅质原料矿床地质特征. 中国非金属矿工业导刊, (76): 7-9.
陈培荣, 陈士斌. 2012. 我国高纯石英砂的生产现状和前景. 第四届全国电光源材料科技研讨会论文集.
陈其慎, 于汶加, 张艳飞, 等. 2015. 关于加强我国矿产资源储备工作的思考. 中国矿业, 24 (1): 20-23.
陈怡, 徐征, 孔金礼, 等. 2013. 大面积智能电致变色玻璃的产业化现状及未来. 功能材料, (17): 1-6.
都江堰拉法基水泥有限公司. 2013. 都江堰拉法基石灰石矿山规范化建设创建"绿色矿山"经验交流. 2013 年中国水泥矿山年会暨生物多样性矿山恢复论坛文集.
杜建中. 2008. 应用于石英玻璃原料: 高纯石英砂生产中的提纯方法: ZL200810022528. 3.
冯修吉, 赵飞. 1991. 用灰色系统理论研究粒径分布对水泥抗压强度的影响. 武汉工业大学学报, 13 (4): 1-9.
高天明, 陈其慎, 于汶加, 等. 2015. 中国天然石墨未来需求与发展展望. 资源科学, 37 (5): 1059-1067.
国家金融信息中心指数研究院. 2016. 新华（常州）石墨烯指数报告.
韩海青. 2015. 中国矿产资源报告 2015. 北京: 地质出版社.
韩宪景. 1987. 超高纯石英砂深加工生产. 国外金属矿选矿, (7): 31-32.
韩仲琦, 谢宪中. 2014. 新一代水泥石灰石矿山的开采与资源利用. 中国水泥, (4): 96-101.
郝汝挺, 尚凤川, 祝廷然, 等. 2008. 石灰石矿山的地下开采方式——国内外石灰石矿地下开采方式初探. 中国水泥, (7): 85-90.
贺冰清, 陈甲斌, 朱欣然, 等. 2015-04-11. 石墨行业亟须转型发展——关于石墨资源形势与政策调整的调研报告, 中国国土资源报.
洪璐, 金小宁. 2006. 高纯石英玻璃原料. 第四届高新技术用硅质材料及石英制品技术与市场研讨会论文集.
黄宾. 2016. 2015 年陶瓷原料制备技术新进展综述. 佛山陶瓷, (10): 1-3.
黄东方, 徐健. 2012. 水泥矿山资源综合利用与可持续发展. 矿业装备, (7): 52-56.
黄惠宁. 2015. 全球瓷砖发展现状与启示. 佛山陶瓷, (12): 1-11.
建材非金属课题组. 2010. 建材非金属矿产资源可持续发展战略研究. 北京: 科学出版社.
建材非金属课题组. 2015. 建材非金属矿产资源可持续发展战略研究. 北京: 化学工业出版社.
雷绍民, 项婉茹, 刘云涛, 等. 2012. 脉石英反浮选制备高纯石英砂技术研究, 35 (3): 25-28.
雷志勇. 2013. 结合国内外露天矿发展趋势浅析绿色煤矿建设. 露天采矿技术, (11): 69-70.
李波. 2016. 中国瓷砖出口波兰前景研究报告. 佛山陶瓷, (239): 64-67.
李佩悦, 段树桐, 谢恩俊. 2014. 石英玻璃原料及其在半导体工业中的应用. 中国玻璃, (4): 23-26.
李阳, 吴中元. 2016. 卫生陶瓷生产工艺链能效评估方法研究. 机电工程技术, (9): 109-113.
李杨. 1998. 用石英岩制备高纯石英的工艺研究. 中国非金属矿工业导刊, (2): 26-27.
李志远, 李国荣. 2013. 国内外石墨提纯技术的现状分析. 中国高新技术企业, (1): 64-65.
林佳斌. 2015. 瓷砖工艺流程中对抛光环节的节能策略研究. 科技风, (12): 40.
刘理根, 高惠民, 张凌燕. 1996. 高纯石英砂选矿工艺研究. 非金属矿, (4): 39-41, 14.
刘义. 2014. 露天水泥石灰石矿山爆破技术的创新与应用. 勘察与测绘, (9): 235.
刘志学, 2011. 中国水泥灰岩矿产分布与资源潜力分析. 2011 水泥矿山年会暨生物多样性矿山恢复论坛文集.

刘志学, 刘发荣. 2009. 我国水泥用石灰质原料含矿建造分布规律及资源潜力分析. 中国非金属矿工业导刊, (76): 3-6.

柳叶. 2011. 浮法高铝平板玻璃组成及性能的研究. 武汉: 武汉理工大学硕士学位论文.

罗立群, 谭旭升, 田金星. 2014. 石墨提纯工艺研究进展. 化工进展, 33 (8): 2110-2116.

茆令文, 谷翠红, 吴建新, 等. 2010. 脉石英替代水晶生产高纯石英砂试验研究. 建材世界, 31 (1): 1-4.

牛福生, 徐晓军, 高建国, 等. 2001. 石英砂选矿提纯工艺研究. 云南冶金, 30 (1): 18-21.

彭寿. 2015a. 玻璃窑炉烟气脱硫脱硝除尘一体化技术探讨. 中国材料进展, 34 (7-8): 545-557.

彭寿. 2015b. 现代玻璃材料产业状况与展望. 中国材料进展, 34 (7-8): 545-557.

彭寿, 杨京安. 2010. 平板玻璃生产过程及缺陷控制. 武汉: 武汉理工大学出版社.

彭寿, 张冲. 2012. 平板玻璃在光电显示领域的应用与发展趋势. 中国玻璃, (2): 3-8.

申保磊, 郑水林, 张殿潮. 2012. 高纯石英砂发展现状与趋势. 中国非金属矿工业导刊, (5): 4-6.

沈万慈. 2013. 石墨产业的现状与发展. 中国非金属矿工业导刊, (2): 1-3.

苏桂军. 2016. 建筑卫生陶瓷 "十三五" 规划研究. 北京: 中国建筑材料工业规划研究院.

田金星. 1999. 高纯石英砂的提纯工艺研究. 中国矿业, 8 (3): 55-58.

田民波, 叶锋. 2010. TFT LCD 面板设计与构装技术. 北京: 科学出版社.

田英良, 梁新辉, 张磊, 等. 2010. 高碱铝硅酸盐玻璃的超薄浮法工艺探索. 武汉理工大学学报, 32 (22): 102-105.

汪灵, 党陈萍, 李彩侠, 等. 2014. 中国高纯石英技术现状与发展前景. 地学前缘, 21 (5): 267-273.

汪灵, 李彩侠, 王艳, 等. 2009. 我国高纯石英加工技术现状与发展建议. 矿物岩石, 31 (4): 110-114.

汪灵, 李彩侠, 王艳. 2012. 一种以脉石英为原料加工 4N 高纯石英的方法: 201210422805. 6.

王斌. 2016. 中国瓷砖出口土耳其前景研究报告. 佛山陶瓷, 26 (2): 52-55.

王国华, 周旭峰, 等. 2015 石墨烯技术专利分析报告.

王金飞, 刘华建, 赵朋伟, 等. 2015. 利用矿山剥离土制备高强度水泥熟料的研究. 广东化工, (22): 36-39.

王世忠. 2011. 低辐射玻璃的概念与应用问题的讨论. 玻璃, (7): 3-9.

王玉芬. 2011. 我国石英玻璃技术现状与发展. 中国建材报.

王玉芬, 宋学富, 孙元成. 2010. 超纯石英玻璃制备工艺研究. 武汉理工大学学报, 32 (22): 98-101.

王智祥, 陈新中, 孙俊杰. 2014. 低成本高掺石灰石助磨剂应用研究. 中国建材, (6): 128-130.

武青山, 张翔, 荚小平, 等. 2013. 水泥原料矿山智能化均化开采与矿区生态修复技术. 中国水泥, (4): 93-95.

肖利光. 2013. 浅谈机制砂 (石灰石砂) 在混凝土中的应用. 广东建材, (9): 32-33.

徐美君. 2007a. 国际国内废玻璃的回收与利用 (上). 建材发展导向, (1): 51-55.

徐美君. 2007b. 国际国内废玻璃的回收与利用 (下). 建材发展导向, (3): 55-59.

徐永模. 2016-01-19. 水泥工业发展新常态与转型升级新思维. http://www.cbmd.cn/qt/Info-11812.html.

杨圣闯, 潘月秋, 杨金凤, 等. 2009. 一种制备高纯石英砂的方法: ZL200710132668.1, CN101391871A.

俞海勇. 2016. 建筑陶瓷生命周期碳排放研究分析. 四川建材, (42): 130-133.

曾令荣, 李欣, 孔安. 2015. "十三五" 建材工业规划前期重大问题研究.

张波, 张建新, 蔡伟. 2008. 低辐射建筑节能玻璃研究进展. 玻璃与搪瓷, (6): 34-40.

张殿飞. 2005. 超纯石英砂的制取方法: ZL200410013662.9, CN1562743A

张福良, 殷腾飞, 周楠, 等. 2013. 我国石墨资源开发利用现状及优化路径选择. 炭素技术, (6): 31-35.

张福良, 张世洋, 吴珊. 2015. 中国石墨产业发展现状及未来展. 炭素技术, 34 (5): 1-5.

张磊, 张伟. 2013. 劣质石灰石搭配开采利用方案. 水泥工程, (2): 40, 60.

张凌燕, 高惠民, 刘理根. 1996. 由高品位脉石英岩制取高纯石英粉试验研究. 玻璃, 22 (2): 6-9.

张明, 唐靖炎, 王学群. 2004. 采用脉石英制备超细高纯石英材料的方法: ZL200410014058. 8, CN1557881A.

张佩聪, 刘岫峰, 李峻峰, 等. 2002. 高纯石英矿物资源工程研究. 矿物岩石, 32 (2): 38-44.

张万利, 胡庆允. 2014. 连续输送技术在水泥原料矿山应用特点及发展趋势. 中国水泥, (1): 99-101.

张晔, 陈培荣. 2010. 美国 Spruce Pine 与新疆阿尔泰地区高纯石英伟晶岩的对比研究. 高校地质学报, 16 (4): 426-435.

赵飞. 2012-05-07. 平板玻璃行业脱困增效的思考. 中国建材报.

中国建筑卫生陶瓷协会. 2016. 建筑陶瓷、卫生洁具行业"十三五"发展指导意见. 北京: 地质出版社.

中国石墨烯产业技术创新战略联盟. 2014. 中国石墨烯产业技术创新战略联盟标准. 标准号 Q/LM01CGS001-2013.

周钧. 2010. 提高石灰石矿山剥离土使用率的措施及效果. 水泥, (4): 22-23.

朱宏伟, 徐志平, 谢丹. 2011. 石墨烯——结构、制备方法与性能表征. 北京: 清华大学出版社.

Brobst D A. 1962. Geology of the Spruce Pine district avery, Mitchell, and Yancey Counties, North Carolina. Geological Survey Bulletin, 1122-A: 1-26.

Deb S K. 1973. Optical and photoelectric properties and colour centers in thin films of tungsten oxide. Philosophical Magazine, 27 (4): 801-822.

Stenzel H, Kraft A, Rottmann M, et al. 2003. Electrochromic glazing with an ion-conducting PVB interlayer. Tampere: The 8th Glass Processing Days.

Yuan T. 2011. Touch panel industry marketing, supply chain and application. Shenzhen: Kaifa Technology.